"十三五"国家重点图书出版规划项目

国家出版基金项目

国家出版基金项目
NATIONAL PUBLICATION FOUNDATION
“十三五”国家重点图书
出版规划项目

“港口—腹地与近代中国经济转型研究”丛书

吴松弟 樊如森 主编

港口·城市·腹地
与山东区域经济转型研究
（1860—1937）

陈为忠 著

齊鲁書社

图书在版编目(CIP)数据

港口·城市·腹地与山东区域经济转型研究:1860—1937 / 陈为忠著. --济南: 齐鲁书社, 2020.6
("港口—腹地与近代中国经济转型研究"丛书/吴松弟, 樊如森主编)
ISBN 978-7-5333-4320-0

Ⅰ.①港… Ⅱ.①陈… Ⅲ.①区域经济—转型经济—研究—山东—1860—1937 Ⅳ.①F127.52

中国版本图书馆 CIP 数据核字(2020)第 024065 号

策划编辑/赵发国
责任编辑/王亚茹　刘　强
装帧设计/郭　靓　李　生

港口·城市·腹地与山东区域经济转型研究(1860—1937)
GANGKOU CHENGSHI FUDI YU SHANDONG QUYUJINGJI ZHUANXING YANJIU(1860—1937)
陈为忠 著

主管单位	山东出版传媒股份有限公司
出版发行	齊魯書社
社　　址	济南市英雄山路 189 号
邮　　编	250002
网　　址	www.qlss.com.cn
电子邮箱	qilupress@126.com
营销中心	(0531)82098521　82098519　82098517
印　　刷	山东新华印务有限公司
开　　本	710mm×1000mm　1/16
印　　张	21
插　　页	3
字　　数	343 千
版　　次	2020 年 6 月第 1 版
印　　次	2020 年 6 月第 1 次印刷
印　　数	1—1000
标准书号	ISBN 978-7-5333-4320-0
审 图 号	GS(2019)4252 号
定　　价	88.00 元

总 序

近代是中国由传统社会向现代社会转型的时期，经济上的转型是其中的重要方面。尽管经历了艰难曲折的过程，而且近代经济的发育总体水平不高，但毕竟改变了中国几千年的传统经济面貌，成为后世发展的基础。

近代经济转型的动力，来自外来因素和本国内在因素的共同作用，空间上则表现为“港口—腹地”的双向互动作用。“港口”，指位于我国东部的大连、营口、丹东、天津、烟台、青岛、连云港、上海、宁波、福州、厦门、高雄、基隆、广州、香港等沿海主要港口城市，以及汉口、重庆等长江沿岸的主要港口城市。而且，它并非仅指承担客货运输任务的港口部门，而是包括港口部门和它所在的城市。广而推之，凡通过航空、铁路、公路等交通枢纽而成为一片较大区域的交通中心，均具有“港口”的作用，只不过人们常用“交通中心”“口岸”来代替“港口”一词而已。

“腹地”指位于港口城市背后的吞吐货物和集散旅客，以及大机场、铁路和公路交通中心所及的空间范围。在通常情况下，这一范围内的客货经由该港、机场和公路、铁路枢纽进出，在人和物的运输方面比较经济与便捷。港口城市的对内联系范围与海港、机场、公路和铁路的腹地范围空间上十分接近，因此，港口、机场、公路和铁路枢纽进出的腹地范围几乎都可视为港口所在城市的腹地范围。

我国是一个幅员辽阔的大国，河流多自西向东流，注入大海，在现代交通兴起以前，东西向的河谷往往又成为新式交通发达之区。近代外来的先进生产力在沿海口岸登陆，之后再顺着东西向的水路或陆路往西拓展。在边疆地区，内陆口岸也扮演了沿海口岸的角色，只是影响力基本集中在边疆地区，受其影响的空间范围较小而已。来自沿海和沿边口岸往自己腹地的经济辐射，推动了腹地经济变迁，改变了中国的交通格局、城市分布和区域经济差异，并促使新型经济区形成。

本人长期研究近代经济地理，所提出的“港口—腹地和中国现代化的空间进程”观点，已被学界认为是从空间角度分析近代经济不平衡发展的很好的解释，所指导的硕士、博士研究生一直是国内近代经济地理研究的主要力量。由我主编、戴鞍钢副主编，来自全国的25位学者联合撰写的九卷本《中国近代经济地理》，填补了近代经济地理研究的长期空白，一定程度上满足了学术界和各地政府的需要，2018年获上海市第十四届哲学社会科学优秀成果奖著作类一等奖，2020年获教育部第八届高等学校科学研究优秀成果奖（人文社会科学）一等奖。这次出版的“港口—腹地与近代中国经济转型研究”丛书，抓住经济转型这一重大课题，从空间角度深入论述区域经济变迁的过程，具有重要的学术价值，获得了学术界和出版界的广泛认可，被列入“十三五”国家重点图书出版规划并获得国家出版基金资助。

本丛书的九位作者中，樊如森、方书生、张永帅三人都是九卷本《中国近代经济地理》的作者，陈为忠、张珊珊、徐智、毛立坤、王哲、杨敬敏等人在区域、城市、贸易等方面都发表了有影响的学术论文。各位作者在自己博士学位论文的基础上加以时空拓展，以全面展现一批主要港口城市及其经济腹地，描绘近代时期所发生的宏大经济变迁画卷。本丛书的出版，不仅可以进一步丰富近代中国历史地理研究的学术成果，也能为中国今天的经济建设实践提供扎实的实证基础和智力支持。值此丛书出版之际，谨对齐鲁书社的大力支持表示衷心的感谢！欢迎读者对本丛书提出宝贵的修改意见。

吴松弟

草于2020年4月5日

目 录

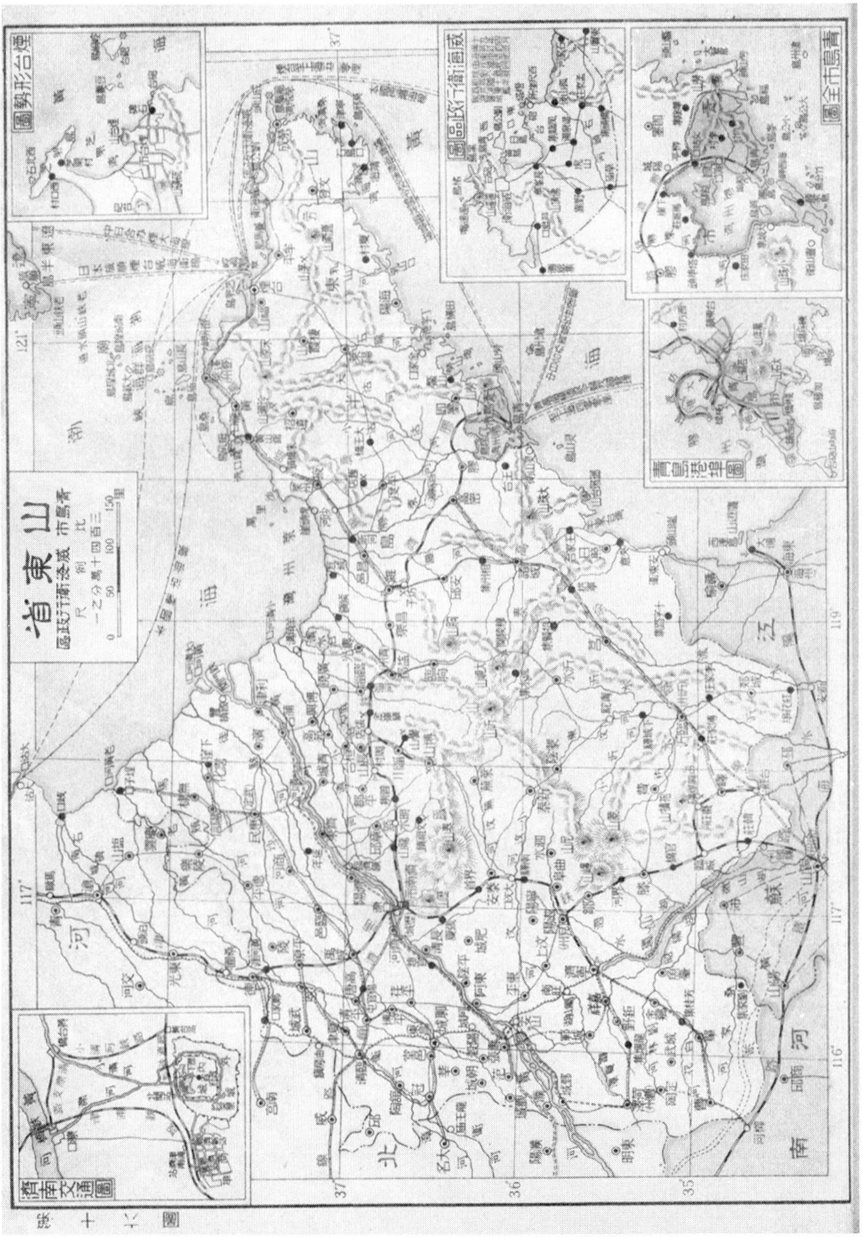

民国山东地图

资料来源：屠思聪《中华最新形势图》，世界舆地学社，1938 年增订。

绪 论

第一节 选题缘由

近代以市场化、工业化为主要内容的中国经济转型，既是中国国家现代化进程中不可磨灭的浓重一笔，也是国家独立、民族复兴的重要组成部分，对我国经济版图和东中西经济格局产生了极其深远的影响，具有重要的研究意义。近代我国的经济转型自1840年鸦片战争以降，至今已有180年的历史，其中近代转型期就持续了一百多年。这期间的转型成果、成败得失对国家工业化道路抉择和进程、区域经济格局产生了深远的影响。首先，近代的经济转型为中华人民共和国的工业化奠定了一定的经济基础。自1842年五口通商以降的百年间，中国东部沿海地区出现了以上海为中心的长江三角洲、以香港和广州为双核心的珠江三角洲、以天津为中心的京津地区、以青岛和济南为双核心的胶济铁路沿线地区、以大连和奉天为双核心的南满铁路沿线地区等工业发达的近代开放型经济体系；中国沿江、沿边地区也出现了一批近代工商业城市，成为带动区域工业发展的增长极。上述区域在当时的中国来看，市场经济制度最为完善，近代工业体系也最为发达，成为中华人民共和国成立后推动我国工业化发展的重要力量。其次，近代区域转型发展的不平衡仍然在影响着我国的经济格局。由于区位优势、历史基础、开放政策的不平衡，我国经济转型首先发生于沿海门户地带，再向内地延伸，从而形成了东中西三大经济类型区在市场经济发达程度、工业化水平、城市化水平方面的巨大发展差距。

近代中国经济转型具有明显的区域性特征。近代中国经济转型由外部因素引起，有一个从被动开放到主动开放的渐变过程，因此，与世界市场的接轨程度、西方因素的进入强度与商埠密度、商埠贸易与近代工业发达程度成正比。近代的约开商埠或者自开商埠，首先是沿海港口或城市，进而是沿江河或沿铁路线的内地城市，进而又是沿边城市，在空间上形成了珠三角、长三角、胶济铁路沿线地区、环渤海等几个开埠城市集中的板块。上述商埠集中的地区租界很多，国家关税自主权丧失，无法保护国内弱小产业，也受到国内外战争、军阀割据的困扰，从某种意义上讲，这些地区并不具备经济发展的基本条件，但仍然发展成了国内外贸易发达的地区，也是近代工业发达的地区。个中原因和内在逻辑发人深思。一国的经济转型从某种意义上讲就是各区域的经济转型，因此，研究沿海地区各个开放型经济板块的发展历程，研究胶济铁路沿线及山东半岛区域的百年经济转型具有重要的理论和现实意义。

第二节　基本概念与理论框架

一、港口

拙作中的近代山东港口，是指烟台、青岛、威海、龙口四个开放港口及其各自的内港。近代山东沿海的一些小海口被称为内港，基本上起着辅助集散的作用，在行政上受东海关（烟台）或胶海关（青岛）的管辖，无权与外国船只直接贸易，必须经由烟台或青岛办理进出口业务，但可以允许国内船舶靠泊贸易。例如归属胶海关管辖的海州湾的部分港口，就属于内港。后来大浦开放后，设立大浦分关，仍然没有直接对外贸易权，外轮仍然要经过靠泊青岛到胶海关报关。

二、港口腹地

拙作中的港口腹地，是指满足以下两个条件的港口背后地：既是出口物资的直接来源地，又是进口物资的直接销售地。那些自沿海的开放港口中转到烟台、青岛出口物资，或从烟台、青岛两港中转进口物资的区域，均不视为山东港口的腹地。在此要提到江苏海州地区，因为该地主要腹地在山东，且归属胶海关管辖，因此划归青岛港腹地，也是拙作研究的重点区域。

三、经济转型

晚清重臣李鸿章在同治十一年（1872）《筹议制造轮船未可裁撤折》中有言："臣窃维欧洲诸国百十年来，由印度而南洋由南洋而东北，闯入中国边界腹地，凡前史之所未载，亘古之所未通，无不款关而求互市，我皇上如天之度，概与立约通商以牢笼之，合地球东西南朔九万里之遥，胥聚于中国，此三千余年一大变局也。"① 面对中西大变局，从魏源提出"师夷长技以制夷"，洋务派开展洋务运动，到维新派依靠皇权，厉行"戊戌变法"，再到清廷实施清末新政，革命派建立民国，等等，由表及里，中国逐渐开启了国家和社会从传统向现代的转型。近代中国首要的问题是工业如何实现大机器生产，以与外人"商战"，即由手工作坊生产向工厂机器生产转型，这是经济转型中最重要的部分；另外，中国经济转型受到外国列强政治、经济势力的强烈影响与控制，因此经济转型的内涵也应该有经济独立性方面的内容，即本国工业资本、商业资本的强弱也应该成为一个判断指标。

关于经济转型，一般有工业化、市场体制转轨、经济增长方式转变等多重内涵，拙作中的"转型"主要考察两个转变过程、一个比例关系。一是近代中国国门洞开，被动融入全球体系后，新的贸易体制、国内政治改良使经济体制发生了根本性的变化，在山东沿海及其腹地建立起来的市场经济体制的演变过程。为集中研究工业转型，该部分只是作为工业转型的制度环境加以阐述。二是新式工业投资和传统手工业改良

---

① 〔清〕李鸿章《筹议制造轮船未可裁撤折》，见顾廷龙、戴逸主编《李鸿章全集·奏议五》，安徽教育出版社 2008 年版，第 107 页。

引致的山东区域工业结构向现代机器化大生产演变的过程。在此基础上，还要考察城市工业结构中中外资本的比例，以确定经济的独立性程度。因此，本书所谓经济转型是指在近代市场经济秩序大体确立的前提下，工厂机器生产替代家庭作坊手工生产的进程，即工业化的进程。德国经济史学家鲁道夫·吕贝尔特认为："在机器时代破晓以后，随着纺织的机械化，随着蒸汽机作为一项新的能源，随着从单件生产过渡到系列生产，过渡到大规模生产，人类社会才开始了巨大的变化，我们称之为工业化的这种变化。"① 工业化研究是经济转型研究的主要部分。近代中国的工业化因区域的不同，不都是从纺织的机械化开始，而是有多个源头。但不可否认，纺织业是近代沿海地区的主导产业，在长江三角洲如此，在山东也不例外。

关于城市或区域的经济转型问题，目前经济史学界很少这样提，主要是在资本主义经济、工业化、近代化或现代化、市场化等理论框架下研究该问题，内容有时超越经济现代化，涉及社会文化领域。实际上，在五四运动结束不久，现代化或近代化就已经在我国知识界讨论东西方文化的论争中出现了。经过20世纪30年代中国本位文化讨论，知识界逐渐不再以东西地域观念讨论文化问题，而代之以现代化的核心观念——现代文化。20世纪30年代后期，现代化内涵开始由宽泛的文化问题聚焦到现代化经济——近代科学技术、工业化等核心社会经济问题，工业化论题成为中国知识界话语的核心。从20世纪30年代至抗战全面爆发初期，中国知识界认为工业化就是大规模机械化。20世纪30年代末期，方显廷、刘大钧、曹立瀛、高叔康等经济学家开始从整体经济变革角度全面阐释工业化概念，视工业化为工业、农业、矿业、交通、金融等各方面的整体经济变革。1943年后，知识界开始从整体社会变革层面认识工业化问题，并明确把工业化和整体社会变革联系起来，提出工业化与社会改造的命题，即今

---

① ［德］鲁道夫·吕贝尔特著，戴鸣钟等译《工业化史·前言》，上海译文出版社1983年版，第1页。

天所谓的工业社会。① 从机械化、工业化到工业化与社会改造，知识界对工业化的认识步步深入。

中华人民共和国成立后到20世纪五六十年代，中国正值资本主义工商业社会主义改造时期，因此近代资本主义发展问题研究首先受到学术界的重点关注，主要包括资本主义萌芽、帝国主义的投资、民族资本主义发展、资本主义工商业的社会主义改造等几个方面。从明清时期到近代，山东地区都是经济较为发达的地区，又是外国资本和民族资本集中的区域，因此上述研究中都涉及山东的传统产业和机器工业的发展问题。这一时期，关于近代手工业、工业、农业、贸易等的经济史料集纷纷面世，而且企业史和行业史领域的著作大量出现。具体如下：经济史料有《中国近代手工业史资料》（彭泽益编，生活·读书·新知三联书店1957年版）；《中国近代经济史统计资料选辑》（严中平等编，科学出版社1955年版）；《中国近代工业史资料（第一辑）》（孙毓棠编，科学出版社1957年版）；《中国近代工业史资料（第二辑）》（汪敬虞编，科学出版社1957年版）；《中国近代工业史资料》（第一辑陈真、姚洛合编《民族资本创办和经营的工业》，生活·读书·新知三联书店1957年版；第二辑陈真等编《帝国主义对中国工矿事业的侵略和垄断》，生活·读书·新知三联书店1958年版；第三辑陈真编《清政府、北洋政府和国民党官僚资本创办和垄断的工业》，生活·读书·新知三联书店1961年版；第四辑陈真编《中国工业的特点、资本、结构和工业中各行业概况》，生活·读书·新知三联书店1961年版）；《中国近代铁路史资料》（宓汝成编，中华书局1963年版）；《中国近代对外贸易史资料》（姚贤镐编，中华书局1962年版）；《中国近代货币史资料》（中国人民银行总行参事室金融史料组编，中华书局1964年版）；

---

① 阎书钦《20世纪30年代中国知识界“现代化”理念的形成及内涵流变》，载《河北学刊》2005年第1期；阎书钦《从机械化到工业社会——20世纪三四十年代中国知识界对工业化内涵的阐释》，载《河北学刊》2008年第1期；罗荣渠《中国近百年来现代化思潮演变的反思》，见罗荣渠主编《从“西化”到现代化：五四以来有关中国的文化趋向和发展道路论争文选》，北京大学出版社1990年版，第29页。

等等。行业史有《中国棉纺织史稿（1289—1937）》（严中平，科学出版社1955年版）；《中国银行业发展史》（张郁兰编，上海人民出版社1957年版）；《中国民族火柴工业》（青岛市工商行政管理局史料组编，中华书局1963年版）；《帝国主义在旧中国的投资》（吴承明编，人民出版社1955年版）；《十九世纪西方资本主义对中国的经济侵略》（汪敬虞，人民出版社1983年版）；等等。这一时期的标志性研究成果是一直拖到20世纪八九十年代才出版的三卷本巨著《中国资本主义发展史》（许涤新、吴承明主编，第一卷《中国资本主义的萌芽》，人民出版社1985年版；第二卷《旧民主主义革命时期的中国资本主义》，人民出版社1990年版；第三卷《新民主主义革命时期的中国资本主义》，人民出版社1993年版）。总之，该时期历史学界、经济学界的经济史资料汇编和行业史、企业史著作是近代经济史研究的奠基性成果，直到今日仍是学术界研究近代经济发展的重要资料。

20世纪70年代，在我国台湾地区和改革开放的大陆，学术界又开始热衷于现代化或近代化、工业化、市场化等研究，研究在西方影响下的中国经济与社会的发展进程。台湾“中研院”在1973年开始规划中国主要省份的区域现代化的研究计划，后来只有山东、江苏、湖北、湖南、安徽、闽浙台地区等现代化进程的著作得以出版。[①] 改革开放后，实现四个现代化成为国家和民族的奋斗目标，因此现代化研究再一次在中国学术界兴起。在大陆学术界，1986年有“中外近代化比较研究”和“世界现代化进程研究”两个国家社会科学重点项目同时展开，形成了章开沅教授主

---

① 苏云峰《中国现代化的区域研究——湖北省（1860—1916）》，“中研院”近代史研究所1981年版；张玉法《中国现代化的区域研究——山东省（1860—1916）》，“中研院”近代史研究所1982年版；李国祁《中国现代化的区域研究——闽浙台地区（1860—1916）》，“中研院”近代史研究所1982年版；张朋园《中国现代化的区域研究——湖南省（1860—1916）》，“中研院”近代史研究所1983年版；王树槐《中国现代化的区域研究——江苏省（1860—1916）》，“中研院”近代史研究所1984年版；谢国兴《中国现代化的区域研究——安徽省（1860—1937）》，“中研院”近代史研究所1991年版。

编的《中外近代化比较研究丛书》和罗荣渠先生主编的《世界现代化进程研究丛书》。此后中国现代化研究成果逐渐增多，例如张琢《九死一生——中国现代化的坎坷历程和中长期预测》（中国社会科学出版社 1992 年版），胡福明主编《中国现代化的历史进程》（安徽人民出版社 1994 年版），许纪霖、陈达凯主编《中国现代化史：第一卷（1800—1949）》（上海三联书店 1995 年版），吴承明《中国的现代化：市场与社会》（生活·读书·新知三联书店 2001 年版）。虞和平主编的《中国现代化历程（第一、二、三卷）》（江苏人民出版社 2001 年版），是目前用“现代化范式”研究近代以来中国社会变迁规模最大、分量最重的研究成果。该书以工业化、民主化和民族化为核心概念，以“两大模式三条道路四个阶段转换”为线索，勾勒出中国现代化的历程。

全国尺度的资本主义工商业发展研究和现代化研究，不能透彻地研究地方经济转型的机制，而且有些观点具有时代的局限性。近代中国工商业发展的区域不平衡性非常突出，因此以城市和区域为尺度进行相关研究更具有可操作性。探索中国经济现代化时空进程的研究当以台湾“中研院”的分省现代化研究和复旦大学吴松弟港口腹地研究团队最具有代表性。前者从物质到制度，分知识、政治、经济、社会和心理五个方面考察现代化进展，本可以弥补上述现代化研究的不足，但是有些省份的研究时间限定到 1916 年，不足以反映区域现代化的全貌，而且研究内容过于刻板，也缺乏发展机制研究。后者从近代经济的发动机——港口、贸易入手，以港口—腹地经济互动为视角，覆盖中国东部沿海、沿江区域等发达地区，探讨了中国主要经济区域的发展及其经济空间格局的演化过程，在该领域先后完成了近 20 篇硕士、博士论文，出版了《中国百年经济拼图：港口城市及其腹地与中国现代化》（山东画报出版社 2006 年版）、《港口—腹地与北方的经济变迁（1840—1949）》（浙江大学出版社 2011 年版）等著作，这项厚积十多年的研究，把贸易与工业、港口与腹地联系起来，有了空间的概念，但仍短于产业和空间扩散机制研究。

学术界迫切需要总结反思，总结已有的研究成果，采用新的研究视角、思路与研究框架。早在20世纪50年代，学术界针对中国近代经济转型提出了两种针锋相对的研究范式。一是我国资本主义自发过渡的命题研究，主要包括资本主义萌芽、官僚资本与帝国主义投资、民族资本主义发展等研究内容，核心观点是，中国封建经济体在没有外力的情况下也可以过渡到资本主义经济阶段，官僚与帝国主义资本严重阻碍民族资本的发展。这一范式基本全盘否定外国资本和官僚资本的作用。二是20世纪50年代费正清提出的冲击反应模式。费正清与邓嗣禹于1954年发表《中国对西方的反应》，认为西方的冲击无可挽回地改变了中国的社会和政治，注定引起现代化，并导致永久变化的力量；面对西方冲击，中国的回应是在逐渐引进引起永久性变化要素的同时，背弃传统的周期性变化模式，走上现代化道路。西方中心论的冲击反应模式和中国自发论的资本主义萌芽模式因其片面性已被学术界束之高阁。

现代化研究仍然是当下时兴的范式。时至今日，学术界做了大量的关于现代化的研究工作，但是这并不意味着这些研究没有缺点，实际上它们仍然没有把传统产业基础与现代工业的关系说明白。各区域的史实已经证明，现代工业与传统手工业存在着千丝万缕的经济技术联系。这种联系不容忽视，否则就无法真正找到各区域现代化道路和模式的真谛。现代化研究多以宏观视角，分别研究经济现代化、政治现代化、社会现代化，读者看不到制度变迁影响企业投资、产业转型的过程，也没有看到现代工业与传统工业间的经济技术联系。这是现代化研究领域学者们迫切需要解决的问题。

新的理论框架需要新的理论视野。学界名家一直在关注这一问题，例如，吴承明先生建议要研究传统经济向市场经济转变的过程，要研究市场机制演变的过程；许檀先生认为现代化或者近代化研究不能忽视中国传统经济内在发展动力，不能割裂经济发展连续性。① 但如何在传统与现代间

① 吴承明《传统经济·市场经济·现代化》，见吴承明《中国的现代化：市场与社会》，生活·读书·新知三联书店2001年版，第19页；许檀《关于明清时期经济发展和中国近代化过程的再思考》，载《光明日报》2000年3月3日。

建立逻辑关系一直困扰着学术界。如果将此问题置于经济全球化与地方化研究背景下，我们发现，这个困扰学术界多年的问题可以迎刃而解。近代市场制度、商业组织方式和西式工业是全球化的因素，中国传统商业组织、手工业是地方化的因素，对于区域经济发展而言，两者缺一不可。时至今日，跨国公司在经济全球化中依然实施一系列地方化或本土化的措施，充分证明全球化与本土化关系密切。事实上，近代中国经济转型的成就是上述两种因素交织融合的结果，二者同样缺一不可。学术界的任务就是要研究清楚两者如何交织融合，提出建构什么样的新制度，而不应该陷入“中心论”或者“边缘论”的无谓争论，更不用炒作“重新发现中国”。

新的研究范式——区域经济转型可以完成上述研究任务。从某种意义上说，学术界已经做了大量的国家和区域的全球化响应的研究，完成了大量城市与区域工业史的著作，目前迫切需要新的理论框架，在区域空间尺度、中时段尺度下，进行综合性研究，把近代经济转型的成就和失败的教训讲清楚。学术界关于1840年以后国家和区域的全球化响应的研究已经硕果累累，主要集中在开埠通商制度体系和中国被动、主动开放所形成的制度体系。其中关于清末新政、中外资本共生关系、股份制、公司法、关税制度等细部研究深刻地说明了制度转型对于近代机器大工业发展的推动作用。当然，学术界从城市史、区域经济史的研究角度，在工业、农业、金融业、企业等领域同样积累了丰硕的研究成果，但由于有忽视地方根植性在制度建构中的作用、忽视传统工商业基础作用的倾向，学术界容易片面强调非地方根植性。郝延平为了说明地方根植性的重要性，称该制度体系为“中西商业资本主义”①。因此，未来区域经济转型研究，首先要关注“中西商业资本主义”的制度转型，然后再研究中国传统行业的转型和外来产业的发展。当然，对于近代制度转型作用的认可并不意味着笔者对于

① ［美］郝延平著，陈潮、陈任译《中国近代商业革命》，上海人民出版社1991年版。

近代中国政治的认可，近代中国经济转型受制于不平等关税、为日本侵略战争所打断的残酷事实已经证明了一个积贫积弱的旧中国是无法实现经济转型的。

选择新的研究范式必须明了近代中国经济的特点：其一是近代中国经济发展存在显著的区域性。中外贸易与工业投资和农业不同，前者大都依托开埠城市，集中投资，形成区域的增长极，进而带来区域发展不平衡性，或者打破原来的低水平均衡状态。自 1842 年五口通商以降的百年间，中国东部沿海地区出现了以上海为中心的长江三角洲、以香港和广州为双核心的珠江三角洲、以天津为中心的京津地区、以青岛和济南为双核心的胶济铁路沿线地区、以大连和奉天为双核心的南满铁路沿线地区等近代工商业发达的经济空间。这些区域的经济转型有共性的东西，但更多的是地方的特色。其二是近代中国经济的转型性。近代西方先进的技术、商业组织方式自商埠传入，进而替代原有的经济形式，这是一个漫长的过程，甚至有反复。这是市场竞争和消费需求变化的结果，不是一蹴而就的。近代中国沿海开放经济体受全球化、条约制度和改良政治的影响，地方根植性与非地方根植性相结合孕育出中西资本主义，即新的市场经济制度；地方网络和全球网络的对接，使得大机器生产逐步替代家庭手工作坊生产，而不是直接取代旧的生产方式。

近代以胶济铁路为中心的胶济铁路沿线区域和烟威地区的工业获得较快发展，经济转型成效极为显著，这是全球化和地方化交织的结果，该区域也是我国近代区域经济转型的重要样板。笔者拟在前期现代化研究的基础上，以经济转型为理论框架，详细研究近代该区域的港口开埠、国际贸易与市场制度建构，研究近代城市工商业与腹地的商品经济发展，探究区域经济转型的过程和机制。

第三节　近代工业分期与研究时段

关于我国近代工业发展的阶段分期，1923 年申报馆在《1862 年至

1921 年的中国工业》一文中，首先评价许衍灼《中国工艺沿革史略》、安原美佐雄《中国之工业与原料》、东亚同文会所编《中国的工业》中的分期观点，在此基础上，提出了五个分期的观点。三本著作皆认同国内新工业进化始于同治初年，结束期则皆止于写作年代，具体见表 0.1、表 0.2。

表 0.1 中国近代工业分期比较

分期	《中国工艺沿革史略》	《中国之工业与原料》	《中国的工业》	每期年数
第一期	官督商办时代 同治元年至光绪二十年	同左 同左	同左 同左	33
第二期	外人兴业时代 光绪二十一年至二十九年	同左 同左	同左 同左	9
第三期	国人兴业时代 光绪三十年至宣统三年	利权收回时代 光绪三十一年至宣统三年	同左 光绪二十九年至民国元年	7
第四期		自觉的发展期 革命以后	国货维持时代 民国元年末至现在	10

资料来源：《1862 年至 1921 年的中国工业》，载申报馆编《最近之五十年》，参阅陈真、姚洛合编《中国近代工业史资料》第一辑《民族资本创办和经营的工业》，生活·读书·新知三联书店 1957 年版，第 3 页。

表 0.2 中国近代工业五阶段分期

分期	分期名称	年限	时间
第一期	军用工业时期	同治元年至光绪七年	20 年
第二期	官督商办时期	光绪八年至二十年	13 年
第三期	外人兴业时期	光绪二十一年至二十八年	8 年
第四期	政府奖励及利权收回时期	光绪二十九年至宣统三年	9 年

（续表）

分期	分期名称	年限	时间
第五期	自动发展时期	民国元年至十年	10年

资料来源：《1862年至1921年的中国工业》，载申报馆编《最近之五十年》，参阅陈真、姚洛合编《中国近代工业史资料》第一辑《民族资本创办和经营的工业》，生活·读书·新知三联书店1957年版，第3页。

笔者认同申报馆《1862年至1921年的中国工业》一文中的工业分期观点，同时认为自动发展时期应该继续后延至民国二十六年（1937）抗战全面爆发，另外可以加一个从民国二十六年（1937）到民国三十八年（1949）的战争停滞期。

以胶济铁路沿线及半岛地区为主的山东区域经济转型同样具有明显的阶段性特征，与上述近代工业分期基本相同。山东区域经济转型始自烟台中外贸易。1861年8月，烟台开关征税，标志着烟台正式对外开埠通商，也标志着山东开始全球化进程。19世纪70年代以前，烟台的工业投资绝少，主要以贸易为主。1877年以后，烟台缫丝、酿酒等行业的工业投资才逐渐增多，促使西式大机器生产方式经由烟台传入山东；青岛、威海等其他商埠开放后，西式工业传入加快。沿海和内地各城市和各行业出现的机器工业替代手工生产的现象逐渐增多。由开埠通商引起的山东经济转型在1937年为日本全面侵华战争所打断，此后直到1949年基本处在战争状态，没有太大进展。因此笔者选择的研究时段为1860年至1937年。

第四节　研究现状

目前，学术界对近代山东区域经济发展的研究主要分为德国侵占胶州湾和山东的过程与影响研究、港口与铁路等基础设施建设及其区域影响研究、港口贸易研究、城市（体系）发展或城市现代化研究、城市建设研究、区域市场经济变迁研究、商人组织（商会）与资本研究等几个方面，有经济史（贸易、产业）、交通史（铁路、航运）、社会史、历史地理、城市史等多种研究视角，具体分述如下。

关于德国、日本、英国等列强侵占山东的过程与影响研究，学术界成果较多①，并从正反两个方面客观评价了这段历史。首先，青岛市博物馆等收集出版《德国侵占胶州湾史料选编（1897—1898）》资料集，王守中出版《德国侵略山东史》，方史也分期发表《德国侵占下的胶州湾》论文，全面还原了德国人入侵胶州湾、划山东为势力范围的过程。郭敏通过研究李希霍芬对山东的考察及其对德国政府决策的作用，从政治和学术两个角度评价了这位地质学家在近代中德关系中的作用。刘大可、胡静从日本在山东的“经济调查与开发”和经济侵略两个角度，揭露了日本对山东的侵略。刘本森从英国殖民政策、远东国际关系角度，详细研究了英国占领威海卫的过程及其在威海卫的政策。另外在很多关于开埠通商的成果中，都涉及英国、日本、德国等列强对烟台、威海、龙口等商埠以及内地矿产、路权的掠夺，在此不一一赘述。庄维民、刘大可着重考察了1876—1945年间日本工商资本在山东投资经营活动的历史过程、演变及影响，探寻了此类活动与地区殖民政策、区域社会经济的关系，并对其中若干重要问题及其意义做了阐释，将殖民政策研究与经济扩张研究结合在一起，理清了日本军、政、工商资本扩张活动与区域社会经济演变之间错综复杂的关系脉络。马爱东详细研究了英美烟公司的经营活动及其对山东的影响。

---

① 青岛市博物馆等编《德国侵占胶州湾史料选编（1897—1898）》，山东人民出版社1987年版；王守中《德国侵略山东史》，人民出版社1988年版；方史《德国侵占下的胶州湾（1897—1914）》（上），载《山东师院学报（哲学社会科学版）》1979年第4期；方史《德国侵占下的胶州湾（1897—1914）》（下），载《山东师院学报（哲学社会科学版）》1979年第5期；郭敏《李希霍芬对山东的考察》，中国海洋大学硕士学位论文，2009年；刘大可《20世纪30年代日本在山东的“经济开发”与经济调查》，载《东方论坛》2003年第2期；胡静《1923—1937年间日本对山东的经济侵略述论》，曲阜师范大学硕士学位论文，2003年；刘本森《英国租占威海卫研究（1898—1930）》，华东师范大学博士学位论文，2015年；庄维民、刘大可《日本工商资本与近代山东》，社会科学文献出版社2005年版；马爱东《英美烟公司的经营活动及其对山东的影响》，中国海洋大学硕士学位论文，2008年。

部分学者注意到帝国主义在侵略中国的同时，也带来了经济全球化的新东西，并认识到其对山东地方城市和区域经济发展的推动作用。例如，王守中认为1902年山东巡抚周馥访问青岛后，受到德国人经营理念的启发，提出一项与德国人“相维相制，而因以观摩受益”的新政策。① 地方官采取主动接受全球化的政策，有力地推动了山东的开放，成为区域现代化起步的里程碑。总之，学术界关于帝国主义列强对山东的侵略过程和影响的研究已经足够透彻。

近代山东区域经济转型自开埠通商始，自港口贸易开始，因此学术界对港口及港口贸易特别关注。学术界关于该方面的研究多少经历过一段曲折的过程。中华人民共和国成立后，学术界受当时客观环境的影响，长期忽视近代港口及港口贸易等全球化要素对山东近代经济发展的推动作用，直到改革开放以后，特别是20世纪80年代以来，才开始关注港口生产力、航运史研究。先是人民交通出版社出版了“中国水运史丛书”，其中大部分是港口史，山东青岛、烟台的港口史也名列其中。1991年，山东省航运管理局编史办公室编写《山东航运史（送审稿）》（近代部分），全面介绍近代烟台、青岛、威海、龙口等港口的建设过程，还介绍了内河沿海航运发展、外国资本在山东的航运公司的发展及其垄断影响。各地港航部门的专家、学者还整理出版了有关开埠通商口岸海关档案，形成大部头的资料汇编。地方学者和港航行业专家扎实的资料功夫令人由衷钦佩。然而，这些港口史基本是港口本身或航运业的历史，偏重港口本身的建设和发展历程，对腹地和贸易的论述甚少。20世纪90年代后，港口贸易与腹地的研究逐渐增多。1990年，我国台湾学者刘素芬先生出版《烟台贸易研究（一八六七——九一九）》一书，详细分析了1867—1919年间烟台港的贸易情况，对烟台港进出口贸易的结构与趋势做了十分精细的研究，并用大量篇幅研究了烟台附近的农业、工业、金融业的新进展。2003年陈为忠完成硕士学位论文《山东港口与腹地研究（1860—1937）》，全面研究烟台、青

---

① 王守中《“相维相制”与“观摩受益”——清末山东地方官对德国人的基本政策》，载《德国研究》1998年第4期；王守中《济南开埠与对德国文明的“观摩受益”》，载《东方论坛》2012年第1期。

岛、龙口、威海港口贸易与腹地范围的变化，并对腹地的经济发展做了初步的研究。张爱敏对1899—1937年间青岛地区的贸易发展进行了详细的研究，也指出了贸易对山东经济的影响。[①] 港口和商埠研究成果较多，主要关注贸易、腹地产业，但是对于商埠制度本身及其对地方市场经济建构方面的影响的研究还比较薄弱。

胶济铁路是开埠通商以后德国主导、中德合建的重大基础设施，对山东区域经济发展和经济格局影响深远，历来都是学术界的研究热点。中共青岛铁路地区工作委员会、中国科学院山东分院历史研究所、山东大学历史系在1961年合作编著《胶济铁路史》，全面总结回顾胶济铁路建设历程，对相关行业的研究较为充分。20世纪90年代以后，学术界对铁路、公路、电报、邮局等近代交通通讯事业发展的研究逐渐增多，研究的深度和广度有了较大进展。朱以青认为胶济铁路从根本上改变了山东传统的运输方式，不仅改变了商业格局，而且对山东经济由传统向现代的转型起了重大的推动作用，对当今山东经济发展也有深刻影响。庄维民从新旧商路的兴衰角度，全面研究了山东铁路、公路修筑及其对商业运输、市场体系的影响。王斌首先考察胶济铁路建设和运营的基本史实以及德国输入中国的铁路技术设备与管理，进一步探讨技术与社会的互动，揭示在技术转移过程中出现的社会、文化、政治和经济层面的冲突，以及山东铁路公司通过采取一些手段来适应当地的社会环境，最后客观评价胶济铁路对山东经济重心转换、近代山东工业化的影响。王斌还考察了胶济铁路与津浦铁路

① 寿杨宾编著《青岛海港史》（近代部分），人民交通出版社1986年版；丁抒明主编《烟台港史》（古、近代部分），人民交通出版社1988年版；徐德济主编《连云港港史》（古、近代部分），人民交通出版社1987年版；交通部烟台港务管理局编《近代山东沿海通商口岸贸易统计资料（1859—1949）》，对外贸易教育出版社1986年版；青岛市档案馆编《帝国主义与胶海关》，档案出版社1986年版；山东省航运管理局编史办公室编《山东航运史（送审稿）》（近代部分），1991年版；刘素芬《烟台贸易研究（一八六七——一九一九）》，台湾商务印书馆1990年版；陈为忠《山东港口与腹地研究（1860—1937）》，复旦大学硕士学位论文，2003年；张爱敏《近代青岛地区的贸易发展及其影响（1899—1937）》，南开大学硕士学位论文，2005年。

的连接问题以及在此过程中中外之间的博弈与角力及其对线路、站点的影响。满霞从社会史角度考察了胶济铁路带来的社会影响。秦熠考察了1908—1937年间津浦铁路山东沿线部分地区的社会变迁。张学见从交通史角度详细研究了胶济铁路、青岛港、公路、电报、邮局等所构建的现代山东交通通讯体系，并通过对以青岛港、胶济铁路与沿线经济变迁为个案的考察，认为现代交通体系直接导致了明清以来山东区域经济由西强东弱而逐渐演变成东强西弱，山东整体经济面貌由此根本改变。江沛、徐倩倩、李卫华、颜凤、左丰力、邵甬、辜元等人从交通史、社会史角度，聚焦胶济铁路对济南、青岛、淄博以及沿线小城镇的发展，客观分析了铁路带来的巨大影响。[①] 总之，近代山东交通基础设施改善方面的研究已经比较完备。

商埠城市是近代山东对外开放的窗口，又是经济发展的增长极，因此城市（体系）发展或现代化方面的研究越来越多，而且向城市建设、城市社会等细部延伸、拓展。范祥德《近代烟台经济区的兴起和演变（1862—1898）》研究了1862—1898年间烟台经济区的兴起与演变，认为当时存在着包括制造者或消费者⇆行栈、分号⇆货庄⇆洋行⇆外国输入商人的商品

① 中共青岛铁路地区工作委员会、中国科学院山东分院历史研究所、山东大学历史系编著《胶济铁路史》，山东人民出版社1961年版；朱以青《胶济铁路影响下的近代山东经济变迁》，《近代中国》1996年第6辑；朱以青《胶济铁路的开通与山东社会经济的演变》，见孔令仁、李德征主编《周村开埠与山东近代化》，山东大学出版社1996年版，第256页；庄维民《近代山东市场经济的变迁》，中华书局2000年版；王斌《近代铁路技术向中国的转移——以胶济铁路为例（1898—1914）》，山东教育出版社2012年版；王斌《20世纪初胶济与津浦铁路的连接问题及相关思考》，载《中国科技史杂志》2012年第3期；满霞《胶济铁路与近代社会变迁研究——以1899—1937年为中心》，山东大学硕士学位论文，2007年；秦熠《津浦铁路与沿线社会变迁（1908—1937）》，南开大学博士学位论文，2008年；张学见《青岛港、胶济铁路与沿线经济变迁（1898—1937）——现代交通体系视域下的研究》，南开大学博士学位论文，2012年；江沛、徐倩倩《港口、铁路与近代青岛城市变动：1898—1937》，载《安徽史学》2010年第1期；林吉玲、董建霞《胶济铁路与济南商埠的兴起（1904—1937）》，载《东岳论丛》2010年第3期；左丰力《胶济铁路、港口与青岛城市经济变迁：1898—1937》，南开大学硕士学位论文，2010年；李卫华、颜凤《胶济铁路与近代淄博产业城市化》，载《内蒙古农业大学学报（社会科学版）》2008年第1期；邵甬、辜元《近代胶济铁路沿线小城镇特征解析——以坊子镇为例》，载《城市规划学刊》2010年第2期。

购销体系和包括基层集市、中间市场、中心市场的新型集散市场体系，并论述了烟台近代出口产业的发展，总结了烟台经济区早期发展的态势和由于交通、经济、文化、政治等不利因素造成的经济区的衰落。该文虽着眼于烟台经济区，但研究区域实际上与烟台城镇体系相差不大。李宝金先生在《青岛近代城市经济简论》一文中对青岛城市经济的发展进行了初步的研究，认为青岛存在着由封建贸易港口向殖民地贸易港口再到殖民地半殖民地工业港口演变的过程，而且注意到了青岛在山东的经济中心地位及其对周围地区的辐射作用。孔令仁、李德征主编的《周村开埠与山东近代化》，集聚了众多学者的研究成果，他们大多从开埠城市研究入手，分析了周村开埠对周村城市、山东全省近代化的重要作用，也有从胶济铁路通车入手探讨山东近代化的成果。王守中、郭大松著《近代山东城市变迁史》是迄今为止山东城市史研究的典范。城市史研究在我国已经有了积累，国家社会科学“七五”规划中只有上海、天津、重庆、武汉四个在不平等条约下开放的个案城市史课题，而无区域城市史的总体研究，该书正好填补了这一空白。作者对研究对象——近代山东城市进行了分类，集中笔墨对明清至民国年间运河沿岸城市、胶济铁路沿线及胶东的开放城市的发展进行了详细研究，而且特别关注城市的经济辐射功能。这部著作是近代山东城市变迁的百科全书。陈会芹结合山东半岛城市群规划范围“济南、青岛、烟台、威海、日照、东营、潍坊、淄博”8 座城市，认为近代山东半岛的城市化进程是伴随着烟台、青岛等港口城市的开埠而逐渐拉开帷幕的，之后通过现代化的航路、铁路、公路和邮政电讯等交通通讯设施逐渐联为一个不可分割的整体，但是半岛各城市的发展是很不均衡的。21 世纪以来，单体城市现代化研究逐渐增多，而且开始关注城市内部空间形态、城市治理研究。于景莲、聂家华、党明德、林吉玲、吴娜、刘慧、李卫华等研究了近代济宁、济南、潍县、烟台、淄博等城市的现代化进程，以及城市现代化的比较研究。江林泽总结 1891 年青岛建置到 1937 年抗战全面爆发的近五十年间，青岛在清政府治下的前工业化时期、德国租借时期的工业基础建设时期、日资主导下的工业格局形成时期以及南京国民政府统治下的工业发展成熟时期等四个阶段的大体发展情况，认为德、日等国通过军事占领与经济投资等手段引发的外力冲击是青岛工业和城市发展的外源动力。[①] 另外，城市内部空间规划、城市管理方面的研究也逐渐增多。王西波、汪坚强、支军、孟宁、托尔斯藤·华纳研究了近代济南、烟台、青岛的城市空间或城市空间演变；解锟、陈静、张洁、袁理想从土地政策角度研究了德占胶州、英占威海卫的城市治理政策，客观评价了城市土地政策和法律对城市现代化的作用及其对现代城市管理的启示。[②]

关于山东区域经济转型的综合性研究目前还不多，主要集中在区域市场化、现代化、经济格局变迁等理论框架下展开。20 世纪 80 年代，现代化研究是我国大陆和台湾地区学术界的热点。张玉法在区域现代化理论框

① 范祥德《近代烟台经济区的兴起和演变（1862—1898）》，见彭泽益主编《中国社会经济变迁》，中国财政经济出版社 1990 年版；李宝金《青岛近代城市经济简论》，载《文史哲》1997 年第 3 期；孔令仁、李德征主编《周村开埠与山东近代化》，山东大学出版社 1996 年版；王守中、郭大松《近代山东城市变迁史》，山东教育出版社 2001 年版；陈会芹《近代山东半岛城市化进程研究》，烟台师范学院硕士学位论文，2005 年；于景莲《济宁城市现代化研究（1840—1938）》，山东大学硕士学位论文，2002 年；聂家华《开埠与济南早期城市现代化（1904—1937）》，浙江大学博士学位论文，2004 年；党明德、林吉玲主编《济南百年城市发展史：开埠以来的济南》，齐鲁书社 2004 年版；吴娜《近代潍县城市化进程（1840—1937）述论》，鲁东大学硕士学位论文，2007 年；刘慧《济南与烟台城市早期现代化比较研究》，山东师范大学硕士学位论文，2008 年；李卫华、颜凤《胶济铁路与近代淄博产业城市化》，载《内蒙古农业大学学报（社会科学版）》2008 年第 1 期；江林泽《近代青岛工业发展史论（1891—1937）》，载《东方论坛》2017 年第 1 期。

② 王西波《济南近代城市规划研究》，武汉理工大学硕士学位论文，2003 年；汪坚强《近现代济南城市形态的演变与发展研究》，清华大学硕士学位论文，2004 年；支军《开埠后烟台城市空间的演变》，载《城市史研究》，2006 年；孟宁《近代济南城市空间转型及发展研究（1904—1948）》，西安建筑科技大学硕士学位论文，2009 年；［德］托尔斯藤·华纳著，青岛市档案馆编译《近代青岛的城市规划与建设》，东南大学出版社 2011 年版；解锟《“样板”殖民地的法制模式——1897—1914 年德属胶澳租借地时期法制考略》，华东政法大学硕士学位论文，2007 年；陈静《德占胶澳时期土地政策述论——以胶州土地法规为例》，青岛大学硕士学位论文，2009 年；张洁《英租威海卫与德占胶澳土地法律制度之对比》，烟台大学硕士学位论文，2010 年；袁理想《英租威海卫土地法律制度与秩序研究》，山东大学硕士学位论文，2010 年。

架下，选择1860—1916年间的山东区域，按照政治现代化—经济现代化—社会现代化的模式，从深度和广度两个方面对1860—1916年间山东各个地区的政治机构、工业、商业、农林渔业的新进展进行了详细的研究。但该区域现代化的研究基本是现代化因素分门别类的集合，且研究时段仅仅局限于1916年之前的时期，无法展现第一次世界大战以后山东民族经济快速发展的现代化成果。吕伟俊、董宝训、李平生等根据现代化的一般规律，对山东区域现代化从物质层面到制度层面再到文化层面的递进轨迹及各个层面的具体情况进行了全方位的考察和研究。该研究与张玉法的研究如出一辙，在一定程度上弥补了张书在时间跨度上的不足。庄维民先生在《近代山东市场经济的变迁》一书中，对近代山东区域经济发展的研究比较全面，在爬梳了大量资料的基础上，从烟台、青岛等口岸贸易以及近代交通通讯设施等引起经济嬗变的因素出发，论述了港口贸易概况、商路演变和地区市场的发展，而且对近代山东通商口岸与内地的经济联系方式和新式的工农业的发展进行了比较全面的研究，可以说代表了山东近代区域经济研究成果的最高水平。陈为忠以港口与腹地互动为视角，研究港口贸易，复原港口腹地，并在此基础上研究腹地经济转型的进程及其对山东经济格局演化的影响。石会辉考察了1912—1937年间山东商业的进展，评估了各地城市的商业转型情况。柳宾认为，青岛开埠以前，山东经济一直处在“以内为主”的传统市场体系中，商业活动范围和商业规模有限；德国占领青岛后，通过港口建设与运营，辅之以自由港制度的实施和胶济铁路的内引外联，在很短的时间内打破了原有的市场体系，促进了以青岛为中心的近代山东经济区的形成，进而带动全省经济融入世界市场。①

① 张玉法《中国现代化的区域研究——山东省（1860—1916）》，“中研院”近代史研究所1982年版；吕伟俊、董宝训、李平生等《山东区域现代化研究（1840—1949）》，齐鲁书社2002年版；庄维民《近代山东市场经济的变迁》，中华书局2000年版；陈为忠《近代山东经济格局变迁研究——以港口与腹地互动为视角》，载《中国历史地理论丛》2005年第3期；石会辉《民国时期山东商业历史考察（1912—1937）——以青岛、济南、烟台等城市为例》，南昌大学硕士学位论文，2008年；柳宾《青岛建港与近代山东市场体系的嬗变》，载《东方论坛》2014年第1期。

通过商人组织、资本集团体现区域经济转型的研究也较多。庄维民研究发现清季以来山东各业行帮存在紧密的竞争合作关系，并指出山东商人资本最初集中分布于运河沿岸城镇、胶东登莱地区和胶州地区，开埠通商后受利益和市场的驱动，开始转向沿海与内地开埠城市，逐渐发展成为行栈资本或工业资本，成为近代工业化进程中的重要资本来源。刘国栋运用社会历史理论，从经办实业、经营管理、投资教育、工商实业等方面对近代山东的企业家群体进行整体性研究。邓云分析了传教士对烟台近代化的贡献。胡楠从企业家精神角度研究了近代山东地区出现的工商企业家群体以及他们对区域经济发展的巨大贡献。①

总而言之，关于近代山东经济社会发展的研究成果无论是研究论文、著作涉及的领域、数量，还是成果的研究深度，都令人满意，但仍然存在以下几个方面的不足：第一，研究产业转型方面的成果仍然不多，特别是单个产业在一个较长时间段内由手工生产向机器生产转型的精细化研究不多。第二，产业转型的动力机制没有说明白，一般都笼统讲一个开埠通商或者贸易的背景，没有把促进工业投资和经济增长的因素讲清楚，例如部分学者至今还在片面强调港口、铁路等交通基础设施的主导作用，而抹杀贸易、商业、投资制度建构的主要作用。这是舍本逐末的思维。试问如果没有一系列的制度安排，近代工业投资的资本、企业家如何产生？因此，推动山东经济转型的根本因素一定是制度方面的，即全球化与近代化交织下形成的近代市场经济制度。第三，市场经济制度是推动区域经济转型的根本因素，但是关于这一因素的研究反而不多、不深，学术界对其的重视程度仍有待加强。第四，研究者缺乏准确的空间概念，在他们看来，仿佛

① 庄维民《近代山东的商人组织》，载《东岳论丛》1986 年第 2 期；庄维民《近代山东商人资本地域分布结构的变动及影响》，载《齐鲁学刊》2000 年第 4 期；庄维民《近代山东行栈资本的发展及其影响》，载《近代史研究》2000 年第 5 期；刘国栋《近代山东企业家浅析》，山东大学硕士学位论文，2009 年；邓云《传教士对烟台近代化发展的意义》，载《鲁东大学学报（哲学社会科学版）》2007 年第 3 期；胡楠《近代山东企业家精神》，山东大学硕士学位论文，2014 年。

开埠通商以后，山东全省都获得了较快的发展。事实是，在港口腹地之外，经济的发展还是非常有限的。学术界必须明确近代工商业主要集中在几个主要城市里这样一种残酷的现实，不能夸大经济转型的成就。

第五节 研究思路

港口是腹地经济的龙头，腹地为港口城市提高廉价的劳动力和工业原料，因此区域经济转型研究首先需要研究近代山东各港口与腹地的互动关系。沿海地区经济比较发达这一现象并非中国独有，世界上发达繁荣的地方几乎都位于沿海或沿江地区。经济发展建立在社会分工和贸易的基础之上，有贸易必然要有运输，而航运是成本最低廉的一种，因此沿海地区的发展是建立在成本节省这一内生性因素基础上的。而且，在我国当前和今后的一段时间中，主导型和有竞争力的产业仍为中低端制造业，这决定了对顺畅而低廉的海运的继续依赖。工业分布也会继续依赖海港。

时至今日，许多学者还将东部沿海地区的高速发展单纯归因于国家改革开放初期不平衡的区域发展政策，对历史时期这一地区港口、经济基础等先天的禀赋优势则强调得很少。基于对十多个港口和区域案例的研究，港口腹地研究团队发现如下规律①：1840 年以来，中国东部沿海地区逐渐对外开放，在东西方贸易引导下，东西通商的商埠制度和市场经济体制逐渐建立起来；市场制度对工业化进程有着巨大的推动作用。经济转型首先开始于沿海港口城市，再沿着交通路线向内地延伸。在这个过程中，通过进出口物资体现的港口与腹地之间的互动关系，是影响港口城市和腹地发展的重要方面，并对中国各区域甚至今天的经济发展产生了不可忽视的影响。近代的港口腹地互动关系是区域发展的动力源，研究这一互动关系需要全面研究港口开埠、港口贸易、港口腹地范围、港口在腹地的集中疏散

① 吴松弟主编《中国百年经济拼图：港口城市及其腹地与中国现代化》，山东画报出版社 2006 年版；复旦大学历史地理研究中心主编《港口—腹地和中国现代化进程》，齐鲁书社 2005 年版。

运输市场体系等多个方面。

在此基础上，重点研究市场制度、产业的转变过程。笔者认为，研究一个区域经济发展的环境，特别是研究制度环境与自然资源环境、人力资源环境等区域发展的必备条件极为必要。研究山东区域经济转型应首先梳理山东东部沿海地区对外开放的进程，考察全球化对山东发展环境的影响，即体制转型，重点研究近代中国被动融入全球化后，新的贸易体制、政治改良引导经济体制发生的变化，以及在山东沿海及其腹地建立起市场体制的过程。近代山东是东部沿海地区开放较早、开放度较高的地区。对市场体制转变的研究，不仅要关注烟台、青岛、威海三个被动开放的商埠体制，例如青岛、威海的自由港制度，也要关注济南、潍县、周村、龙口四个自开商埠的开放过程及其影响，还要关注清末新政以及山东巡抚推动工商业发展的举措和政策。至于产业转型，山东区域工业结构向现代转变主要表现在两个方面，首先是山东各个城市的新式工业投资，其次是传统手工业改良。该部分是研究的中心议题，基于近代工业主要以城市为中心的前提，必须依托城市进行工业投资与结构的分析研究，重点抓住几种主要的产业，评价其替代程度；另外，要评价城市工业发展的独立性程度。

第六节　资料来源

笔者研究山东区域经济转型所依靠的文献资料首先是中国旧海关出版物。1860 年第二次鸦片战争以后，西方列强故技重演，强迫清政府在北洋开放了一系列港口作为商埠。山东沿海地区是我国北方开放港口比较集中的地区，在北方的经济发展和对外开放格局中占有重要地位。1863 年以后，东海关、胶海关形成了大量的成系列的档案资料。按海关总税务司的制度规定，各关税务司每年都要向总税务司呈送贸易报告。为了写好报告，这些税务司不但要通晓本关情形，还要报告当地社会的方方面面。海关报告从 19 世纪 60 年代一直坚持到 1949 年为止，主要分年报和十年报告两种，都依据海关的贸易统计报表与各方面的调查材料写成，内容翔实，数据也相对准确。晚清海关总税务司曾多次发布通令，统一规定各地税务司的年报和十年报告的内容与格式。例如，1865 年总税务司发出第 3 号通令，要求各海关都要呈报每年有关本港贸易的报告，篇幅限于 4 页。1876 年，总税务司又指令各关税务司，要求收集下属关员的调查意见，充实年度报告的内容。1890 年 12 月，总税务司发布第 524 号通令，要求各关从次年起撰写每十年的报告，作为年度报告的总结和补充。通令规定，十年报告要尽量写得使人感兴趣，可扩充到 30 页左右，内容应当包括评论本港、本地区和本省发生的重大事件，叙述进出口贸易的发展变化、税收的增减、鸦片贸易与种植状况、货币兑换率和物价升降、进出港口的中外人数及其相关情况、本地市政建设、港口交通航运及进出口船只情况、气候及灾害、官员的升迁及名人到访、文化教育的发展以及金融、财政、邮政、军事、传教等方面的状况等。① 这些报告是研究港口贸易、地方经济、政治、社会变迁的重要文献。2001 年，《中国旧海关史料》出版，由此中国旧海关出版物七大系列中第一系列的六成左右得以面世。复旦大学中国历史地理研究所教授吴松弟 2003 年在哈佛燕京图书馆发现海量旧海关出版物，进行全面清查后，发现这些出版物的总量至少有 1010 期（卷）。2014 年吴松弟整理的《美国哈佛大学图书馆藏未刊中国旧海关史料（1860—1949）》（约 280 册），首批 199 册由广西师范大学出版社出版。② 不过，海关报告也有缺憾，主要是由于当时沿海存在着走私贸易，海关的贸易报告无法反映这方面的情况。但是，总的来说，海关贸易报告仍是反映近代港口贸易最全面、完整、准确的贸易资料。胶海关十年贸易报告已经在《帝国主义与胶海关》一书中出版。东海关贸易报告目前还没有整理出版，但是交通部烟台港务管理局在编写港口史时收集了大量的海关档案，并进行

---

① 莫世祥等编译《近代拱北海关报告汇编·序言》，澳门基金会 1998 年版，第Ⅱ页。

② 中国第二历史档案馆、中国海关总署办公厅编《中国旧海关史料》，京华出版社 2001 年版；吴松弟整理《美国哈佛大学图书馆藏未刊中国旧海关史料（1860—1949）》，广西师范大学出版社 2014 年版。

了整理，出版了《近代山东沿海通商口岸贸易统计资料（1859—1949）》一书，基本包含了年报中的数据部分。

其次，各国领事馆的报告也具有很大的参考价值。为了保护本国商人的利益，西方各国在通商口岸都设立了领事馆。领事馆的领事每年也向上级撰写报告，报告所在地区的情况和港口的贸易状况。其中，比较著名的是英国领事的商务报告，它全面记载了港口所在地当时的社会经济状况，贸易是其中最重要的部分，尽管也涉及中国近海和其他国家的贸易状况，主要还是本国商品的贸易情形。这些报告后来都成为英国国会文书的一部分。笔者曾经在烟台港务局档案馆里看到了这些宝贵的文献。烟台当地的学者不仅翻译整理了其中的大量海关报告，而且整理了领事报告，他们还汇集了有关港口贸易的其他来源的资料。这些资料，都是从各地档案馆、学校图书馆搜集来的，既有手抄本，又有复印件，实属来之不易。烟台当地的学者慷慨地向笔者提供了很多资料，并给笔者许多有益的启示，笔者在此表达对他们的谢意。事实上，这些学者也是研究港口—腹地的重要力量，尽管他们侧重点在于港口史本身。

再次，清末、民国出版的大量乡土志、县志、实业志等文献，包含较多关于工商业发展的文字描述和统计资料。开港以来特别是清末新政以来，实业救国的观念深入人心。中国地方有识之士为了增进对本地的了解，并鼓励当地人发展工商业，也撰写了记载通商口岸经济状况的一些地方志或文章。传统的官修方志也改变过去的体例，突破传统重义轻利思想的束缚，开始重视对地方经济的记载。19 世纪末 20 世纪初，山东各县都编纂了记载地方经济发展的乡土志，省府州县志也增加了大量的有关地方经济的叙述，论述了当地与港口的商品交易。在沿海城市的地方志中，都有大量关于港口贸易的记载。但这些资料也有缺陷，它们大多通过文字论述而不是通过数据说明问题，因此有关商品交易的数据极少。其中乡土志以林修竹编的《山东各县乡土调查录》最具代表性。该资料系统地调查了 1919 年以前山东各县乡土状况，以县为纲，以事分类，略古而详今，调查详细；全书分为济南道、济宁道、东临道和胶东道四部分，每道所属各县为一卷，记录了山东107县的县名由来、辖域、户口、民情、田亩、赋税、物产、教育、实业、交通、警察、山川、古迹、金石、宗教等方面的资料，是研究20世纪20年代前后山东经济史的重要资料。在20世纪前半叶，青岛、烟台、威海等城市工商业人士以及当时的学者也出版了各种志书或游记，介绍各港口的经济与社会状况，《青岛全书》《烟台要览》《威海问题》等著作就产生于此时。[①] 另外，当时的《东方杂志》《农商公报》等报刊对山东花生、棉花、柞蚕丝、牛等各类贸易大宗所做的专项调查，更是不胜枚举。同时中国政府有关部门进行了国情调查，其中不乏有关山东省的记载，由此也形成了一些志书或调查资料的汇编[②]，尤以胶济铁路管理局车务处编的《胶济铁路经济调查报告》最为翔实。该报告调查区域为原莱州、青州、济南三府沿路各县市、登州全府及武定、泰安二府旧属数县，共计2市（青岛、济南）、1特区（威海卫）、45县；调查内容涉及沿线地理、人口、农业、矿业、商业、渔业、盐业、交通业、社会9个专题41个项目；该调查共汇编8册，21万字，调查年份为1930年（个别统计为1931年或1932年）。该经济调查材料翔实，内容丰富，对青岛至济南沿途48个市县情况都有详细的调查报告，是研究近代山东经济的重要史料。

此外，日文调查资料也是研究近代中国和山东经济变迁的重要历史文献资料。甲午战争以后，日本加快了侵略中国的步伐，在日俄战争、日德战争中得到了巨大的利益，东北和山东几乎成为日本的强占地。为了掠夺的需要，日本对山东全境特别是港口城市和胶济铁路沿线进行了详细的社

① 林修竹编《山东各县乡土调查录》，山东省长公署教育科1920年版；叶春墀《青岛概要》，商务印书馆1922年版；督办鲁案善后事宜公署编辑处编《青岛》，督办鲁案善后事宜公署编辑处1922年版；谋乐辑《青岛全书》，青岛印书局1912年版；匡裕祥《烟台笔记》，见《新游记汇刊续编》卷7，中华书局1922年版；郑千里编《烟台要览》，烟台要览编纂局1923年版；朱世全《威海问题》，商务印书馆1931年版；黄泽苍编《山东》（分省地志），中华书局1935年版，等等。

② 胶济铁路管理局车务处编《胶济铁路经济调查报告》，文华印刷社1934年版；实业部国际贸易局编《中国实业志·山东省》，实业部国际贸易局1934年版，等等。

会经济调查，形成了大量日文资料。①

最后，中华人民共和国成立后，在中国政协的倡议下，原来在旧社会生活过的人纷纷回忆了当时的亲身经历，形成了大量回忆性的文史资料，其中不乏对企业、行业的记载。这批资料覆盖面极广，几乎各县都有，甚至有的重要的乡镇也有记载。这为复原当时的社会经济面貌、商品流通路线、市场分布提供了真实可靠的资料。诚然，文史资料的个人色彩比较浓厚，但是经济方面的资料相对于政治评述还是比较客观的。

① 日本外务省通商局编《在芝罘日本领事馆管内状况》，外务省通商局 1921 年版；日本驻青岛总领事馆编《青岛概观》，1925 年铅印本；［日］田原天南《胶州湾》，大连满洲日日新闻社 1914 年版；［日］冈伊太郎、［日］小西元藏编《山东经济事情——济南を主として》，1919 年版；［日］青岛军政署编《山东之物产》，青岛新报社 1917 年版；《青岛开港以来/山东省/经济的发展》，1939 年版；等等。

第一章　近代山东区域发展环境的改善

地理学意义的地理环境，主要包括自然地理环境和人文地理环境，是区域经济社会发展的重要影响因素，在一定程度上决定了区域经济发展的特色和发展道路。山东沿海港口开埠初期，区域经济中心为西部运河沿线地区，东部沿海地区虽有一定规模的南北洋、渤海湾贸易，但就规模而言无足轻重。为了写作方便和全面性，本书把自然环境单列一节，把人力资源、文化环境列为人文环境一节；制度环境主要是开埠后形成的有利于工商业发展的制度安排，它既是经济转型的内容，又是经济发展的重要条件或影响因素，因此单列一节；交通环境的改善是山东区域经济转型的重要因素，也单列一节。

第一节　山东的自然环境

笔者认为，地理环境对区域经济社会发展的影响可以从“中时段”和“长时段”两个尺度分析。其中“长时段”的影响即指自然地理环境方面，主要是地质方面，就山东而言，主要是指鲁中山地、黄河、海洋。另外，京杭运河自隋唐以来延续千年，也可以作为“长时段”的影响因素。“中时段”的影响则主要体现在人文地理环境方面，包括自明清以来开始演变的一些制度及地方化、全球化因素等。山东的自然地理环境具体分析如下。

一、近海

山东地处黄河下游，东临海洋，西靠中原腹地，地处京畿重地和江南经济中心之间。西部自北向南，依次与直隶、河南、江苏等省接壤。东部山东半岛突出于渤海和黄海之间，三面环海，隔渤海海峡与辽东半岛遥遥相对，庙岛群岛屹立在渤海海峡，为拱卫京师的重要门户。

二、多山

山东地势中部突出，四周低。中部是鲁中南山地丘陵区，位于沂（河）沭（河）大断裂带以西，黄河小清河以南，京杭大运河以东。泰山、鲁山、沂山、蒙山、徂徕山等海拔千米以上的中山构成鲁中南山地主体。本区河流呈辐射状，把整个山地切割得支离破碎。丘陵边缘是海拔40—70米、地表倾斜的山前平原，最后没入坦荡的华北平原中。山间平原、盆地为第四纪松散沉积物覆盖，土质肥沃，土层深厚，地下水丰富。东部是起伏和缓、谷宽坡缓的波状丘陵，为鲁东丘陵区，位于沭河、潍河谷地以东，三面环海。除海拔700米以上的崂山、昆嵛山、艾山等少数山峰巍然耸立在丘陵中，其余大部分为海拔200—300米的波状丘陵，经长期风化剥蚀，地表起伏和缓，谷宽坡缓，土层较厚，加之三面环海，气候温暖湿润，利于农、林、渔、牧业的发展。全区地势，东北部、西南部较高，中部较低，海拔在100米左右。山丘的走向主要是东北西南向，有利于湿润的东南气流的进入，对寒冷气流又有阻挡作用。中间是断陷平原带，主要有胶莱平原、莱阳盆地，为重要农业区。沿海有宽度自数公里到十余公里的滨海平原，其中以蓬莱、黄县、掖县滨海平原面积最大，农、渔、盐业发达。西部和北部，是黄河冲积而成的平原，称为鲁西北平原区，是华北大平原的一部分，位于运河湖带以西，黄河小清河以北，东与胶莱平原相接，略呈半圆形，环布于鲁中南山地丘陵区西、北两面。全区地势低平，海拔多在50米以下。总之，山东地形复杂，地貌类型多样。在各种地貌中，以丘陵、平原为主，平原（含台地、盆地、山间平原）约占全省总面积的 64.64%，丘陵占 24.06%，山地仅占 11.3%。①

在山东的诸种地形中，高耸于中部的鲁中南山地，将山东分成四个自然地理区域。山之北，是鲁北平原；山之西，是鲁西平原；山之东，是胶东丘陵；山之南，是临沂盆地和莒县盆地。鲁西平原为我国古今南北交通要道所经，京杭大运河、京沪铁路穿行其间。鲁运河是沟通江淮和直隶的重要一环。运河穿行的区域是封建时期山东区域经济的精华所在，逐渐形成了枣庄、济宁、聊城、临清、德州等运河“珍珠链”城市，与省会城市济南共同构成相对发达的西部运河经济走廊。鲁北平原与胶东丘陵的交通，主要通过山麓地带的东西大道，所谓的烟潍大道即其重要一段，后来的胶济铁路也通行于此。胶东多海港，自古海上交通发达。泰山、沂蒙山以南的鲁南，主要由临沂盆地和莒县盆地组成，由于北面高山阻挡，盆地向南面的苏北平原开口，沂河、沭河等两条主要河流自北向南流。由于这一原因，历史上鲁南与苏北联系密切，经济文化具有相当多的共性。

三、煤铁资源丰富

近代时期对国家工业最重要的资源莫过于动力资源煤炭和铁矿。近代以前，山东省内就有几处较为重要的投产的煤矿和铁矿，形成了淄川、坊子、博山等矿冶中心。19 世纪 60 年代英国学者布切（H. M. Becher）赴山东考察时，对铁矿做过调查。1869 年李希霍芬实地调查过沂州、博山、章丘、潍县 4 个重要煤矿区，也调查过铁矿的分布情况，考察过博山的矿冶生产情况。日本小川琢治于 1899 年调查了沂州、新泰、章丘、博山、潍县、莱芜等炭田情况。此后，日本政府、企业有组织地派出大批日本调查者相继到山东调查。山东省财政厅矿务科技术员王道昌于 1915、1916 年详细调查临沂—峄县、淄博、章丘、潍县、新泰—莱芜、泰安—宁阳 6 大炭田，形成《山东之石炭及其矿业情形报告》。大致同一时期，丁文江调查

① 中共山东省委研究室主编《山东省情（1949—1984）》，山东人民出版社 1986 年版，第 15 ~ 17 页。

了峄县枣庄和宁阳县磁窑煤田。1917 年，谭锡畴受农商部派遣调查山东地质矿产时，详细查勘了胶县七宝山铁矿、临淄金岭镇铁矿，同时，调查了蒙阴—新泰、费县—临沂—郯城、莒县、潍县—昌乐、淄川洪山等处煤田。1919 年，他与安特生再赴淄博、章丘、潍县—坊子等煤田进行地质调查，同时考察了金岭、历城、章丘、济南、峄县等处铁矿。20 世纪初期至 40 年代，日本派员进行了大量调查，并以物探、钻探方法勘探了金岭镇铁矿。30 年代，张会若等人对铁矿、煤矿也做过调查，调查成果辑录在《山东矿业报告》中。①

据山东《首轮省志·地质矿产库》资料，山东煤炭资源比较丰富，但在地理分布上极不平衡。鲁东地区仅占全省预测煤储量的 2.5%，而鲁西地区则占 97.5%，主要集中在鲁西南地区，其次在鲁中地区、胶济铁路沿线及济南以西的黄河两岸。菏泽大部分地区和鲁西北地区，含煤地层埋藏深度较大，一般赋存在负千米以深。② 德国人侵占山东就是看重了省内丰富的煤炭资源、铁矿资源以及胶州湾优越的地理位置和建港条件。

第二节　山东的人文环境

一、文化环境

文化的形成不完全由自然地理环境决定，但是必然受到重大影响，尤其是在传统时代，大山、大河阻隔在一定程度上导致了文化分区的形成。山东区域三面环海，鲁中山地横亘中间，文化分野自然受其影响。按照自

① ［德］费迪南德·冯·李希霍芬著，李岩、王彦会译《李希霍芬中国旅行日记》上册，商务印书馆 2016 年版，第 112～162 页；山东省地方编纂委员会编《首轮省志·地质矿产库》第三卷《矿产普查与勘探》，载山东省情网（http://lib.sdsqw.cn/bin/mse.exe?seachword=&K=a&A=0&run=12）。

② 山东省地方编纂委员会编《首轮省志·地质矿产库》第三卷《矿产普查与勘探》，载山东省情网（http://lib.sdsqw.cn/bin/mse.exe?seachword=&K=a&A=0&run=12）。

然地理、历史文化等因素的划分，传统时期的山东全域大体可以分为三个次级文化区域：在山南，由于靠近中原传统政治经济中心区和大运河，从而形成鲁文化区；在山北，靠近运河和传统区域政治中心临淄、济南的区域形成齐文化区域；在山东，靠近海洋的区域，形成了东部海洋文化区域。前两者主要以农耕文化和运河商业文化为主要特征，后者则散发着强烈的海洋气息。

地域文化尤其是商业文化是影响山东区域经济发展的重要因素。在近代山东区域发展中，我们可以看到桓台帮、黄县帮、章丘帮等传统地域商帮投资近代工商业，在城市和区域产业转型中发挥了重要作用。

关于山东的民风和社会开放度，李希霍芬结合1869年在山东的实地考察进行过评论，认为山东人的行为举止更为文明，性格大都比较温和，聪明能干，缺点是长期受统治者驯化而表现得比较听话和羸弱。在漫长的旅途中，李希霍芬没有听到之前如“洋鬼子”这样的称谓，除了在考察蒲台的煤矿被“围观”，从山东沂州府到泰安府，到济南府、青州府，再到烟台，基本没有发生类似的情况。当然我们也不能过度想象山东人的开放精神。李希霍芬在日记中曾经专门以开矿、修路、使用蒸汽机受到的阻力为例，从文化环境和开放度角度分析过原因，认为开放的阻力来自三个方面：一是欧洲人的出现削弱了满洲贵族的权力，自然引起政府反对；二是中国人认为修路、开矿、使用蒸汽机会破坏地方、住所、坟墓的风水，自然引起民间反对；三是中国人不愿意因为开矿而让欧洲人到开放口岸之外的城市去。同时他比较乐观，认为第一批开放口岸已经使得拥有四万万人口的中国在精神和物质转变上迈出第一步，随着中国对外开放的扩大，受到外国殖民的压力会更大，开放的程度会一步步加深，精神上的转变必须通过迷信的破除来实现。① 上述情形在近代的山东同样大量存在，无论是在官方，还是在民间。胶济铁路及其沿线修路、开矿时遭遇的阻碍也充分

---

① ［德］费迪南德·冯·李希霍芬著，李岩、王彦会译《李希霍芬中国旅行日记》上册，商务印书馆2016年版，第23、112～162页。

证明了这一点。

外来文化与地域文化的交融是全球化的重要内容，直接影响着山东区域经济社会的发展。明清以降，闽粤、江南商帮北上，在山东沿海海口进行南北贸易，初步奠定了开埠通商后贸易与工商业发展的基础。西方势力正是注意到了南北贸易中这些海口的重要性，才要求在烟台、青岛、龙口、威海等海口开埠通商，因此又有了地域文化与西方文化的交融，由此西方市场制度、银行、股份公司、大机器生产等近代经济范式与技术进入山东区域。在近代全球化过程中，山东区域被纳入全球市场，在通商条例的制度约束下，区域市场经济体系得以形成，自由贸易与投资制度得以确立，最后才有近代长达近百年的山东城市与区域经济转型。

二、充足的人力资源

近代山东人口众多，人口密度较大，是人口经常迁出地区，可以说人力资源极为丰富。清代是山东人口数量猛增的时期。山东人口经明末清初的锐减后，于顺治十八年（1661）升至8529228人，雍正二年（1724）达到20945710人，乾隆三十二年（1767）升至25724287人，道光十年（1830）高达30982059人，突破3000万。道光十九年（1839）又达到31759772人，形成山东古代人口发展高峰。近代山东人口在此起点上继续向上发展。自1840年至1850年，山东年均人口3246万，与前10年相比，增加100万。咸丰元年（1851）达3338万人，同治十一年（1872）达3522万人。此后几乎每历10年人口便增加100万，光绪二十四年（1898）达到37921262人，人口密度高达246.24，列全国首位。①

民国时期，山东省仍为人口繁庶之区。民国时期的山东人口有五个统计数字：一是据1912年国务院统计局数据，全省人口30987853人；二是据1921年海关调查数据，全省为3800万；三是据1922年邮务局调查数

① 山东省地方史志编纂委员会编《山东省志·人口志》，齐鲁书社1994年版，第5~6页。

据，全省为30803245人；四是据1930年山东民政厅秘书处统计股数据，全省人口为36502636人；五是据1934年出版的《中国实业志·山东省》的数据，该数据来源于各县政府报告，合计为37826341人，人口密度为每方华里52.11人，仅次于江苏、浙江。从调查年代和口径判断，本书采用《中国实业志·山东省》数据。山东工业化程度远逊于江浙，故更明显地感受到人口过剩的压力。因此，自清道光年间开放东北地区，准许汉人购买土地以后，山东人多迁往东北；民国以后二十年间，迁移增加迅速，每年移出人口虽无确切数据，但据熟悉情形之人评估，迁移最多之年人数在百万以上。① 当然这百万流动人口并非都是移民，其中必然有大量的季节性务工人员。

总之，山东人力资源丰富，相对其工商业发达程度看，属于人口过剩的省份，人口压力较大。

第三节　制度环境——近代市场经济的形成

1840年以来，被动的对外开放逐渐加快，有利于贸易的制度环境在中外冲突中不断获得改良；与此同时，随着中西贸易的发展，贸易与投资的制度安排也逐渐完善。这为集聚巨额资本进行大规模的工业投资准备了条件。在通商口岸及其周边地区的制度环境变迁中，市场经济秩序、金融系统和股份制公司制度的变革最为重要，为工业投资提供了秩序、资本和组织准备。

近代山东乃至中国沿海地区的区域经济转型之所以获得较大进展，最根本的原因在于近代市场经济制度的形成。制度是约束社会各阶层政治和经济活动行事规则的集合。North 和 Davis 根据研究内容将制度划分成制度环境（Institutional Environment）和制度安排（Institutional Arrangement）两

① 实业部国际贸易局编《中国实业志·山东省》，实业部国际贸易局1934年版，第35（甲）、61（甲）页。

个范畴。制度环境是一系列基本的经济、政治、社会及法律规则的集合。它是制定生产、交换以及分配规则的基础。在这些规则中，支配经济活动、产权和合约权利的基本法则和政策构成了经济制度环境。制度安排是支配经济单位之间可能合作和竞争的规则的集合。制度安排可以理解为人们通常所说的游戏规则，不同的游戏规则将导致人们不同的激励反应。①

在此必须指出，近代中国沿海地区市场经济制度绝对不是照搬外国而建立的，而是全球化和地方化博弈的结果，是“中西商业资本主义”，其中也有些不利于国内工业发展的制度，甚至也不乏丧权辱国的恶性制度。这期间，中国的“实业救国”“商战”思想和民族主义在一定程度上降低了这些制度的危害性。

一、商埠的开放与商埠制度

近代中国约开口岸与自开商埠是一种再正常不过的现象。根据外国列强强加的不平等条约开放口岸，被西方学者称为“条约口岸制度”②。从1842年签订《南京条约》到1930年广东中山港设埠，中国共出现了104个开放商埠、4个租借地，分布在除了山西、贵州、陕西、青海、宁夏的绝大部分省份。③ 山东是中国东部沿海地区开埠通商的重点地区，有烟台一个约开商埠，胶州、威海两个租借地，济南、周村、潍县、龙口四个自开商埠，另外还有济宁一个省内批准的与济南、周村等自开商埠实施同样开放政策的商埠。

---

① Douglass C. North, *Institutions, Institutional Change and Economic Performance*, Cambridge University Press, 1990; Lance Davis and Douglass C. North, “Institutional Change and American Economic Growth: A First Step Towards a Theory of Institutional Innovation”, *The Journal of Economic History*, No. 1, 1970；田国强《现代经济学的基本分析框架与研究方法》，载《经济研究》2005年第2期。

② ［美］费正清编，中国社会科学院历史研究所编译室译《剑桥中国晚清史（1800—1911年）》上卷，中国社会科学出版社1985年版，第244页。

③ 吴松弟主编《中国百年经济拼图：港口城市及其腹地与中国现代化》，山东画报出版社2006年版，第3～4页。

（一）烟台开埠

1858年6月26日清钦差大臣桂良、花沙纳与英国全权代表额尔金在天津签订《中英天津条约》，增开牛庄、登州、台湾（台南）、淡水、潮州、琼州、汉口、九江、南京、镇江为通商口岸。由此，登州府城蓬莱将对外开埠通商，但是由于蓬莱港湾缺乏屏蔽，贸易稀少，因此英国人坚决要求开放烟台口，于是烟台成为山东最早开埠的通商口岸。清代烟台属登州府福山县，原是一个小渔港，后来渐有帆船停泊，有商号二三十家，主要出口鱼盐以换取粮食。到道光末年，当地已有千余家商号，有广帮、潮帮、建帮、宁波帮、关里帮、锦帮等，可见在开埠前夕商业已十分繁盛。①

经过短暂筹备，东海关（因山东亦称东省得名）于1861年8月22日开关征税，标志烟台正式对外开埠。1862年2月14日，登莱青兵备道由莱州移驻烟台，登莱青兵备道道台崇芳兼任东海关监督，3月在烟台设东海关监督衙门。东海关监督兼领常关，下辖龙口、威海卫分关。自武定府所属埕子口到日照之涛雒场滨海一千余里，共设立关卡14处。② 1863年3月23日，东海关第一任税务司英国人汉南来到烟台，4月正式对外办公，翌年于烟台山下（今烟台海关街6号）建造税务司署办公楼，时称洋关或新关。自此以后，山东洋务与贸易集中于烟台办理，烟台逐渐代替登州、莱州成为胶东地区的政治经济中心，在被动中迈出了现代港口城市的新步伐。

从1862年到1898年，烟台东海关是烟台港第一个带有行政管理性质的管理机构，也是近代山东沿海口岸贸易的管理者。实际上烟台东海关是东海洋关和东海常关的合称，上缴税收时前者称为东海洋税，后者称为东海常税。常关关税被抵押后，洋关监管常关，基本上意味着两者合而为一。

---

① 王陵基等修，于宗潼等纂《民国福山县志稿》卷五之一《商埠志·缘起》，1931年铅印本。

② 王陵基等修，于宗潼等纂《民国福山县志稿》卷五之一《商埠志·关税》，1931年铅印本。

图 1.1　东海关税务司公署旧址

资料来源：烟台海关 70 周年特辑。

（二）胶澳租界与青岛开埠

青岛所在的胶澳地区，“地瘠民贫，素无工业之可言”，但是就位置而言，极为优越，“内有山东、河北之奥区，农产原料、矿产燃料至为丰富，金岭镇之铁矿于前清嘉庆年间既尝开采，颇有希望”，特别是“港湾适当山东半岛之阳，在华北各港最居南端，发扬北方之物产工艺，以运送于南方之江浙、闽粤、台湾，东方之日、韩，应以胶澳为捷径。故胶澳之在北方实为最有希望之工业地也”。① 这也是德国人垂涎胶州湾的重要原因。

被德国租借前夕，青岛所在的胶澳地区远不只是区位优越，已经有了一定商业贸易基础。学术界在研究上海、大连、青岛、烟台等后起的沿海商埠城市崛起时，一直在讲述一个个沿海渔村凤凰涅槃般地变成一个个现代化工商业城市的“神话”故事，实际上抹杀了上述海口业已存在发达的商业贸易基础，片面夸大了开埠后西方势力进入后的影响力。实际上青岛在开埠前就已经有了发达的商业贸易，早已设关征税。1862 年东海关监督衙门在烟台成立，统管山东省五府十六州的海关业务。1865 年，东海关在青岛地区的青岛

① 赵琪修，袁荣叟等纂《胶澳志》卷五《食货志七·工业》，1928 年铅印本。

口、塔埠头、金家口设立常关分关，在灵山卫、女姑口、沧口、沙子口等地设立常关分卡或代办处。[①] 青岛著名商人胡存约曾在《海云堂随记》中记载青岛的商铺情况。胡存约（1859—1916），青年时弃读从商，打理贸易，后在青岛口开设了瑞泰商号，经营土产杂品、日用百货，还操办货物航运，后担任青岛中华商务局董事、胶澳参议督署董事，“稍能自振代表同业以参预市政者”[②]，曾与胶澳德占当局力争，保护青岛天后宫（图1.2），为士绅称道。青岛建置初期，他是青岛口最大的商户之一。据《海云堂随记》记载，德占前的青岛口，“除新近由即墨、平度、金口、海阳来此赁屋暂营者六家外，计车马、旅店七，洪炉一，成衣、估衣、雉发三，油坊、磨坊、染坊六，杂货、竹席、瓷器店铺五，药铺二，当铺一，织网、麻、草、油篓木材八，肉鱼盐铺行六，鞋帽、皮货各一，纱布绸店、广洋杂货店三，酒馆、饭铺九，酱园、豆腐坊各一，糕点茶食三，计六十五家，航载□船多由广洋、

图1.2　青岛天后宫

资料来源：青岛市档案馆。

---

① 《中国海关通志》编纂委员会编《中国海关通志》第四分册，方志出版社2012年版，第2564页。

② 赵琪修，袁荣叟等纂《胶澳志》卷十《人物志》，1928年铅印本。

杂货木材诸店号兼业”；青岛口贸易范围“北为牛庄，西为安东卫、石臼所、胶州、海州，南则江淮闽浙广粤，再北为高丽各处，贸易悉通”；贸易货物方面，“出口以披猪、花生、生油、豆油、豆饼、白蜡、青梨等为最，进口以广洋杂货、细白棉布、棉纱、绸缎、糖、桐油、竹木材”。①

移军驻防也从侧面反映了青岛口已经不是一个小渔村，而是具有重要战略价值和经济价值的要地。1891 年 6 月，清政府决定将登州镇总兵衙门由登州（今蓬莱）移置青岛口。1892 年总兵章高元在青岛镇与天后宫之间建成总兵衙门。“老衙门”建筑规模很大，中轴前后三进，左右有跨院，比中等规模的县衙要大，相当于一般的府衙，在青岛镇西建栈桥人工码头，在青岛镇东建了炮兵营、嵩武营的营房。《胶澳志》有言：“青岛村初为渔舟聚集之所，旧有居民三四百户，大都以渔为业，今之天后宫、太平路一带，乃三十年前泊舟晒网之所。章高元驻兵而后，渐成为小镇市矣。”②（图 1. 3）

图 1. 3　青岛清兵营及章高元

资料来源：青岛市档案馆。

① 胡存约《海云堂随记》（摘录），见青岛市博物馆等编《德国侵占胶州湾史料选编（1897—1898）》，山东人民出版社 1987 年版，第 23 ~ 25 页。

② 赵琪修，袁荣叟等纂《胶澳志》卷一《沿革志一·历代设治沿革》，1928 年铅印本。

1897年11月曹州教案发生后，德国人以此为借口，派遣远东海军闯入胶州湾，并实施了蓄谋已久的占领、租借计划。1898年中德《胶澳租界条约》签订，德国取得租借胶澳99年以及修路开矿的特权。德国占领青岛后，以超越英国香港租借地为目标，要把青岛建成一个租借地的样板，因此，实施自由港制度，中外货物在租借地内免税。此后，中德协商在租借地内设立胶海关，首任税务司为德国人阿里文（图1.4）。胶海关所辖洋关、常关悉由税务司管辖，开关纳正税，也收子口半税。德国人还从常关税收中获得20%的分成。在租借地内，德国实行自由港制度，界内货物进出免税，后来逐渐演化成自由地区制度，免税区域局限于港口附近。根据《青岛设关征税办法》和《胶州新关试行章程》，青岛地区诸海关机构，塔埠头、金家口常关分关及红石崖、灵山卫、大港口、女姑口、沧口、登窑、狗塔埠、沙子口、薛家岛等常关分卡或代办处统归胶海关管辖。1906

图1.4　胶海关首任税务司阿里文

资料来源：青岛市档案馆。

年1月中德签订《会订青岛设关征税修改办法》，规定在租借地内划定区域实行“无税区制度”①。在青岛由自由港制转向自由地区制的过程中，胶海关税务司阿里文发挥了重要作用，提出紧靠港口设立自由港并临港设关征税的方案。这一创新举措的实施有效避免了在漫长的边界地区设立税卡和促使边界地区新的城镇的形成，不仅节约了巨额的缉私费用，也促进了青岛港口和城市经济的大发展，逐步奠定了青岛在华北的经济地位。

（三）威海开埠

威海原为北洋水师的根据地军港。1894年甲午中日战争后，日本破坏了该区域的军事设施，且占据三年，签订条约后，才归还中国。1896年，英借口俄国租借旅顺、大连，强租威海卫。英国租借威海卫期间，实行自由港制度，界内货物进出一律免税。（图1.5）南京国民政府几经交涉，直到1930年才收归中国。威海开埠后贸易一度发展较快，还在一定程度上影响了烟台的贸易。1930年收回后，自由港制度取消，威海贸易不及以前繁盛。

图1.5　1898年7月英军首次登陆威海卫情景

资料来源：《周村开埠的背景》。

① 《中国海关通志》编纂委员会编《中国海关通志》第四分册，方志出版社2012年版，第2571页。

（四）自开商埠

1. 济南、周村、潍县开埠通商

1898 年中国对外开放的进程中出现了新生事物，即“自开口岸或商埠”。1898 年 3 月间，总理各国事务衙门大臣恭亲王奕䜣领衔上折，奏请开放湖南岳州和福建三都澳为通商口岸；同月，总理衙门再次奏请开放直隶秦皇岛为通商口岸。[①] 这两项奏请很快被批准，中国出现了一批主动开放的口岸或商埠。此后，光绪皇帝发布上谕“欧洲通例，凡通商口岸，各国均不得侵占。现当海禁洞开，强邻环伺，欲图商务流通，隐杜觊觎，惟有广开口岸之一法”[②]。1904 年 5 月，在胶济铁路开通前夕，袁世凯与山东巡抚周馥上奏在山东胶济铁路沿线增开商埠，认为“青岛……兴造铁路，现已通至济南省城，转瞬开办津镇铁路，将与胶济之路相接。济南本为黄河小清河码头，现在又为两路枢纽，地势扼要，商货转输较为便利，亟应……在于济南城外自开通商口岸”，潍县、周村“皆为商贾荟萃之区”，“又为胶济铁路必经之道，胶关进口洋货，济南出口土货，必皆经由于此。拟将潍县、周村一并开作商埠，作为济南分关，更于商情称便”。[③] 袁世凯的呈请很快得到批准。1906 年 1 月 10 日，济南、周村、潍县三地同时举行典礼，正式开放为“华洋公共通商之埠”，因是陆路商埠故暂不设关收税，其他税捐照各埠通例，中外商人一体遵照，“以期中外商民咸受利益”。

济南、周村、潍县开埠直接动因有三：一是清政府已经认识到广开商埠可以发展商务，可以防止列强觊觎；二是 1903 年办理洋务的商约大臣吕海寰呼吁清政府广开商埠。外务部批转吕海寰奏请，令“各省督抚通饬所

---

① 〔清〕王彦威纂辑，王亮编《清季外交史料》卷一三〇，书目文献出版社 1987 年版，第 2177～2178 页。

② 〔清〕朱寿朋编，张静庐等校点《光绪朝东华录》第四册，中华书局 1958 年版，第 4158 页。

③ 天津图书馆、天津社科院历史研究所编，廖一中、罗真容整理《袁世凯奏议》中，天津古籍出版社 1987 年版，第 929～930 页。

属详细查勘，如有形势扼要，商贾荟萃可以自开通商口岸之处，随时奏明请旨开办”①；三是胶济铁路通车在即，必须防止德国独占。

2. 龙口开埠

1861年烟台开埠后，龙口为东海关监督管理下的常关。龙口没有建设码头，港口装卸靠过驳和笨重体力劳动作业。为保证船只进出安全，同治十年（1871），由英国人在屺屺岛建起一座燃油灯塔，这是继1867年烟台崆峒岛建塔后，山东沿海最早的灯塔之一。龙口因有港口，与东北各地粮食贸易较为发达，市镇逐渐繁盛。1913年3月，日本关东都督府派浅见亮到龙口，对龙口港和腹地进行详细调查，汇成《龙口事情》调查报告，详细报告了龙口港、街市人口、风俗、航运、贸易、腹地资源、税收、金融、驻军、地方政府等事宜。1914年，日本政府又派田原天南调查龙口，他在报告中说：“龙口由于与关东州诸港关系密切，及作为由虎头崖、羊角沟出口货物之转口地，其背面又有黄县之故，近来更加繁荣，尤其经该港而往来于东北三省之山东苦力不下三四百万”，强烈主张龙口应当正式对外开放。②

民国以后，日本人多次到龙口，引起中国政府警觉。为防止日本觊觎，1914年2月2日，北洋政府根据国务总理熊希龄等的呈请，决定开辟龙口为对外贸易商埠，官督商办，筹集股款开辟商埠，兴筑码头及各项工程，并制订了《龙口自辟商埠租建章程》20条。9月，负责管理港口贸易和港务的商埠局成立，受省署直辖。但9月3日，日军十八独立师团3万人乘兵舰24艘由龙口登陆与德军争夺青岛，北洋政府划龙口等地为“交战区域”，允许日本驻军。商埠奉令缓办。1915年1月，商埠重新筹建。11月1日，设立东海关龙口分关，由东海关税务司苏古敦（英国人）兼管。辖区海岸线绵延千余里，专司轮船征税，辛丑约成后，又兼理距海关

① 天津图书馆、天津社科院历史研究所编，廖一中、罗真容整理《袁世凯奏议》中，天津古籍出版社1987年版，第929页。

② 山东省航运管理局编史办公室编《山东航运史（送审稿）》（近代部分），1991年版，第144页。

50华里内的常关税。[1]

3. 大浦开埠

近代的连云港区域比较特殊，开埠前后都属于胶海关管理，因此也在此叙述。1905年曾经在山东主持自开商埠的两江总督周馥奏请海州自开商埠，新浦及其外港大浦自行开放。外务部和户部责成两江总督参考各处自开口岸章程开办，但不准借外债。大浦开放后，设立胶海关海州厘金所，其他口岸设立分卡。[2] 由于没有足够的建设费用，海州商埠区建设被迫推迟，但毕竟可以合法参加沿海贸易。连云港开埠后，外轮仍然不能直接进入贸易。日本为了攫取连云港的磷矿和枣庄中兴公司的煤炭，曾经几度闯入，都被阻止。连云港的海外贸易必须经由青岛港和胶海关，外轮不能直接靠泊。[3]

（五）小结：商埠制度及其影响

近代，列强通过迫使中国签署不平等条约，不仅攫取了中国大片国土，而且取得自由贸易和协定关税的特权，在约开商埠形成了特殊的商埠制度。近代的商埠制度对于中国经济和社会转型产生了不可估量的作用。在商埠开放的范围实施有利于外国人的特殊优惠政策，一方面对中国主权独立、领土完整造成了巨大伤害，但另一方面也形成了一些促进沿海地区经济发展的自由贸易与投资政策。在商埠区域，中外商人可以自由开办实业，可以享受税收优惠，减少了地方政府不必要的干涉；尤其是在烟台、青岛、威海等外人主导的商埠，商人更是不受山东地方军阀政府的管辖和干扰，反而享受免税红利；因为外国人的缘故，国内军阀战争很少能够影响到商埠区。商埠区不啻为近代中国特殊政治时期的一方“净土”，是经

---

① 刘大可主编《山东重要历史事件·北洋政府时期》，山东人民出版社2004年版，第91页。

② 〔清〕朱寿朋编，张静庐等校点《光绪朝东华录》第五册，中华书局1958年版，第5423～5424页；中国第二历史档案馆《1921年前中国已开商埠》，载《历史档案》1984年第2期；《外务部等议覆署两江总督周奏请海州开埠折》，载《东方杂志》1906年第3期，商务，第1～3页。

③ 徐德济主编《连云港港史》（古、近代部分），人民交通出版社1987年版。

济全球化与地方化交织的区域，是中外交流的窗口，在一定程度上不仅刺激了近代工商业的投资，而且为其持续发展提供了政策支持和发展空间。

二、晚清以来的政治改良与投资开放

从19世纪60年代以来，中国高层统治者也采取了大量力图自强的举措，一度形成“同光中兴”的局面。当时统治者最有成效的改革是在1895年之后。1895年《马关条约》签订后，清廷发布上谕：“叠据中外臣工条陈时务，详加披览，采择施行，如修铁路、铸钞币、造机器、开各矿、折南漕、减兵额、创邮政、练陆军、整海军、立学堂”等，如能“破除情面，实力讲求，必于国计民生两有裨益”，表示要“以恤商惠工为本源”，并要求“各地方官悉心妥筹，酌度办法，限文到一月内分晰覆奏”。[①] 一个月后，清政府下达谕旨，取消限制民间兴办工矿企业的禁令。“亟应从速变计，招商承办……遴派廉干妥实之员，迅赴各该处宣布朝廷意旨，劝谕首事绅董等设法招徕，该商人如果情愿承办，或将旧有局厂令其纳资认充，或于官厂之外，另集股本，择地建厂。一切仿照西例，商总其事，官为保护。”[②]

1901年清廷又发布新政上谕，要求军机大臣、大学士、六部九卿、出使各国大臣、各省督抚，“各就现在情弊，参酌中西政治，举凡朝章国政、吏治民生、学校科举、军制财政，当因当革、当省当并，如何而国势始兴，如何而人才始盛……各举所知，各抒所见”[③]。为了破除成见，广开风气，1903年商部颁布《奖励公司章程》，规定凡集股50万—5000万元的工商业者，分别奖以议员至商部头等顾问等职位，并加赏七品至头品顶

---

① 〔清〕朱寿朋编，张静庐等校点《光绪朝东华录》第四册，中华书局1958年版，第3631页。

② 〔清〕朱寿朋编，张静庐等校点《光绪朝东华录》第四册，中华书局1958年版，第3637页。

③ 〔清〕朱寿朋编，张静庐等校点《光绪朝东华录》第四册，中华书局1958年版，第4602页。

戴。若获奖者已有职衔，在所定等级之上加一级，还可以移奖给兄弟子侄。1906 年商部颁布《奖给商勋章程》，规定能制造新式机器者、翻新工艺者、精工制造者，奖给六品至二品的顶戴，五等至一等商勋。“奖创办实业之工商，一扫数千年贱商之陋习，斯诚稀世之创举。”① 例如爱国华侨张弼士（1841—1916）回国投资 300 万两创立烟台张裕酿酒公司，为清廷所赏识，先后任清政府驻槟榔屿领事、驻新加坡总领事，曾三次受到光绪帝、慈禧太后召见，蒙赏头品顶戴，补授太仆寺正卿，并被任为考察外埠商务大臣。奖励工商实业法规的颁布与执行，在一定程度上破除了千百年来的贱商陋习，提高了商人的社会地位，从而激发了名流绅士投资实业的热情。

与此同时，保护商人、推广商务的制度建设也有了进展。中国政府先后颁行 4 部公司法。第一部《公司律》经过短短三个月的编纂，于 1904 年 1 月 21 日正式颁行。《公司律》虽应急而生，但毕竟有法可依。《公司律》最后一条也声明，“惟此案初定之本，如于保护商人、推广商务各事宜未能详尽，例无专条者，仍当随时酌增续行”。该法在中国历史上首次对公司作了正式的法律界定。1914 年的《公司条例》规定了公司的法人地位，界定了公司的 4 种类型。1929 年的《公司法》使公司的定义更为明确，并首次规定了法人持股的合法性。1946 年的《公司法》进一步增加了有限公司和外国公司的条款，是近代中国篇幅最大、内容最全，也是最后一部公司法。②

自晚清至民国，政府鼓励发展实业，振兴商业成为既定的国策。政府出台了大量推动和保护实业发展的法律法规制度，而且裁厘改税，修订海关税则，废两改元，发行法币。这些制度变革都有利于民族工业的发展。同时，民间一改从前守旧风气，实业救国成为士绅阶层的共识，阻碍工商业发展的传统桎梏被打破。在前期实业厚利的吸引下，地方士绅逐渐投资

---

① 朱英《晚清经济政策与改革措施》，华中师范大学出版社 1996 年版，第 212 页。

② 张忠民《近代中国的“公司法”与公司制度》，载《上海社会科学院学术季刊》1997 年第 4 期。

兴业，成为振兴地方实业的重要推动者和组织者。

总之，烟台、青岛、威海、济南等商埠及其周边地区在条约制度下对外开放，实现了投资自由化，因进口关税较低的缘故，基本上意味着完全融入国际市场，是真正意义上的对外开放。近代一系列开放市场的条约制度和中国历届政府颁布的一系列鼓励保护工商业发展的法令条例，破除了阻碍工商业发展的桎梏，使得沿海及其周边地区逐渐走向资本主义市场经济的轨道。

三、中外资本共生关系的形成

近代，中外资本共生关系的形成主要是通过钱庄与银行、买办及行栈资本与洋行对接实现的。金融是贸易和投资的血液，中外银行机构、货币的互认是通商口岸贸易和工业投资的前提。买办和行栈资本在中西贸易中发挥着重要的中介和桥梁作用。郝延平认为买办是中西间贸易的桥梁。①其实，随着贸易的发展，行栈资本不仅发挥联系内地和商埠间商贸流通作用，而且逐渐由商业转型为投资近代工商业的工业企业家，在经济转型中发挥了重要的作用。

清末民初，商品集散集中于行栈已成为普遍现象。虽然山东华洋商埠众多，但是1904年之前，内地开放的风气较之烟台、青岛、威海等通商口岸要弱化很多。烟台、青岛、威海卫聚集了大量的外国人，不仅产生了巨大的示范作用，而且国人与之争利的意识也增强。开埠之初规定“外人不得轻入内地”，“外人势力限于通商口岸而止，洋货由通商口岸以入内地，土货由内地以运至通商口岸，必经华商之手”。② 因此，买办、行栈华商是内地和华洋商埠贸易的中介，发挥着重要的桥梁纽带作用。据庄维民先生的研究，行栈能够在近代商品经济条件下立足发展，在开埠城市、集散市场和主要贸易流通领域占据主导地位，与其经营方式上的特点和自身所具

① ［美］郝延平著，李荣昌等译《十九世纪的中国买办——东西间桥梁》，上海社会科学院出版社1988年版。

② 赵琪修，袁荣叟等纂《胶澳志》卷五《食货志六·商业》，1928年铅印本。

备的商业功能有着密切关系。青岛的辫行和土产行、烟台的绸栈、周村的丝店，通常属于中介代理性质。而济南的粮食、棉花等行业，行栈多属代理兼批发性质；绸布、煤炭、杂货等行业，行栈则为批发性质。在洋货进口和土货出口行业，行栈在中外商人之间起着中介代理的作用。20世纪初，洋行同华商的生意更多地由行栈商从事中介代理，即便是由买办居间介绍，生意最终也是洋行与行栈间的交易。①

近代，各地、各通商口岸间存在独立的金融机构和复杂的货币系统，严重阻碍了中外之间顺畅的金融结算。例如19世纪末，胶州通行铜圆、银元宝和银圆，特别通行胶州银元宝。按烟台公估局标准，海关关银100两等于胶州银105两，等于烟台银106.4两。海关银两的购买力大小是由关银与该地区标准流通货币——铜圆的兑换比例来表示的。例如1892—1901十年间，关银的兑换比例在不断下降。因为交易习惯的缘故，胶州银元宝兑换成其他银货币反而不利于交易。青州靴形元宝在烟台盛行，但在胶州必须重新融化铸成胶州银元宝。青岛德华银行曾经从上海进口银元宝，但不受市面欢迎。铜圆相对银元宝的价值，与供需情况有关。在外币流通方面，也不是一帆风顺。起初，中国人对外国货币抱怀疑和不信任态度，直到铁路修到胶县、高密一带，随着大批外籍工程人员在内地城镇工作，才开始接受。②

开埠通商后，经过中外商人和金融机构的对接合作，这种金融紊乱的局面有所改观，特别是银行和海关两的出现，在一定程度上起到了统一度量的作用。在通商口岸和租借地，汇丰、德华、横滨正金等外国银行的分行纷纷设立，承接外贸和各商埠间的汇兑业务，另外，国内的票号、钱庄也在通商口岸开设分号，经营汇兑业务，把烟台、青岛、威海、济南等商埠与上海、天津等金融中心连接起来。还有，银行与钱庄、票号，实现票

---

① 庄维民《近代山东行栈资本的发展及其影响》，载《近代史研究》2000年第5期。

② 青岛市档案馆编《帝国主义与胶海关》，档案出版社1986年版，第60～61页。

据互认，实现结算便利化，为土货收购、洋货售卖、近代工商业投资提供了大量的资金。

四、西方股份制公司制度的引进

股份公司是近代中国经济领域的一项重要的制度变革，是近代工业投资的组织形式。学术界关于外国在华股份公司、华商在外企附股活动和中国公司制度的研究成果已经取得丰硕的成果。笔者在此主要是说明股份公司这种制度在集聚工业投资方面的作用而已，因此，无意在此详加评述前人的成果，只是引用相关成果说明股份制公司的出现和特点。

据李志英的研究，近代中国的股份公司制度经历了外商引入、华商附股、中国自主创办三个过程。股份公司起源可以追溯到广州一口通商时期，但是其兴盛的真正时期应该在19世纪中叶以后。原因在于轮船、电报的使用和苏伊士航线的开辟对中外贸易方式产生了巨大影响。西方可以在最短的时间内了解中国市场行情的变化，并在最短的时间内把货物运进运出中国。这使得外商直接投资对华贸易成为可能。在华洋行的数量大增，但是利润却没有增加。洋行面临僧多粥少的困境，必须寻求新的发展方向。怡和、琼记等资本雄厚的大洋行开始把航运、保险、汇兑等过去的附属业务放到更加重要的位置，开始吸引中外资本筹建轮船、保险、缫丝等股份制公司。① 于是19世纪60年代以后大量中外合资的股份公司在银行业、保险业、出口加工业、船舶修造业以及公用事业等行业中出现。股份公司制度逐渐为国人所熟知。19世纪70年代以后出现了由中国人自主创办的轮船招商局、上海机器织布局等官办企业。官方公司虽然在管理方面不完全如西方股份制公司，但至少在集资上参考了后者的一些做法。股份公司制度针对中国社会实情做出新的制度架构。为适应中国民间资本较小的状况和保本观念，中外合资的股份公司创立股银分期缴纳制度、官利制

① 聂宝璋编《中国近代航运史资料（1840—1895）》第一辑上册，上海人民出版社1983年版，第248、279页。

度（类似于债券制度）、有业务股东优惠分红制度以吸引、集聚民间资本。① 股份公司经过若干制度变异后适应了中国本土的经济社会条件和文化传统，并在1895年以后国人集资开办的大型棉纺、面粉、缫丝企业中开花结果。

虽然国内的股份制公司在集股、治理结构、收益分配等方面为适应国情需要而存在一些弊端，甚至有些股份公司在某种程度上已经退回家族公司的管理模式，但是这种组织方式还是为大工业筹集投资资金提供了一种先进的制度安排，在一定程度上也缓解了当时资金短缺的困境。

第四节　现代交通通讯方式的改善

地理与交通是地区经济发展的基础和重要条件。就近代山东而言，港口、铁路等基础设施建设对近代山东区域经济转型发挥了奠基性的作用。区域发展主要包括基础设施投资和产业投资两个方面。前者投资大且回报慢，有社会公益性质，主要由政府承担；后者由企业主导，但是近代中央和地方政府鲜有依靠国内财政进行大规模的基础设施投资，一般以路权抵押来借外债以建设铁路。

一、一口通商时代山东沿海与内地的交通联系

山东地势中部高，四周低，山地和丘陵约占总面积的35%，且主要分布在济南与青岛之间，因此东西间的交通比较落后。1859年郭嵩焘到烟台调查商税事宜、1869年李希霍芬旅行山东都不约而同地在日记里谈到从济南到潍县再到烟台陆路交通的艰难。② 开放商埠烟台离省会济南等西部人

---

① 李志英《外商在华股份公司的最初发展——关于近代中国股份公司制度起源的研究》，载《北京师范大学学报（社会科学版）》2006年第1期。

② 〔清〕郭嵩焘《郭嵩焘日记》第一卷，湖南人民出版社1981年版，第248～254页；〔德〕费迪南德·冯·李希霍芬著，李岩、王彦会译《李希霍芬中国旅行日记》上册，商务印书馆2016年版，第27、120～155页。

口稠密地区较远，有陆路和海路两条通道。但是，陆路运输工具以大车、畜运为主。陆路运输不仅道路崎岖，而且成本比较昂贵。以 200 担货物为例，海运则需 1 只帆船，车运需要 40 头驴子拉 8 辆大车，驮运需要 100 匹牲畜。三者一年的维持费用分别是：帆船需要 3 个人工和 220 芝罘两，驴子需要 16 个人工和 6185 芝罘两，牲畜需要 33 个人工和 8000 芝罘两。① 烟潍大道各段的具体情况不同，潍县到黄县的西南段道路比较平坦，黄县到福山县的大道不能通行拉货大车。② 1866 年海关道台下令对烟台到黄县段进行修葺，至此可以通行大车。由于商队的来往，烟潍大道上兴起了许多繁荣的城市。黄县是南来北往的巨大转运站，在那里有许多商行和商业机构；下一个重要的地方是莱州府（今莱州），它的主要大宗商品是草帽辫、柞蚕丝和粉丝；再下一个值得重视的城镇是潍县（潍坊），其商业和制造业具有相当重要的地位。在通向济南府的道路上，下一个重要的城镇是青州府（益都），有柞蚕丝和粉丝制造业。济南府位于烟台港的西南方，是商品集散中心，有一些本省最富有的商行和山西票号。③ 每年烟潍大道转运大量货物。19 世纪 70 年代，从烟台到内地每天有 2000 匹牲口进进出出，按平均数计算，每天从烟台转运 200 吨的商品。④ 到 19 世纪八九十年代，每天进出烟台的驮畜达 3000 头，数以百计的驮队往来于这条大道上。在当时，一支往来烟台的运货商队，一般有 200 头牲畜，每头可载货 150—200 斤，商队的单程运货能力可达 3 万— 4 万斤。⑤

另外，烟台港相当多的进口商品由帆船西运到大清河（后来成为黄河河道），然后在利津县将货物由海船转到内河船上，再运到济南府

① 烟台港务局档案馆译《1882—1891 年烟台十年贸易报告》。

② 〔清〕郭嵩焘《郭嵩焘日记》第一卷，湖南人民出版社 1981 年版，第 250 ~ 254 页。

③ 烟台港务局档案馆译《1866 年芝罘贸易报告》。

④ 烟台港务局档案馆译《1879 年芝罘贸易报告》。

⑤ 烟台港务局档案馆译《1882—1891 年烟台十年贸易报告》。

（治今济南）、东昌府（治今聊城）、兖州府（治今兖州）、曹州府（治今菏泽）、东平州（今东平），甚至到达直隶的大名府（河北大名）。①烟台货物进入内地的水路还有小清河，小清河也可直达济南。洋货等由烟台运至羊角沟（今寿光），由羊角沟改装小平船，溯小清河上行200里至索镇（今桓台境内），一部分货物由索镇陆路运到周村，其余直抵济南。② 每年大约有2500艘船往来于烟台港与山东沿海各小港口之间，疏散烟台港的货物。③ 烟台和西部各海口之间不但有民间帆船往来，也有轮船。莱州府附近的货物例如草帽辫等在虎头崖（今莱州境内）用小火轮运至烟台。④

在胶济铁路未通车之前，烟潍大道一直是烟台口岸与内地交通的动脉。在烟台一口通商时代，山东交通落后的现状始终没有得到根本的改观。

二、近代山东沿海主要港口建设情况

（一）青岛港的建设情况

19世纪末德国租借胶州，为把青岛建设成为北方的香港，德国人不惜巨资，在短短的几年里，就修建了现代化的港口和通往西部的铁路。近代山东的青岛港口和胶济铁路主要由德国人主导和投资建设。1899年第四季度即着手在胶州湾内兴建防波堤，1901年建成小港。小港建成后，大批传统渔船、帆船从胶州其他海口到此靠泊。1904年3月建成大港第一码头，北岸有5个泊位，并通过铁路专线把大港与胶济铁路线相接。1906年还在第五码头建成当时亚洲最大的1.6万吨浮船坞。⑤ 到1908年，第二、四、

---

① 烟台港务局档案馆译《1865年贸易报告》。

② 烟台港务局档案馆藏《光绪二十五年胶州口华洋贸易情形论略》。

③ 烟台港务局档案馆译《英驻烟领事致阿礼国》，1868年2月，见《英国文书》第八卷。

④ 烟台港务局档案馆藏《光绪二十六年胶州口华洋贸易情形论略》。

⑤ 赵琪修，袁荣叟等纂《胶澳志》卷一《沿革志二·德人租借始末》，1928年铅印本。

五码头和船渠港先后竣工，并建成相应的仓库、堆场、航标等配套设施。青岛全部建港费高达5000万马克。《胶澳发展备忘录（1905年10月至1906年10月）》记载，到1906年青岛港方便安全的港口装卸设备已超过了东亚所有港口。当时在香港、上海、芝罘、天津、长崎、神户等老牌海上贸易中心，大船装卸都须借助舢板，但在青岛，即使当时吨位最大的货轮也可直接靠泊，而且可以在码头上将货物直接转装上火车。其次，青岛胶州湾避风条件优良，且拥有完善的航道灯标和其他标志，可以引导船只全天候进出港，从而节省时间，避免货物损失。另外，在青岛水师工务局（也称为船坞工艺厂）和浮船坞建成后，船舶和机器有了一个价格合理、质量稳固的修理场所。① 青岛大港、小港的建成，极大推动了航运贸易的发展。

（二）烟台港的建设情况

相对于一气呵成的青岛港而言，烟台港建设可以说并不顺利。1901年，烟台大会向华商募集白银40万两，开始进行“东西公共码头岸路工程”建设，实际上发挥了挡浪坝的作用，但是此时还没有提到人工港池的问题。直到1913年，在外国人的参与下，烟台正式成立有史以来第一个港口建设管理机构——烟台海坝工程会，并开始征收“海坝捐”，作为建港工程投资。烟台港建港工程的主要设计者——荷兰治港公司工程师瑞立德提出在烟台山以西水域建设东、西防波堤。1915年2月，北京政府和外国驻京公使团批准了瑞立德的设计方案。荷兰治港公司以2677000海关两的投标价中标。1915年烟台建港工程正式起步，兴建东防波堤和西防波堤，到1921年工程竣工。港池水域面积1.357平方公里，可以同时容纳千吨以上轮船17艘，吃水较深的轮船可以停泊在东防波堤内侧水深－7.63米处，港池设计吞吐能力为每年300万吨，整个工程耗资280余万海关两。② 至

① 青岛市档案馆编《青岛开埠十七年——〈胶澳发展备忘录〉全译》，中国档案出版社2007年版，第400页。

② 丁抒明主编《烟台港史》（古、近代部分），人民交通出版社1988年版，第122～134、141页。

此烟台港真正走出自然岸线阶段，迈向近代港口行列。进入民国时期后，山东的港口建设又有起色。

（三）龙口港的建设情况

1917 年 6 月龙口各界最终决定采取官督商办的方式筹集资金，组建龙口兴筑公司，开始建造龙口码头。该主体工程建设始于 1918 年，1919 年 12 月竣工，码头长 250 米，宽 9.97 米，前沿水深 -5.95 米。工程共耗资 12.8 万元。[①] 龙口有内外港之分，内港浅滩多，可锚泊五六百吨的船舶 20 只；外港可泊大船。[②] 天津《益世报》赞为“发达之声”。《济南简报》称：“破天荒之新建筑。在铁路则为黄河桥，在河海即为龙口之码头。”吕镜宇撰文说：“龙口堤桥码头乃吾华之创造。其规模之大，工竣之速，诚为各埠之冠”，可谓“东亚河海工学业第一声”。[③]

（四）威海港的建设情况

威海港口建设分为两个阶段：一是军港时期。威海卫作为北洋水师基地，建有大量的军事设施和码头，但是大部分在战争期间被摧毁。在此不再赘述。二是 1898 年英租时期。该时期威海卫码头设施与山东其他港口建设有着显著的不同，基本属于“货主码头”。英占期间，外国洋行和威海卫当地商绅竞相投资建造私人码头，先后在刘公岛和威海卫市区沿岸建成康来码头、公所码头、坞口码头、泰山路码头、东码头、东大楼码头。由于缺乏统一规划，这些私人码头规模多狭小，设施简陋。如 1918 年，威海卫商界的 8 家华商为抵制外国人垄断码头，合资兴建了坞口码头。码头为栈桥式钢筋水泥框架结构，水面柱高 4.8 米，长 153.5 米，宽 6 米，前沿水深 -3 米。1930 年回归后，威海港码头也没有太大的变化。港口装卸方

---

① 山东省航运管理局编史办公室编《山东航运史（送审稿）》（近代部分），1991 年版，第 145 页。

② 交通部烟台港务管理局编《近代山东沿海通商口岸贸易统计资料（1859—1949）》，对外贸易教育出版社 1986 年版，第 261 页。

③ 刘大可主编《山东重要历史事件 · 北洋政府时期》，山东人民出版社 2004 年版，第 94 页。

式十分落后，没有机械设备，装卸全靠人力。码头仅能停靠30吨以下的轮驳船。[①] 总之，威海的港口建设较之烟台、龙口落后，也客观反映了威海有限的商业规模和财力。

三、近代山东境内铁路、公路的建设情况

（一）胶济铁路的建成

1898年中德签订《胶澳租界条约》，规定中国允许德国在山东修筑两条铁路：一条由胶澳经潍县、青州、博山、淄川、邹平等直趋省会济南，即胶济铁路线；一条由胶澳到沂州，并经莱芜到济南。[②] 1899年中德合资成立山东铁路公司，开始修筑胶济铁路。1901年4月铁路铺轨到达胶州，1902年6月到达潍县，1904年6月全线通车。胶济铁路干线全长近400公里，又建设了两条从张店经淄川到博山，再从博山到洪山煤矿的支线，即博山支线和淄川支线，约45公里。1904年铁路通车时，山东铁路公司共耗资52901226马克，加上不断改进铁路设备，到1911年总共投资56929324马克。[③]

胶济铁路通车后，东西间的陆路交通彻底改观。便捷廉价的铁路交通，很快就吸引了内地的土货流向青岛，青岛的洋货流入内地。青岛的洋货很快打败了烟台的洋货，占领了内地的市场。铁路交通使青岛与山东内地最大的集散市场——济南建立了联系，从而扩大了商品贸易的范围。山东的各种水果、蔬菜、胡桃、豆类、豆油、麻、烟草、毛皮、牲畜等大量运往青岛，由此出口；同时，外国工业品如棉纱、棉布、机器、铁器、糖、纸张、煤油、火柴、染料、建筑材料等，也通过铁路输往内地。[④]

---

① 山东省航运管理局编史办公室编《山东航运史（送审稿）》（近代部分），1991年版，第151～155页。

② 王铁崖编《中外旧约章汇编》第一册，生活·读书·新知三联书店1957年版，第739页。

③ 青岛市档案馆编《帝国主义与胶海关》，档案出版社1986年版，第182页。

④ ［德］单维廉著，周龙章译《德领胶州湾（青岛）之地政资料》，（台北）地政研究所1980年版，第37页。

（二）津浦铁路的建成

依据中德《胶澳租界条约》规定，既然胶济铁路已经建成，那么胶沂铁路也应该兴建。但是恰在这时，英国人通过威逼利诱取得津浦铁路的修筑权。津浦铁路经过山东境内，德国人自然不甘心置身于外。英德经过协商，最后决定由德国修筑北段，英国修筑南段。津浦铁路于 1908 年 6 月开工，经过四年的努力，于 1912 年 7 月通车。这时欧洲的局势，已经不容德国再去修建青岛到沂州再到济南的铁路工程。胶沂铁路就此搁置下来。1914 年转眼间就来到了，德国人在青岛的统治也随着第一次世界大战的战败而结束，胶沂铁路的计划便落空了。德国人修建两条铁路的规划，是经过长期的考察论证得出的。它计划把鲁南和鲁北的物流汇聚于青岛，并通过这两条铁路影响更远的中原腹地。胶沂铁路的落空使山东南部快速发展的希望破灭，成为影响山东经济格局的重要因素。

1912 年津浦铁路替代大运河再一次沟通南北交通，运河沿线又一次获得生机。津浦铁路在济南与胶济铁路接轨，济南因此成为铁路交通的枢纽。津浦铁路把济南、德州、济宁、兖州、天津、南京连成一线，东部的物流重新南下北上。由于南京、天津的影响，青岛的影响力在东部受到了挑战。

胶济铁路和津浦铁路构成了近代山东交通的大动脉，为山东商品经济的发展增添了无穷的动力，成为影响近代山东经济发展的转折点。尽管德国人怀有侵略野心，但是德国人为山东的近代化所起的作用是客观存在的。自此以后，山东的工农业经济飞速前进，成为近代北方经济实力较强的大省之一。

（三）近代山东公路建设情况

山东公路建设发轫于 1920 年，迄于 1936 年，全省共有通车公路 61 条，总长 6700 余公里，其中比较重要的干线有烟潍、青烟、台潍、青威、济濮、济冠、济临、济沾、济乐、历济等线，同时各县之间还修筑县道 14557 公里。从当时的实际情形看，公路运输的意义不仅仅在于采用了先进的运输工具，更重要的是公路大大改善了旧有路面的质量，大量的传统畜力车、胶轮大车加入运输中来，提高了商路货运能力。①

在以铁路和公路为主的近代化交通设施的佐助下，终点市场（港口）、集散市场、产地市场的联系进一步加强。铁路降低了运输成本，使山东农副产品不再受制于交通，而且现代化港口和轮船又把山东和世界市场联系起来，这一切都给这个传统的农业大省带来了无限的生机和希望。总之，铁路和港口建设在近代山东区域经济转型中发挥了重要作用，是实现经济腾飞的重要基础。

四、近代山东邮局和电报事业的发展

邮政、电报事业是经济产业发展的重要表现，也是工业企业发展的重要条件，一方面便利货物的流通，另一方面实现了不同地区、城市间商业信息的对称性，有利于工商业的发展。1896 年清政府成立中国邮政总局，但是山东中部和西部的邮政机构直到 1899 年才成立。据 1892—1901 年胶海关十年报告记载，1899 年，清政府管辖的胶州邮局与胶海关同时成立。邮局将内地来的邮件交给青岛德国邮局在本市分发，或者由其转送上海、烟台、天津分发；也有相反地将来自上海、烟台、天津的邮件交给德国邮局转往内地分发。另外，内地的邮局也在有计划地拓展。在 1899 年成立邮局的地方有胶州、平度、即墨、潍县、青州、邹平、济南、沂州、登州、黄县、莱州、沙河、宁海、威海卫、文登、石岛、莱阳、泰安、蒙阴、兖州、济宁和滕县。山东以青岛为中心形成了青岛—济南、胶州—沂州、胶州—沙河、诸城—潍县、青岛—莱阳等几条邮路。② 1904 年随着胶济铁路向西延伸，邮路逐渐拓展，大规模发展邮政业务的时代到来。1910 年济南邮政总局成立，负责全省邮政工作。胶州邮政局在 1901—1911 年间不断向济南总局让渡管辖范围，最后成为一个只管昌乐以东邮政的下属分局，甚至往南安东卫到沂水的邮政机构也归济南总局管理，东面自沙河到金家口

① 庄维民《近代山东市场经济的变迁》，中华书局 2000 年版，第 138 页。

② 青岛市档案馆编《帝国主义与胶海关》，档案出版社 1986 年版，第 88 ~ 89 页。

则分别由烟台分局和青岛邮政总局管辖。1911 年 5 月中国邮政脱离海关系统，改隶清政府邮传部管辖，同时胶州邮政局脱离胶海关，改由济南邮政总局管理。

出于国家安全的考虑，19 世纪 80 年代，电讯业成为洋务派重点发展的行业。1880 年李鸿章在天津设立电报总局。1881 年，盛宣怀请丹麦大北公司架设津沪间的电报线路，在沿线设立 7 处分局，其中就有济宁电报分局。济宁电报分局是山东第一家电报局，是山东电讯业的开端。1882 年，电报总局改称电报招商局，成为官督商办形式，济宁电报分局也招商股，同年济宁至烟台线路接通。① 到 1892 年烟台、威海卫、沙河、潍县、周村、济宁、济南、胶州、青岛等地都已经成立电报局。1892—1893 年间登州、德州、临清、曹县成立电报局，1897 年安山、阿城成立电报局，1898 年青州、沂州成立电报局，1899 年，黄县电报局成立，1900 年泰安电报局成立。② 据 1902—1911 年胶海关十年报告记载，此时青岛有一所中国电报业务的营业机构，德国当局亦有两条通往上海、烟台的海底电缆。③

第五节 小 结

近代开埠通商后，随着贸易的发展，中外商人最先实现了金融、交易习惯对接，尤其是在金融、股份制公司方面的成功对接，形成了中西贸易便利化和鼓励工商业投资的“中西商业资本主义”。一系列被动和主动的改革后，产权的界定与保护、经济伦理与意识形态、金融系统等都有较大进展。烟台、青岛、济南及周边地区逐渐形成了鼓励投资的制度环境。以上制度方面的演进，是经济全球化与地方化交织下共同进步的结果，为大规模的西式工业投融资提供了制度保障。

---

① 逄振镐、江奔东主编《山东经济史（近代卷）》，济南出版社 1998 年版，第 67 页。

② 青岛市档案馆编《帝国主义与胶海关》，档案出版社 1986 年版，第 94 页。

③ 青岛市档案馆编《帝国主义与胶海关》，档案出版社 1986 年版，第 121 页。

袁世凯、周馥等人对开埠通商、开办实业大多持开明的支持态度，也有利于近代工商业的发展。尤其是清末新政后，这种开明的政策进一步深化，使得山东成为近代仅次于广州、上海的主动开放区域。尤其是1902年山东巡抚周馥访问青岛，受到德国人经营理念的启发，提出一项与德国人“相维相制，而因以观摩受益”的新政策。地方官采取主动接受全球化的政策，有力推动了山东的开放。袁世凯、周馥、杨士骧等地方开明官员对于山东的开放发挥了重要作用，正是由于他们的推动，济南、周村、潍县才能顺利开埠通商。一省之内主动开放包括省城在内的三处商埠，是近代中国开埠史上绝无仅有的壮举，成为山东对外开放、区域现代化起步的里程碑。另外，由于中国一直处在列强战争和经济侵略之下，因此上层人士和底层人民群众普遍怀有“救亡图存”“实业救国”的民族主义情结。清末新政不仅支持实业救国，而且为企业家提供了官方的“护身符”，使其成为红顶商人。这种情结使得工商从业者一雪前耻，由四民之末而成为振兴国家实业的支柱。新的制度环境和经济价值观极大调动了工商业者投资近代实业的积极性。

近代的基础设施投资对于推动区域经济转型也发挥了重要作用。依靠具有掠夺性的外资，山东区域在较短时期内，顺利实现了“大推进式”的经济增长，迅速完成了青岛港、胶济铁路、津浦铁路、烟台港、龙口港等重大基础设施建设。这些先进的基础设施极大地便利了“土货”出口、“洋货”进口，加快了山东区域融入全国和世界市场的步伐。另外，山东地方自然资源、劳动力资源、物产资源丰富，也在一定程度上奠定了贸易、近代工商业发展的基础。

第二章　开埠前后的山东沿海贸易

第一节　明清时期南北沿海贸易的兴起

一、开埠前后的贸易规模

山东半岛是我国古代北方海上交通和海上贸易最为发达的地区。唐朝时，登州是大唐帝国征伐高丽的军港，也是交通朝鲜半岛和日本列岛的窗口。宋代，密州、胶州、登州为重要的海洋贸易码头，密州板桥镇还设有市舶司。元朝漕粮由海道北运京师，密州、胶州、登州等还是重要的转运码头，对外贸易也逐渐有了发展，日本、朝鲜商船也常来山东沿海开展贸易。

明朝在相当长的时期实行严厉的海禁政策，限制南北沿海贸易的发展，然而民间发展对外贸易的热情是难以遏止的。嘉靖、隆庆（1522—1572）之际，山东沿海居民已经冲破禁令，发展沿海贸易。渤海湾内山东、辽东、直隶永平、天津等地的商人，在每年二至五月，汇聚于青州府乐安县（今东营广饶）唐头寨，“贩运布匹、米豆、曲块、鱼虾并临清货物，往来不绝”①。渤海湾海口之间的贸易往来有了初步的发展。南岸的胶州、即墨一带多与江淮地区开展贸易，“胶之民以腌腊米豆往博淮之货，而淮之商亦以其货往易胶之腌腊米豆”②。巡抚山东的梁梦龙查报称，近来

① 〔明〕梁梦龙《海运新考》卷上《海道湾泊》，明万历刻本。

② 〔明〕许铤《地方事宜议·通商》，见〔清〕林溥修，〔清〕周翕镇纂《同治即墨县志》卷十《艺文志》，清同治十二年刻本。

“海禁久弛，私泛极多”①，“二十年前傍海潢道尚未之通，今二十年来土人、岛人以及淮人做鱼虾，贩苓豆，贸易纸、布等货，往来者众，其道遂通”②，贸易较盛的港湾至少已有十余处了。隆庆以后，海禁渐开，受此鼓舞山东沿海私人海上贸易已达到一定的规模。

清康熙二十二年（1683）台湾收复后，海禁终于废除，沿海贸易逐渐成长发展。乾隆时期位于大清河畔的武定府蒲台县亦有“海舶自闽广来，泊蒲台关口”，该城所以“商贾辐辏，号称殷富”。③ 在咸丰年间海丰县大沽河口（老黄河口），闽广商船每年至者多达数十号，上海及牛庄船终岁不绝。④ 威海口地处“登郡极东，东接高丽，南通日本、琉球，北达奉天、天津……为江浙七省通商要路”⑤。咸丰九年（1859），郭嵩焘曾经在此看到外国人的夹板船、闽广鸟船、上海沙船以及本地的挂篗船，停泊的船只约100只。⑥ 清代山东与江南诸省贸易联系发展迅速。据包世臣《安吴四种》记载，自开海禁以来，布、茶等南货多由沙船载而北上山东、直隶、关东。⑦ 此时的南北沿海贸易有了很大的突破，贸易范围自闽广到关东。

随着贸易的规模逐渐扩大，政府每年从贸易中获得的税收增长很快。咸丰九年（1859），据郭嵩焘调查，山东开办厘局之前，仅福山、胶州等14州县海口的不完全统计，税额已达42280两（参见表2.1）。这个数字并不是全年的税收，而是根据各口的上报进行的汇总。再者，各海口的收税项目、税率不同，也影响了总额。例如蓬莱、福山一带海口“取税以三厘为率，每百金得银三两”；海阳县“海税皆以三分”；诸城、日照等海口

① 〔明〕梁梦龙《海运新考》卷下《经理海防》，明万历刻本。

② 〔明〕梁梦龙《海运新考》卷上《海运蠡测》，明万历刻本。

③ 〔清〕严文典修，〔清〕任相纂《乾隆蒲台县志》卷二《风俗》，清乾隆二十八年刻本。

④ 〔清〕郭嵩焘《郭嵩焘日记》第一卷，湖南人民出版社1981年版，第248页。

⑤ 〔清〕吕曰卓《阖卫绅士留卫公呈》，见〔清〕毕懋第原修，〔清〕郭文大续修《乾隆威海卫志》卷九《艺文志》，1929年铅印本。

⑥ 〔清〕郭嵩焘《郭嵩焘日记》第一卷，湖南人民出版社1981年版，第257页。

⑦ 〔清〕包世臣《中衢一勺》卷一《海运南漕议》，见《安吴四种》卷一，清光绪本。

"出口之货，除豆饼外，概不抽税。花生、豆油、腌猪等项，并亦无税"；胶州海口花生、山楂等重要商品未列入税则。[①] 而且各地官员中饱私囊的数目恐怕是上交税额的几倍。例如，在税源最丰富的烟台，"税局取税以三厘为率，每百金得银三两。县官七成，巡检二成，之罘汛外委一成。税银唯收买主，不收卖主。而闽广船停泊者，但通贸易，即缴船税，以船千石税大钱六千〔十〕千为差（后又询知每船约银六十八两），此则官及差役并分之，不在税则之中者也"[②]。真实数字虽不得而知，但一定比 42280 两大得多，翻倍计算，则税额八万两。按百抽一的税率估算开埠前期山东的南北贸易总额可达到 800 万两的规模。

表 2.1　1859 年山东沿海州县上缴税额

单位：两

府	州、县	征银数额	占各府百分比	占总数百分比
登州	福山县	12123.5960	62.97	28.67
	蓬莱县	1503.1080	7.81	3.56
	黄　县	2011.4850	10.45	4.76
	荣成县	2004.2190	10.41	4.74
	文登县	904.2300	4.69	2.14
	海阳县	402.4400	2.09	0.95
	宁海州	304.3100	1.58	0.72
小计		19253.3880	100	45.54
莱州	掖　县	3602.2300	19.57	8.52
	胶　州	6071.4690	32.98	14.36
	即墨县	8736.5520	47.45	20.66

① 〔清〕郭嵩焘《郭嵩焘日记》第一卷，湖南人民出版社 1981 年版，第 254、263、268、278 页。

② 〔清〕郭嵩焘《郭嵩焘日记》第一卷，湖南人民出版社 1981 年版，第 254 页。

（续表）

府	州、县	征银数额	占各府百分比	占总数百分比
小计		18410. 2510	100	43. 54
青州	诸城县	502. 6900	100	1. 19
小计		502. 6900	100	1. 19
武定	利津县	2018. 0400	49. 91	4. 77
	海丰县	2025. 3735	50. 09	4. 79
小计		4043. 4135	100	9. 56
沂州	日照县	71. 0280	100	0. 17
小计		71. 0280	100	0. 17
总计		42280. 7705		100

资料来源：交通部烟台港务管理局编《近代山东沿海通商口岸贸易统计资料（1859—1949）》，对外贸易教育出版社 1986 年版，第 235 页。

说明：表 2. 1 是咸丰九年（1859）山东沿海 14 州县征收税银的数字。这是山东巡抚文煜协助郭嵩焘筹办山东厘局时从各县汇总的数字，并非全年的税收。

由上表可知，1859 年前后，山东的沿海贸易已经很发达了，其中尤以登州府福山县，莱州府即墨县（主要指该县金家口）、胶州的贸易最为发达。另外，黄河口附近海口贸易量也十分可观。福山县税收一枝独秀，这可以充分说明西方势力选择烟台开埠的原因。福山位于渤海贸易圈和黄海贸易圈的接合部，关东、江浙、闽粤商船多在此停泊，凡天津、关东与南方诸省贸易均需由此出入，每年不仅有大量的贸易税收，船税收入也十分可观。

二、开埠前后的贸易种类

（一）粮食贸易

农业社会，粮食作物生产周期长，抵御自然灾害能力比较脆弱，灾年迫切需要外地的粮食支援。再者，明清人口倍增，人地矛盾尖锐，粮食产量有限，自然也需要外地的接济。清初严海禁，流通受阻，以至山东沿海州县丰年“谷价视昔减四之三”，歉年则“外粟不致”，“惟坐以待毙”，甚至“有白白授人以产而人不敢承者”。①可见，沿海贸易首先是沿海州县之间粮食的调剂余缺。

东三省开发以后，每年都有大量的粮食进入关内。奉天、直隶的官仓粮食也往往被调拨到山东赈灾，如乾隆九年（1744），“拨奉天存仓米二十万石从海运至山东平粜”。海运分为两路，一由天津入口，沿运河南下，运到德州等22州县；一由利津入口，溯大清河西行，运至历城等17州县。②大清河沿岸蒲台贸易市场上的“关东粮石、木板、海鱼诸物”，就是由海运至大清河入口。③咸丰年间，平阴县黄河泛滥，受灾缺粮，该县赵氏兄弟二人“赴铁门关买红粮三百余石”以救饥。④铁门关属武定府利津县，位于大清河口，这里本是滨海盐区，并非产粮之地。在此购买的红粮显然是由关东运入的。赵氏兄弟买粮后，再溯大清河西运至平阴。咸丰时期，位于老黄河口的海丰县，闽广商船每年至者多达数十号，上海及牛庄船终岁不绝。⑤牛庄船即为进行粮食贸易而来。

东部半岛地区，是山东省的缺粮区，每年从东北或淮河流域运进大量的粮食。如乾隆十七年（1752），威海卫大水，十八年春荒缺粮，山东巡抚奏请招商赴奉天运粮，于是“粮艘衔尾而来，宁海、文登、荣成三邑赖以全活”⑥。蓬莱县“合境地少土薄，丰年且不敷所用，一遇凶歉愈不能不

---

①〔清〕杨士雄修，〔清〕丁时纂《康熙日照县志》卷三《地亩》，清康熙十二年刻本。

②〔清〕沈淮修，〔清〕李图纂《道光陵县志》卷七《赋役志·蠲振》，清道光二十六年刻本。

③〔清〕严文典修，〔清〕任相纂《乾隆蒲台县志》卷二《风俗》，清乾隆二十八年刻本。

④〔清〕李敬修纂修《光绪平阴县志》卷五《人物·行谊》，清光绪二十一年刻本。

⑤〔清〕郭嵩焘《郭嵩焘日记》第一卷，湖南人民出版社1981年版，第248页。

⑥〔清〕毕懋第原修，〔清〕郭文大续修《乾隆威海卫志》卷一《疆域志·灾祥》，1929年铅印本。

仰食奉省”[1]。黄县“丰年之谷不足一年之食”[2]。招远县“田多砂石，除完官税外大率不足糊口”[3]。登州知府汪承镛说：“登郡户鲜盖藏，向赖奉天米物商运接济。”一旦货船不能按时抵达，“米物短绌，居民遂困”。[4]昌邑县下营海口也是一个以粮食进出口为主的贸易码头，“米船岁入关东豆及高粱无数，内地之麦，亦时运以出海”[5]。

（二）棉花与棉布贸易

山东半岛是缺棉区，棉花多来自江南，例如黄县“地不产木棉……海舶木棉来自江南”[6]。荣成县里岛口，棉花亦为进口货之大宗，“衣花百斤一包，取税五十。子花三十”。莱阳是山东半岛棉花输入的重要口岸之一，进口货物以棉花为大宗。[7]《上海县志》也记载，棉花“捆载通海市，往莱阳者为子花”[8]。他如海阳、即墨、胶州等口，棉花也都属于大宗进口商品。[9]青州府诸城县陈家口，亦进口棉花、洋布等货。[10]

据许檀先生研究，明代山东棉纺织业已经达到一定水平，但尚不够发达。清代，棉布的流通发生了较大的变化。随着棉纺织业的不断发展，到清代中叶山东已有60余州县生产棉布，并形成了几个重要的商品布输出

---

① 〔清〕王文焘修，〔清〕葛元昶、〔清〕张本纂《道光重修蓬莱县志》卷五《食货志·土田》，清道光十九年刻本。

② 〔清〕尹继美纂修《同治黄县志》卷三《食货志》，清同治十年刻本。

③ 〔清〕张凤羽纂辑《顺治招远县志》卷四《风俗》，清道光二十六年刊本。

④ 〔清〕汪承镛《登州天桥闸口捐廉挑沙记》，见〔清〕郑锡鸿、〔清〕江瑞采修，〔清〕王尔植等纂《光绪蓬莱县续志》卷十二《艺文志》，清光绪八年刻本。

⑤ 〔清〕郭嵩焘《郭嵩焘日记》第一卷，湖南人民出版社1981年版，第250页。

⑥ 〔清〕尹继美纂修《同治黄县志》卷三《食货志》，清同治十年刻本。

⑦ 〔清〕郭嵩焘《郭嵩焘日记》第一卷，湖南人民出版社1981年版，第260、265页。

⑧ 〔清〕应宝时修，〔清〕俞樾等纂《同治上海县志》卷八《物产》，清同治十一年刊本。

⑨ 〔清〕郭嵩焘《郭嵩焘日记》第一卷，湖南人民出版社1981年版，第263～268页。

⑩ 〔清〕郭嵩焘《郭嵩焘日记》第一卷，湖南人民出版社1981年版，第275页。

区。齐东、章丘、邹平一带所产棉布总称寨子布①，多汇集于周村，输出关东，也行销华北。19 世纪中叶“山东寨子布”流行于华北，与直隶土布“相角于市场”②。济南西北部的陵县、齐河、平原，以及东昌府的聊城、馆陶、恩县、茌平、清平等县是又一商品布输出区。陵县在清代中叶出产白布最多，该县在淄博店、神头镇、凤凰店等地共有布店 7 座，“资本雄厚，购买白粗布运销辽沈，全县收入颇有可观”③，估计其棉布输出数量当有数十万匹。平原县棉纺织品种以棉花线带产量最大，光绪初年城西关设有带子庄多家，收买外运，获利甚厚。④ 武定府的惠民、滨州、蒲台、利津、乐陵是另一商品布产区。惠民布多由海丰县埕子口“装船渡海，赴东三省销行”⑤，蒲台棉布则“南赴沂水，北往关东”⑥。

从 18 世纪后期至 19 世纪八九十年代洋沙、洋布销行山东之前大约 100 年时间，是山东土布生产最发达的时期，估计每年有 300 万—500 万匹的输出能力，主要销往东北、华北、西北。此时华北、西北棉布市场已基本上被山东、直隶、河南三省的棉布所占领，江南棉布被排挤在外，东北市场也形成了山东、直隶、江南布竞争的新格局。

（三）油料作物与其加工品贸易

当时油料作物与加工品主要指蓖麻子、棉花籽、大豆、花生及其油、饼等货物。大豆、豆油、豆饼是南方特别需要的商品。豆饼是南方稻田、桑田肥田的重要原料。

明代胶东半岛大豆由海路运销江淮一带。例如，隆庆年间，“胶之民

---

① 罗仑、景甦《清代山东经营地主经济研究》，齐鲁书社 1985 年版，第 106 页。

② 彭泽益编《中国近代手工业史资料（1840—1949）》第二卷，生活·读书·新知三联书店 1957 年版，第 255 页。

③ 苗恩波修，刘荫岐纂《民国陵县续志》卷三《工商志·工业》，1936 年铅印本。

④ 曹梦九修，赵祥俊等纂《民国续修平原县志》卷三《食货志》，1936 年铅印本。

⑤ 〔清〕王学曾修，〔清〕王润生纂《光绪惠民县乡土志·商务》，清光绪三十二年刻本。

⑥ 〔清〕严文典修，〔清〕任相纂《乾隆蒲台县志》卷二《物产》，清乾隆二十八年刻本。

以腌腊米豆往博淮之货”[1]。清雍正十三年（1735）虽然允许商品流通，但是“米粮出洋例禁甚重，惟东省青、白二豆素资江省民食，因内河路远，必由海运，不在禁例”，特许江苏商船赴胶东买豆，由山东沿海各州县验明印票放行。[2] 山东诸城、胶州、即墨、莱阳、海阳等州县均有海口，“南省商船到口贩运豆石，回南货卖”[3]。

除了原料输出，也有加工品出口。山东的榨油业从明代就有，其产品主要以麻油、菜油、棉籽油为多。但是直到清初，大豆出口仍然占主要地位。山东榨油业的真正大发展是在清中叶以后的事情。一个明显的证据就是传统的大豆输出在此时转为以豆油、豆饼输出为主。同时，随着花生的引进和广泛种植，传统的榨油业增加了新原料。花生油也很快成为出口大宗商品之一。光绪年间，豆油、花生油已取代麻油、菜油成为榨油业的主要产品，其产量也相当可观。烟台从关东进口豆、豆油、豆饼之类，然后再转运南方。宁海、威海等口都出口豆饼，莱阳与即墨交界的金家口，仅出口豆油、豆饼两项。[4] 山东莱州府是山东榨油业最发达的地区，豆油、花生油都是大宗输出商品，如平度州，豆油“每年出售万篓，每篓百七八十斤，花生油称是。本境销者十之二三，出口者十之七八”[5]。高密县，“以豆油、花生油为出口货大宗”[6]。青岛开埠以前，当时的胶州商人主要从事用豆和花生、豆饼和花生饼、豆油和花生油，同南方交换棉花、纸、

---

① 〔明〕许铤《地方事宜议·通商》，见〔清〕林溥修，〔清〕周翕镄纂《同治即墨县志》卷十《艺文志》，清同治十二年刻本。

② 〔清〕高宗敕撰《清朝文献通考》卷三十三《市籴考二》，浙江古籍出版社1988 年版。

③ 中国第一历史档案馆《乾隆朝米粮买卖史料（下）》，载《历史档案》1990 年第 4 期。

④ 〔清〕郭嵩焘《郭嵩焘日记》第一卷，湖南人民出版社 1981 年版，第 254、256、257、265 页。

⑤ 〔清〕张世卿修，〔清〕王菘翰纂《光绪平度州乡土志》卷十五《商务》，清光绪三十四年刻本。

⑥ 余友林等修，王照青纂《民国高密县志》卷二《地舆志·物产》，1935 年铅印本。

瓷器。比较好的年份花生油出口 24 万担，豆油出口 16 万担。① 青州府诸城县，出口以豆饼、豆油为大宗。② 豆油“由贡口、涛雒、宋口、石臼所、胶州等处水运上海、吴淞、刘河，每岁销行一百三十万斤”；豆饼“水运上海、吴淞等处，每岁销行三十万片（一片约二十斤——作者注）”。③

总之，山东沿海州县用油类、豆类、花生、果品等土产换回江南闽广地区粮食、棉花、纸张、瓷器、糖、茶、烟等物品。④ 上述实物交换贸易就是当时山东与闽粤、江南贸易的主要内容。

第二节　开埠前后的山东港口

随着海贸的发展，沿海小港口发生了分化。地理位置优越、腹地广阔、内陆交通条件比较好的港口，发展成为颇具规模的商业港口，其中胶州、金家口、烟台逐渐脱颖而出。

胶州自明朝嘉靖、隆庆年间开始成为大豆、海产品输往江南的重要码头。清康熙年间海禁开放后，胶州与南方贸易更加兴旺。乾隆以后胶州商业进一步发展，胶州湾内“估客骈集，千樯林立”，“夷货海估山委云集”。塔埠头有行户二十余家，设有驴骡行、油饼行、腌猪行、干粉行、福广行、杉木行、草果行、棉花行八大行。19 世纪 50 年代胶州贸易，受到金家口、烟台等竞争，闽广船很少再来胶州。⑤ 青岛被德国人占领前，胶州出口大豆、花生、豆油、花生油、豆饼、鲜果等物，进口棉花、纸张、瓷器等必需物品，进口货物估价可达 300 万两。⑥ 由于进出货物基本上是物物交易，此时

① 烟台港务局档案馆藏《1899 年贸易报告》。

② 〔清〕郭嵩焘《郭嵩焘日记》第一卷，湖南人民出版社 1981 年版，第 275 页。

③ 〔清〕陈观圻修，〔清〕王熙昭等纂《光绪诸城县乡土志》卷下《商务》，清光绪三十三年铜印版本。

④ 烟台港务局档案馆藏《光绪二十五年胶州口华洋贸易情形论略》。

⑤ 〔清〕郭嵩焘《郭嵩焘日记》第一卷，湖南人民出版社 1981 年版，第 267 ~ 268 页。

⑥ 烟台港务局档案馆藏《光绪二十五年胶州口华洋贸易情形论略》。

的贸易额估计在600万两左右，可见该时期的胶州贸易规模已经很大。

金家口位于丁字港（今即墨、莱阳、海阳附近海湾）。丁字港湾内曾经先后兴起羊郡和金家口两个港口。清代前期，沿海的羊郡是重要的海贸码头，“帆船云集，商贾往来苏浙、朝鲜、津沽称便利焉”①，“南船北马，凡平（度）、掖（莱州）、栖（霞）、招（远）之土产，江浙闽广之舶品，胥以此为集散所”。道光年间，羊郡海口淤塞，金家口成为莱阳的主要海口。莱阳由此输出大豆、豆饼、油、猪、盐、茧绸、沙参药材等，南方的棉花、纸、竹、木、蔗糖之类，山西的铁锅，周村的铜货，博山、淄川的煤炭、瓷器等都在金家口中转。青岛开埠后，金家口衰落。② 由上可见，金家口进出口覆盖周村、博山、淄川、平度、掖县、栖霞、招远等县。德国人李希霍芬曾经专门考察金家口。由于金家口先天条件不足，海港容易被泥沙淤积，因此德国没有在此建港，并最终选择了青岛。

福山县原来不过是一个小渔港，后来逐渐有帆船停泊，商号增加到二三十家，主要出口鱼盐换取粮食。到道光末年，商号已有千余家，有广帮、潮帮、建帮、宁波帮、关里帮、锦帮等，可见在开埠前夕烟台一带商业十分兴盛。③

从以上论述可见，胶州、金家口、烟台在烟台开埠以前，贸易已经有一定的规模，而且三港之间存在着贸易竞争。胶州海口受到河沙淤积，航运条件大不如前，自1863年烟台开辟为通商口岸后，“同南方的大部分贸易都从胶州转向烟台”④。青岛开埠后，莱阳海口的贸易日渐衰落。

除了以上三个主要海口，山东沿海还有大量小海口，都是沿海贸易的组成部分。烟青开埠后它们成为烟台、青岛等港口的内港，沿海贸易更加发达。山东省港口可分成两大部分，将山东西南部从江苏北部到胶州作为

---

① 梁秉锟等修，王丕煦等纂《民国莱阳县志》卷二之五《交通·航路》，1935年铅印本。

② 梁秉锟等修，王丕煦等纂《民国莱阳县志》卷二之六《实业·商业》，1935年铅印本。

③ 王陵基修，于宗潼等纂《民国福山县志稿》卷五之一《商埠志·缘起》，1931年铅印本。

④ 青岛市档案馆编《帝国主义与胶海关》，档案出版社1986年版，第47页。

一个部分，将山东东北部从胶州到山东海岬作为另一部分。它们分别属于胶海关或东海关管辖，设有分关收税。清末山东沿海港口如下表：

表 2.2　**清末山东沿海港口一览表**

所在方位和州	所在县	港口名称
山东东北港口		
登州府	荣成县	俚岛、石岛
	文登县	张家埠
	海阳县	海阳、乳山
莱州府	即墨县	金家口、鳌山卫、王哥庄、沙子口、登窑、青岛、沧口、女姑
山东西南港口		
胶州		塔埠头、红石崖、灵山卫、大港口、古镇口
青州府	诸城县	王家滩、官庄口
沂州府	日照县	夹仓口、涛雒口、石臼所、两城、安家口、安东卫、山南头

资料来源：青岛市档案馆编《帝国主义与胶海关》，档案出版社 1986 年版，第 83 页。

总之，开埠前的山东沿海海口，由于地处南北洋的要冲，已经与南洋、长江流域存在大量的海上贸易，在南北洋互通有无的贸易中发挥着重要作用。此时的海上贸易主要由山东地方监管，税收由地方控制。1859 年，郭嵩焘山东沿海之行，就是为了查清南北贸易规模和税收的情况。1860 年前后，山东沿海地区的南北贸易已经有了很大的规模。贸易带动了胶东地区性港口的发展。这些地方港口成为附近州县货物进出口的门户。明清以来沿海港口的兴替、贸易的发展为近代商埠贸易奠定了地理与经济基础。1860 年前后，英国人在考察了山东北部沿海后，毅然决然要求放弃登州而选择烟台。1898 年德国选择强租胶州湾，也是看中了该地优越的地理区位和贸易发展的基础与潜力。

第三章　近代烟台港的贸易与腹地

第一节　烟台港贸易研究

开埠初期的烟台，是北方最重要的港口。烟台港口由于进出方便，是北方三埠中唯一在冬季可以通航的港口。烟台位于南北洋航线的中段，地理位置优越，因此成为南北交通的煤炭补给站。而且与日、俄及朝鲜有着密切的商业往来，是北方与日本、俄国远东地区、高丽进行贸易的中心。[①]进入20世纪后，烟台港面临诸多挑战。1898年青岛开埠，1904年胶济铁路通车。胶济铁路把烟台的腹地拦腰斩断，直接腹地被压缩在潍县以东、胶济铁路以北的狭小地域。1905年日俄战争后，日本取代俄国在中国东北的地位。大连、安东等港口陆续开埠。日本在中国东北修建大连商港，不仅打击了烟台兴盛的再出口贸易，而且取代了原先进入烟台的豆货贸易，丝绸贸易也同样受到辽东诸港的竞争。至此，烟台逐渐丧失了北洋总汇的地位。胶济铁路通车后，山东大宗货物多改道胶济铁路以青岛为吞吐港。另外，日本对东北的开发建设，导致了以东北为原料基地的烟台出口加工业如豆饼、野蚕丝衰微。以上种种原因，导致了20世纪二三十年代烟台沦为二流的中途站。烟台港地位的下降，反映在贸易上便是贸易额逐渐下降。

① 烟台港务局档案馆译《1866年烟台海关贸易报告》。

表3.1　1867—1936年烟台港进出口贸易额统计

单位：1867—1874年为芝罘两
1875—1936年为海关两

年度	洋货进口	土货进口	进口总额	土货出口	贸易总额	贸易指数(1875=100)
1867	3439467	1591243	5030710	1567769	6598479	
1868	5047951	2497396	7545347	1525817	9071164	
1869	4705014	1958570	6663584	1885536	8549120	
1870	4825263	1339354	6164617	2278925	8443542	
1871	4582882	2295184	6878066	2310673	9188739	
1872	5187622	1870916	7058538	2607771	9666309	
1873	3827398	1757779	5585177	2138512	7723689	
1874	4441575	1832236	6273811	1960402	8234213	
1875	9986102	5647198	15633300	5586732	21220032	100
1876	7152154	4511109	11663263	5286813	16950076	80
1877	7260361	4425313	11685673	4784971	16470644	78
1878	11650952	5467913	17118866	7975139	25094005	118
1879	15206770	6710767	21917537	7865678	29783215	140
1880	10868739	6123789	16992527	8266854	25259381	119
1881	10177672	5118210	15295881	8686857	23982738	113
1882	9304822	4971697	14276519	10482420	24758939	117
1883	8703415	5929863	14633278	10607215	25240492	119
1884	9512385	6450423	15962809	12578462	28541271	135
1885	11620753	5458979	17079732	12023923	29103656	137
1886	10799529	5013767	15813296	13744193	29557488	139
1887	10768688	5631040	16399728	10671631	27071359	128
1888	10346314	4971849	15318163	9918292	25236455	119
1889	9998050	5418108	15416158	10951595	26367753	124

（续表）

年度	洋货进口	土货进口	进口总额	土货出口	贸易总额	贸易指数（1875＝100）
1890	14278147	5494545	19772693	9349313	29122005	137
1891	15474274	6564315	22038589	8167380	30205970	142
1892	14832098	5773912	20606010	10056693	30662703	144
1893	10828470	5593089	16421559	11272988	27694547	131
1894	9230043	3841514	13071557	12442686	25514243	120
1895	11068890	4202009	15270899	13833602	29104501	137
1896	14576231	5139079	19715310	10927175	30642485	144
1897	15412827	4551745	19964572	11675360	31639932	149
1898	20226458	5609623	25836081	12299570	38135650	180
1899	18260257	8314487	26574744	13199651	39774395	187
1900	14819195	7447678	22266873	14428165	36695038	173
1901	25572969	8676020	34248989	16814449	51063438	241
1902	23458315	7834676	31292991	14095324	45388315	214
1903	19719117	8218046	27937163	15185839	43123002	203
1904	14648099	10088164	24736263	13685172	38421434	181
1905	21129028	12342966	33471994	13221377	46693371	220
1906	19628353	10579695	30208048	13204635	43412682	205
1907	12917007	8866032	21783039	10982656	32765695	154
1908	10364403	7296980	17661383	11834647	29496030	139
1909	10352781	10865467	21218248	20158090	41376338	195
1910	7852501	7234485	15086986	16047521	31134507	147
1911	7999499	8296024	16295523	15209309	31504833	148
1912	8672023	7200696	15872719	14518884	30391603	143
1913	8905028	8551833	17456861	14184363	31641224	149
1914	7795886	5349877	13145763	10880020	24025783	113

（续表）

年度	洋货进口	土货进口	进口总额	土货出口	贸易总额	贸易指数 (1875 = 100)
1915	6106700	8700113	14806813	21023711	35830524	169
1916	5501054	6419583	11920637	17510079	29430716	139
1917	5907768	6987121	12894889	14445494	27340383	129
1918	3842122	6185746	10027868	14056698	24084566	113
1919	4135713	8269356	12405069	17009575	29414644	139
1920	3756060	6645122	10401182	17355182	27756364	131
1921	6301339	8264284	14565624	26524671	41090295	194
1922	5347717	9229829	14577546	19259496	33837042	159
1923	4802403	9689458	14491861	16856017	31347878	148
1924	3919212	6970536	10889748	11268484	22158232	104
1925	2604025	7918546	10522570	12035040	22557610	106
1926	3449826	7642554	11092380	11516335	22608715	107
1927	3322683	7143281	10465964	9511572	19977536	94
1928	2760261	7039172	9799433	8049226	17848659	84
1929	3554163	6709725	10263888	7383860	17647748	83
1930	2535390	7551741	10087131	7781750	17868881	84
1931	4227320	11303294	15530614	11497517	27028131	127
1932			7506171	4280213	11786384	56
1933			7434992	7053989	14488982	68
1934			9172645	7396787	16569432	78
1935			10287702	7199866	17487568	82
1936			9722130	6600158	16322288	77

资料来源：交通部烟台港务管理局编《近代山东沿海通商口岸贸易统计资料（1859—1949）》，对外贸易教育出版社 1986 年版，第 4 ~ 8 页；1932—1936 年数据引自第 16 页，原载《最近八个年间北支贸易调查表》第 7 页，此表只有进出口值。

说明：原书 1867—1874 年数据单位为芝罘两，1875—1931 年数据单位为海关两，1932—1936 年数据单位是国币千元，本表按 1 海关两 = 1.558 国币元换算，将 1932—1936 年数据单位换算成海关两。所做的贸易指数以 1875 年贸易额为基数。另外，本表数据均以南开出口价格指数换算。台湾学者刘素芬已经对烟台港 1867—1919 年间的贸易情形做了研究，她所用的数据与本表微异。为了保持前后时代数据来源的一致性，本表没有使用刘素芬的数据。

表3.2　1867—1936年中国进出口物价指数（1913＝100）

物价指数			物价指数		
年别	进口	出口	年别	进口	出口
1867	46.9	45.1	1902	78.0	81.7
1868	46.9	51.7	1903	88.3	89.0
1869	47.9	47.8	1904	87.2	92.7
1870	16.7	46.1	1905	81.2	90.4
1871	47.4	47.2	1906	75.4	90.6
1872	45.8	48.7	1907	82.3	97.6
1873	46.3	49.6	1908	95.4	94.1
1874	38.5	45.9	1909	95.1	90.5
1875	35.3	40.6	1910	102.5	91.8
1876	33.8	47.1	1911	102.2	91.5
1877	35.5	40.8	1912	100.0	88.6
1878	35.7	40.2	1913	100.0	100.0
1879	35.2	41.3	1914	108.9	105.4
1880	38.3	41.1	1915	113.0	107.8
1881	39.6	40.5	1916	122.4	117.0
1882	37.6	36.2	1917	131.0	106.2
1883	37.1	36.8	1918	147.0	114.5
1884	37.1	32.9	1919	150.2	112.0
1885	38.1	33.9	1920	175.7	112.9
1886	43.3	35.3	1921	167.4	117.6
1887	43.0	51.8	1922	146.8	124.7
1888	43.6	52.4	1923	148.7	136.3
1889	44.3	53.3	1924	148.8	141.2

（续表）

物价指数			物价指数		
年别	进口	出口	年别	进口	出口
1890	40.7	51.5	1925	151.0	145.9
1891	38.7	52.3	1926	150.8	152.9
1892	39.6	51.4	1927	161.7	148.9
1893	44.7	50.8	1928	159.1	158.4
1894	62.8	52.8	1929	158.1	169.8
1895	66.1	53.5	1930	174.7	170.4
1896	67.1	57.7	1931	192.9	166.3
1897	71.8	66.1	1932	180.1	140.0
1898	71.9	62.3	1933	173.2	121.4
1899	67.2	78.0	1934	151.9	111.6
1900	74.8	72.1	1935	138.1	110.4
1901	75.3	70.6	1936	152.3	139.2

资料来源：孔敏主编《南开经济指数资料汇编》，中国社会科学出版社 1988 年版，第 375～376 页。

台湾学者刘素芬先生已经对烟台港 1867—1919 年间的贸易情形做了研究。笔者在此基础上进一步搜集有关烟台贸易的数据，从总体上对烟台在 1867—1936 年贸易情形作了复原。本书 1867—1936 年贸易数据来自《近代山东沿海通商口岸贸易统计资料（1859—1949）》，南开价格指数来自《南开经济指数资料汇编》，与刘素芬数据来源均不相同，为了保持来源一致，本书没有使用刘素芬的数据。笔者比较两套用南开价格指数换算过的相关年份的数据，没有大的不同，而且本书的数据更完整。

由上表可见，在 1867—1910 年间，洋货进口贸易的总体趋势是不断增长的，但从数字上看，贸易时常被个别年份的下降打断。这一般是因为烟台腹地时常受到水旱灾害的影响，农业歉收自然导致消费压缩。1878 年贸易度过了成长期，开始超过 1000 万两，有几年甚至增加到 2500 万两。这种增长趋势在 1910 年便停滞不前，进口额大幅度下滑，这显然是由于青岛港的进口贸易影响了烟台。1914 年以前尚能维持在七八百万两，以后便下降到四五百万两，1924 年后进口硕果仅存二三百万两。土货进口在 1898 年以前，贸易基本上在 600 万两以下。从 1899 年开始土货进口开始增长，大部分时间里，贸易超过了七八百万两，有些年份甚至超过 1000 万两。进口贸易从总体上看，洋货进口占主导地位，绝对的优势在 1910 年之前表现得特别明显，贸易处在增长期，贸易额基本上在 1400 万两—2000 万两之间，1898—1910 年间，贸易开始攀升到 2000 万两之上，有些年份甚至超过 3000 万两。1910 年之后洋货进口与土货进口贸易平分秋色，由于洋货进口开始衰退，进口贸易开始衰退。贸易回落到 1000 万两—1600 万两。

土货出口贸易在 1879 年之前一直停滞在四五百万两之间，1879 年贸易开始增长，由七八百万两逐渐上升到 1000 万两以上，但是在 1900 年以前很少超过 1400 万两，自此以后基本上处在 1400 万两以上，有些年份甚至超过 2000 万两，最高达到 2600 万两。1924 年贸易衰落下去，除了几年超过 1000 万两，贸易都在 1000 万以下。

从贸易总额看，在 1909 年之前，进口贸易大大超过出口贸易，对贸易的增长起着主导作用，贸易额从 1000 万两上升到 2000 万两以上，1891 年贸易进入全盛期，到 1913 年为止，贸易额基本上在三四千万两，1901 年甚至达到 5100 万两。1910 年进出口贸易的作用已经平分秋色，由于进出口贸易都在下降，总体趋势也处在衰退中，1914—1926 年间尚能维持在 2000 万两以上，1927 年以后贸易大大低于 2000 万两。

在烟台港不同的发展时期，都有不同的主要商品对贸易的发展起着举足轻重的作用。据刘素芬先生研究，烟台 1919 年以前出口的货物当中，对输出趋势影响较大的产品主要有豆类、黄丝、野蚕丝、屑丝、茧绸、粉丝、草帽辫、果类、花生、药材、花边、发网等 15 项。最初的十年，豆类及豆饼所占出口总额的比重在 30%—50%，而且豆类的出口比豆饼多。1876 年以后，豆类直接在牛庄出口，不再经烟台转口，贸易额因此急剧减少。但豆饼则有相当的增长。1876—1907 年期间，豆类和豆饼的出口比例还能占到出口贸易的 20% 左右。1907 年以后，由于辽东营口和大连港的竞争，导致烟台豆货贸易衰落。豆类及豆饼贸易的出口比重在 1918 年为 0.37%，已不值得一提。代替豆货而起的是草帽辫贸易。从 1877—1903 年的二十多年间是草帽辫的黄金时期。1881 年草帽辫首次超过豆货成为最重要的出口品，其出口比重在 1887 年达到最高 38.10%。1899 年以后青岛开埠，草帽辫逐渐由胶济铁路运往青岛出口，遂使烟台草帽辫贸易衰落。1911 至 1913 年间甚至出现绝迹的情形。自 1914 年起，由于青岛成为战场，烟台草帽辫贸易重新兴起，但也是昙花一现。生丝贸易的成长趋势也相当明显。丝绸贸易自始至终对出口贡献至大。从 1868 年起各种丝的出口值合计基本都超过 10%。1893 年以前，黄丝比野蚕丝所占的比重要大，以后野蚕丝贸易额所占比重从 5% 稳定增长到 20% 以上，黄丝则由原来的 10% 下降到不到 1%。茧绸的贸易起点也很高，1908 年以后呈现野蚕丝与茧绸并驾齐驱的情形，各占出口比重的 20% 以上。1918 年丝绸出口比重甚至高达 58.37%。比较说来，粉丝出口比重最为稳定，长期以来始终维持在 10% 左右。1915 年龙口开埠后，烟台粉丝贸易的前途堪忧，到 1919 年粉丝所占的出口比重跌至前所未有的 5.59%。这是 1919 年以前的情况。我们通过下表可知 1920 年以后的贸易大宗产品。

表 3.3　1919—1936 年烟台重要原货出口统计

单位：海关两

年份	花生仁	花生	粉丝	花边	茧绸	乱丝头	发网	干咸鱼
1919	308894	121536	1039704	440429	5253925	1435827		230307
1920	296140	134862	1314533	667743	6377450	999685		326089
1921	311582	401926	1556288	743099	8199728	502889		27834
1922	361981	200547	1254233	1153817	5585273	606988		315322
1923	369034	286643	978470	489014	5271465	404927	2131308	406031

（续表）

年份	花生仁	花生	粉丝	花边	茧绸	乱丝头	发网	干咸鱼
1924	494452	413678	1093947	464351	3140967	263865	1241586	246140
1925	691873	662755	1163783	476240	3138934	419300	830567	270103
1926	673097	899245	1081016	386565	2824905	406619	563428	276418
1927	994410	790957	1279213	507067	1507332	413284	414185	284551
1928	448395	750005	950068	331090	1445247	292751	375138	322317
1929	566771	638134	1008989	354954	1347300	214282	375217	263191
1930	483066	581772	1135134	424109	1606669	129356	416809	220930
1931	649765	755934	1315905	490198	3833269	76459	351884	317012
1932	776118	928912	5523891	523242	2811466		706068	99609
1933	255184	935628	622675	390993	886873		440492	
1934	153169	619868	683263	428663	995489		490257	
1935	480326	749983	629960	370548	687762		447046	
1936	93894	541161	457105	569720	639541		547190	

资料来源：交通部烟台港务管理局编《近代山东沿海通商口岸贸易统计资料（1859—1949）》，对外贸易教育出版社 1986 年版，第 147 ~ 154 页。

说明：1933—1936 年原表中单位为国币元，本表按 1 海关两 = 1.558 国币元折算。另外，本表数据均以南开出口价格指数换算。

上表是烟台当地学者根据海关统计做的初步研究，列出了主要的出口产品。从上表可见，1919 年以后，花生产品贸易发展十分迅速。1925—1936 年，几乎年年超过 100 万两，1927 年竟然达到 178 万两，在烟台不振的贸易中自然占有重要地位。粉丝产品也没有因为龙口的开埠而衰落，几乎年年超过百万两，1932 年甚至超过 550 万两。花边和发网是新兴的贸易产品，两者之和也有几年超过 100 万两，其他年份也接近百万两。以茧绸和乱丝头为主的丝绸贸易一直是烟台出口的大宗产品，尤其是茧绸，1919—1923 年每年都在 500 万两以上，1921 年甚至超过 800 万两。由于日本截留辽东的野蚕丝原料以及青岛港的出口竞争，茧绸在不断下降，20 世纪 30 年代竟然降到 100 万两以下。另外，烟台海产品也为贸易贡献了几十万两。

根据刘素芬的研究，鸦片、纺织品、纺织原料、糖、纸、燃料、火柴、五金、粮食和染料等是烟台进口贸易主要商品。烟台开港初期，鸦片、纺织品是最重要的进口商品，在 1867—1880 年间两者的进口比重达到 50%—60%。自 1880 年以后，鸦片进口数量迅速下降到 5% 以下，变得无足轻重。1913 年政府全面禁止吸食鸦片，进口绝迹。纺织品贸易继续占最重要的比重。1896 年以前，占进口的 30%；1898 年以后则降至 20% 左右。下降的原因可能是进口普遍分散和纺织原料进口的成长。纺织原料是 1880 年鸦片骤衰后继之而起和纺织品分庭抗礼的进口大宗。它所占的进口比重，由 1886 年以前的不到 10% 升到 20%，甚至在 1898 年超过纺织品，成为进口第一（可能是潍县的需要）。1867—1919 年纺织品和纺织原料在进口贸易中始终占有重要的地位，两项合计在 30%—60% 间。其余的重要进口商品可归为衰退性，如糖和五金类在 1896 年以后由原来的 10%—20% 下降到 2%—5%。纸和染料的进口比较稳定，分别保持在 5% 和 1.5%—2% 水平上。粮食、燃料、火柴等杂货属于成长型，三者之和占进口比重的 5% 左右，逐渐增长到 10% 以上，1904 年甚至高达 31.24%。以上是 1919 年之前的情况。

据东海关统计，20 世纪二三十年代的烟台港出口货以野蚕丝、茧绸、草帽辫、花生、粉丝、桐油、豆类、发网、精盐等为大宗，1931 年直接运往外洋及香港的土货价值 897 万海关两，运往通商口岸的货物 1015 万海关两，合计土货出口 1912 万海关两；洋货进口以棉纱、布匹、毛制品、五金、煤油、面粉、纸烟、火柴、糖、纸等为大宗，1931 年由外洋直接进口的洋货价值 575 万海关两，由通商口岸进口的货物 302 万海关两，合计 877 万海关两。①

① 白眉初编《鲁豫晋三省志·山东省志》，北京师范大学史地系 1925 年版，第 130 页；佚名编《山东各县乡土志》卷一《福山县》，民国铅印本。

威海与龙口原属于烟台港的内港。威海被英国租借后，成为自由贸易港，对烟台贸易产生了影响。威海由中国政府于1930年收回，重新设立海关对外开放。威海出口的大宗货是花生，占全部出口贸易的40%。龙口于1915年对外开放。龙口背面平原沃野，人口繁多，地理优于烟台。山东苦力赴东三省及西伯利亚谋生多由此上船，每年都有5万—10万人；进口货物以日本棉货为大宗，煤油、火柴次之，出口货以茧绸、粉条、鲜果为大宗。①

第二节　烟台与东北亚的贸易——以海带为例

烟台港口位于南北洋航线的中段，进出方便，是北方三埠中唯一在冬季可以通航的港口，是南北交通的煤炭补给站。烟台开埠初期，不仅山东沿海海口受东海关管辖，甚至辽东半岛安东等海口亦受东海关管控。烟台港与上述地区存在大量的复出口贸易，以豆类及其制品、野蚕茧及茧绸为主。在大连、安东开放后，这些物资逐渐在当地贸易。即使如此，烟台与我国东北甚至俄罗斯远东地区的联系也十分紧密，存在一些特殊贸易。烟台与日、俄及朝鲜有着密切的商业往来，是北方与日本、俄国远东地区、高丽贸易的中心。② 进入20世纪后，大连、安东等港口陆续开埠。烟台兴盛的再出口贸易逐渐衰败，丧失了北洋总汇的地位。开埠初期，海带是烟台进口贸易的大宗商品。通过海带贸易，中国北方、俄国远东、日本北部沿海地区建立了密切的经济联系。研究近代以烟台港为中心的海带贸易，不仅在海洋交通史研究方面具有重要意义，而且可以了解我国移民在俄占领土上的生产生活情况，管窥远东地区的开发历程。

除了烟台港，北洋开放的各港口与远东地区的交流也是存在的，但不

① 白眉初编《鲁豫晋三省志·山东省志》，北京师范大学史地系1925年版，第134~138页。

② 烟台港务局档案馆译《1866年烟台海关贸易报告》，第16~17页。

如烟台频繁。因为烟台是山东劳工进入东北和远东地区的重要港口。在远东爆发内战之前，每年都有大量的山东苦力经由烟台、青岛、龙口等口岸进入远东地区务工。据刘素芬研究，在 19 世纪 90 年代以前，烟台对日俄的进口大宗只有海带，其中从俄国进口数量远大于从日本进口的，其势力更胜一筹。但是到 1885 年以后日本海带进口日多，更重要的是日本新兴的工业品大量进口，使得海带海产贸易无足轻重。俄国有煤油进口，但数量小，又不是欧美国家的对手，最后销声匿迹。日本在 1916 年以后反而成为烟台煤油进口市场之一。[①] 由此可见，烟台与远东地区的贸易额不大，贸易种类也不多，而且处在易货贸易状态，因此学术界以前对此关注不多，研究成果基本上是空白。下文以海带为例，揭示烟台与东北亚港口存在的贸易联系。

一、海带的采集与运输

海带属于亚寒带藻类，发源于白令海、鄂霍次克海的亲潮寒流流域的俄国千岛、日本北海道和本州岛北部的太平洋沿岸。自 1927 年海带由日本引进到我国大连寺儿沟栈桥附近后，随着海底自然繁殖和人工养殖的展开，逐渐在大连、烟台等地发展起来。中华人民共和国成立后海带养殖突破环境限制，逐渐在沿海地区得以推广。[②] 1927 年之前中国北方食用的海带都是来自远东、日本海岸线的野生海带。其中运往烟台的海带大都是在俄国的中国人采集的。

远东海带大都由海参崴、俄国的波西耶特、纳霍德卡和奥莉加湾的港口运出。这些港口附近就有采集海带的中国人的驻地。每年五月份，在海参崴港、俄国纳霍德卡港附近的中国人开着小船或者坐挖空的独木舟穿行于沿海岛屿间收集海带。在 sin-wu-ho 和纳霍德卡沿海地区和岛屿的海带数量减少，无法采集到更多的海带。这里的中国人逐渐改行从事挖金或者淘

---

① 刘素芬《烟台贸易研究（一八六七——一九一九）》，台湾商务印书馆 1990 年版，第 28、30 页。

② 李基磐《中国海带养殖业回顾与展望》，载《中国渔业经济》2010 年第 1 期。

金工作，甚至违反法律，秘密挖出宝贵的矿石。他们甚至在宁古塔同胞的帮助下，通过武力占领了海参崴附近的 Ascol 山富饶的金矿，但不久被俄国军队赶走。1872 年，俄国允许本国商人挖金，挖出的金矿石以金额 80% 的价格卖给政府。许多俄国商人立即利用这个机会雇佣原来海带采集者去挖金矿。①

再往北就是奥莉加湾的 Seymour 港，离纳霍德卡港 15 英里。这里也有几名中国海带采集者。居住在奥莉加湾的中国人在俄国和日本海的众多岛屿中采集海带，回来稍加清洗，晾干后捆成束以备外运。他们还拿小米、茶叶、糖、中国酒和布匹在这里与外国人交易。②

由此可见，俄国海带采集和运输主要围绕着波西耶特、海参崴、纳霍德卡和奥莉加湾的港口展开。海带经过简单的晾干加工后便打包准备装上外国轮船运往烟台。

二、海带贸易

烟台是海带贸易的对口港，每年有大量的俄国、日本海带入港交易。山东海带需求很大，就像吃粮食一样。烟台进口的海带还运到河南、山西、陕西。海带经浸泡后切成碎片，煮熟就可食用，也可以和肉加调料一起煮熟，味道更好，而且海带价格便宜，贫困阶层和富有阶层的人都喜欢海带。③ 因此，海带在中国北方的市场需求很大。与此同时烟台进口的棉花、棉布、红糖、铁器、金属、本色布、一等纸、鞋、杂货等复出口到俄国的港口。④ 由此可见，在烟台与俄国港口之间的贸易实际相当于易货贸易。

1865 年以前海带主要从日本运来，从该年度开始，日本海带受到俄国海带的竞争，俄国海带质量上不如日本海带，但是数量较大。1865 年

---

① 烟台港务局档案馆译《1873 年贸易报告》，第 10 ~ 12 页。
② 烟台港务局档案馆译《1866 年贸易报告》，第 12 ~ 17 页。
③ 烟台港务局档案馆译《1872 年贸易报告》，第 7 ~ 9 页。
④ 烟台港务局档案馆译《1880 年贸易报告》，第 19 页。

有4艘船从波西耶特和海参崴来到烟台，运来了1.8万担海带，并以比日本海带更低的价格出售。[①] 1866年27船海带从波西耶特港口运到烟台。除了海带，1865年在俄国政府的提议下，中国政府给予波西耶特港口的外国商人在珲春拥有代理人和仓库的特权。珲春附近的豆子可以从波西耶特港装船出海。另外，海参崴港附近有大量的木材资源，但是俄国政府禁止出口，只有海带、蘑菇和烧柴可以出口。西伯利亚的俄国商人经常来到烟台港，购买茶砖和外国烈酒，也带走少量的布匹。[②]

另外，从价格上看，俄国海带比日本海带要便宜，但质量较次。1867年10月以后，俄国海带进口每担只付1钱税，日本海带要付税1.5钱。因为在味道和营养上，日本海带要优于俄国海带，因此价钱也高，每担大约2.5—3两，挑选出来的海带每担要4—5两。俄国海带的成本为每担6—7钱，以每担1.25两的价格出售，仍然有比较好的收益。1872年以前俄国海带出口基本免税。但是俄国当局颁布公告，从1872年某个约定日期开始，每捆海带征收出口税3戈比（约合1.42两），并且海带只能在海参崴港和奥莉加湾的港口出口。这两个港口已经设立海关征税。为了规避税收，并把握1872年年初运费低的时机，在俄国从事海带贸易的中国商人立即以低廉的价格抛售库存，卖给那些满怀希望进入这场投机的外国商人。烟台市场一时充满了海带，直到1873年贸易商手中都有尚未处理完的库存。[③]

另外，俄国地方当局在1872年以后不断加强对贸易的管理，采取增加海带出口税，而且限定出口港、限制木材出口、控制金矿矿石等政策。这些保守政策不利于海带贸易的快速发展，也不利于烟台与远东贸易领域的扩展。关于烟台海带贸易的数据和趋势见下表：

---

① 烟台港务局档案馆译《1865年烟台海关贸易报告》，第5～6页。
② 烟台港务局档案馆译《1866年烟台海关贸易报告》，第12～17页。
③ 烟台港务局档案馆译《1873年烟台海关贸易报告》，第10～12页。

表3.4　1863—1920年烟台进口海带贸易概况

年代	海带（担）	年代	海带（担）
1863	8514	1888	54780
1864	6573	1890	65747
1865	41424	1892	78140
1866	94082	1894	100407
1867	78392	1896	56920
1868	80344	1898	67810
1869	82370	1900	45132
1870	76328	1901	92224
1872	176298	1903	71993
1874	458	1906	83879
1876	64138	1910	13644
1878	89816	1912	40129
1880	108104	1914	28127
1882	61956	1916	27651
1884	75046	1918	20057
1886	108668	1920	1998

资料来源：交通部烟台港务管理局编《近代山东沿海通商口岸贸易统计资料（1859—1949）》，对外贸易教育出版社1986年版，第136～137页。

由上表可见，剔除烟台海带贸易极低或者极高的个别年份，大多数年份进口海带在6万担左右，只是从1910年之后贸易呈下降趋势，到1920年海带已不在大宗贸易品种之列。这主要是一战和波及远东的内战对海带贸易的影响所致。

三、海带贸易的影响

烟台和远东港口之间的海带与工业品的易货贸易在北太平洋上形成了

海带之路，大大加强了两地间的经济联系。受海带采集和淘金热的吸引，山东大批劳工进入远东地区，从而极大地密切了两地间的人员交流。每年从烟台、青岛、龙口到达远东地区创业的山东人络绎不绝，成为山东省外出务工的重要选择地。具体如下表：

表3.5　1873—1928年烟台远洋航线客运量

单位：人次

年份	香港		海参崴		日本		朝鲜		济物浦		南非	
	进	出	进	出	进	出	进	出	进	出	进	出
1873	18	13	38	35								
1877	27	18	72	227	2							
1881	6	25	488	524	1	3						
1885	50	65	1287	671	103	3	1	7				
1889	108	23	1493	479	295	1097	1363	925				
1893			649	13491			2044	3207				
1897	67	8	12691	8686	56	962			2820	4267		
1900	145	4569	28653	21911	1058	30			6397	1803		
1903	66	91	15122	7023	690	241			2541	1680		
1906	270	326	60662	21287	1713	2861	3878	2213			985	1264
1909	369	187	20791	17255	565	267	4495	3782			1843	
1912	1118	272	14710	10038	388	18	3292	5031				
1916	195	245	16352	18523	153	3	6670	7273				
1919	395	274	19544	5781			2279	6258				
1922	468	436	12814	12219					9508	11644		
1925	752	212	1855	1574					18180	13469		
1928	465	149	513	4					22819	15719		

资料来源：交通部烟台港务管理局编《近代山东沿海通商口岸贸易统计资料（1859—1949）》，对外贸易教育出版社1986年版，第123页。

上表显示在烟台有限的远洋航线中，烟台与海参崴的人员进出最为频繁，可见两地间的联系之紧密。此外，每年经由青岛、龙口出远洋进出海参崴的山东劳工也不少。[①] 与此同时，山东每年从烟台、青岛、龙口还有较大数量的人员坐船到大连或者营口，然后从陆路进入东北，再跨越国界到远东地区。这些人没有统计进远洋客流中。因此，烟台实际进入远东地区的人流要远远超过表中数据。

四、小结

首先，从贸易趋势看，烟台与远东地区、日本北部沿海地区的海带贸易在一个相当长的时期内大体稳定，1910 年之后才逐渐衰落，1920 年之后海带贸易占比下降，不再属于大宗进口货物之列。其次，海带采集、淘金热密切了山东与远东地区的人员、物资交流，也为远东地区的开发提供了大量的廉价苦力，促进了远东地区的开发。最后，由海带贸易联系起来的烟台和远东港口间的贸易领域不断拓展，中国东北豆货、进口的工业品、中国食品、俄国木柴等贸易也获得不断发展。

第三节　烟台港与山东内地的交通联系

烟台离省会济南等西部人口稠密地区较远，当时烟台洋货西进、西部土货运到烟台出口，都要从海路和烟潍大道运输。运输工具陆路以大车、驮兽为主，海路以帆船为主。

烟台港相当多的进口商品由帆船西运到大清河（后来成为黄河河道），然后在利津县将货物由海船转到内河船上，再运到济南府（治今济南）、东昌府（治今聊城）、兖州府（治今兖州）、曹州府（治今菏泽）、东平州（今东平），甚至到达直隶的大名府（河北大名）。[②] 烟台货物进入内地的

① 交通部烟台港务管理局编《近代山东沿海通商口岸贸易统计资料（1859—1949）》，对外贸易教育出版社 1986 年版，第 124 ~ 125 页。

② 烟台港务局档案馆译《1865 年贸易报告》。

水路还有小清河，小清河也可直达济南。洋货等由烟台运至羊角沟（今属寿光），由羊角沟改装小平船，溯小清河上行 200 里至索镇（今桓台境内），一部分货物由索镇陆路运到周村，其余直抵济南。① 每年大约有 2500 艘船往来于烟台港与山东沿海各小港口之间，疏散烟台港的货物。② 烟台和西部各海口之间不但有民间帆船往来，也有轮船。莱州府附近的货物例如草帽辫等在虎头崖（今莱州境内）用小火轮运至烟台。③

除了水道，陆路也起着重要的作用，但是陆路运输的成本比较高。以 200 担货物为例，海运需 1 只帆船，车运需要 40 头驴子拉 8 辆大车，驮运需要 100 匹牲畜。三者一年的维持费用分别是：帆船需要 3 个人工和 220 芝罘两，驴子需要 16 个人工和 6185 芝罘两，牲畜需要 33 个人工和 8000 芝罘两。④ 尽管如此，贵重的货物仍然由烟潍大道运到内地，烟台与内地陆路往来十分频繁。烟潍大道各段的具体情况不同，潍县到黄县的西南段道路比较平坦，黄县到福山县的大道不能通行拉货大车。⑤ 1866 年海关道台下令对烟台到黄县段进行修葺，至此可以通行大车。由于商队的来往，烟潍大道上兴起了许多繁荣的城市。黄县是南来北往的巨大转运站，在那里有许多商行和商业机构；下一个重要的地方是莱州府（今莱州），它的主要大宗商品是草帽辫、柞蚕丝和粉丝；再下一个值得重视的城镇是潍县（今潍坊），其商业和制造业具有相当重要的地位。在通向济南府的道路上，下一个重要的地方是青州府（益都），有柞蚕丝和粉丝制造业。济南府位于烟台港的西南方，是商品集散中心，有一些本省最富有的商行和山西票号。⑥ 每年烟潍大道转运大量货物。19 世纪 70 年代，从烟台到内地每

---

① 烟台港务局档案馆藏《光绪二十五年胶州口华洋贸易情形论略》。

② 烟台港务局档案馆译《英驻烟领事致阿礼国》，1868 年 2 月，见《英国文书》第八卷。

③ 烟台港务局档案馆藏《光绪二十六年胶州口华洋贸易情形论略》。

④ 烟台港务局档案馆译《1882—1891 年烟台十年贸易报告》。

⑤ 〔清〕郭嵩焘《郭嵩焘日记》第一卷，湖南人民出版社 1981 年版，第 250 ~ 254 页。

⑥ 烟台港务局档案馆译《1866 年芝罘贸易报告》。

天有2000匹牲口进进出出，按平均数计算，每天从烟台转运200吨的商品。① 到19世纪八九十年代，每天进出烟台的驮畜达3000头，数以百计的驮队往来于这条大道上。在当时，一支往来烟台的运货商队，一般有200头牲畜，每头可载货150—200斤，商队的单程运货能力可达3万—4万斤。②

在1904年胶济铁路未通车之前，烟潍大道一直是烟台口岸与内地交通的动脉。登州府的东部，有宁海（今牟平）、威海等重要的海口，从烟台用帆船运回进口品，也把土货运到烟台出口。烟台到东部也有大道相通。陆路和水路运输线把烟台港与腹地联系起来，在一些交通便利的地区形成了商品集散市场，担负着销售洋货、集中土货的职能。

第四节　主要出口土货的来源地

一、豆类产品

豆类、豆饼、豆油是早期烟台出口贸易中最重要的产品。道光末年本埠还没有通商之前，就有经营油饼业者，但还比较少。1861年设立海关以后，油饼业日益发展。③ 但是此时出口的主要是大豆。豆类产品实际上是一种再出口货物，它由舢板从牛庄等辽东半岛港口运到烟台，再由外国船运到南方各港口。豆饼出口到汕头，在那里作为糖类作物的肥料。这种转口贸易主要起源于烟台与南方的汕头、广州地区的糖豆贸易。汕头帮在烟台的商业势力很大，豆和豆饼是汕头帆船的回程货。④

烟台榨油业发展很快。1898年，烟台油坊仍然用旧法榨油，只有怡和洋商转购机器在烟台发展机器榨油，但当地人不能容，事遂中止。到1900年，烟台豆油油坊使用机器者非常多，机器磨共有112盘。烟台一日出豆

① 烟台港务局档案馆译《1879年芝罘贸易报告》。

② 烟台港务局档案馆译《1882—1891年烟台十年贸易报告》。

③ 王陵基修，于宗潼等纂《民国福山县志稿》卷五之一《商埠志·商业》，1931年铅印本。

④ 烟台港务局档案馆译《1864年烟台海关贸易报告》。

油 4 万余斤，豆饼 7000 余块。1906 年，烟台有 50 座油坊，这些油坊终年工作。运往通商口岸的豆饼，1906 年共有 89 万余担，比 1905 年多了 23 万余担。[①] 烟台榨油业在发展过程中，受到东北地区榨油业的挑战。1894 年，东三省油坊工业也从家庭工业中一跃而起。牛庄临近大豆产区，而且制造豆饼作坊又多，已成为烟台的劲敌。[②] 由于豆价昂贵，采购困难，1903 年，烟台的榨油业机器磨停工 1/3。[③] 1908 年，烟台豆油豆饼业开始衰落，其原因不仅在于当时东北的豆饼加工业兴起，还在于原为烟台榨油业市场的长江一带的豆类加工业也逐渐发展起来。1908 年烟台豆饼商尝试过改进生产工具，从日本引进一定数量的蒸汽榨机，但出口的豆饼绝大多数还是手工榨的。截至 1911 年末，烟台只有蒸汽榨油工厂 12 家，手工榨油作坊 40 家。[④] 烟台出口的豆类制品主要是当地的产品，烟台是豆类产地市场和终点市场。

二、花生产品

1908 年之前，山东花生主要在烟台、镇江、青岛三港输出，输出量分别占总量的 50%、40%、10%。[⑤] 烟台作为终点市场，在花生出口贸易中占重要地位。但烟台花生出口要转运上海，加上内地到港口的运输成本和转口港的进口税，出口成本太高，花生出口贸易实际上处于不利地位。[⑥] 虽然如此，花生仍然是烟台出口贸易中十分重要的十五项商品之一。烟台亦有花生油出口，但此项贸易并不发达。烟台附近花生产区产量有限，再

① 彭泽益编《中国近代手工业史资料（1840—1949）》第二卷，生活·读书·新知三联书店 1957 年版，第 344 ~ 346 页。

② 彭泽益编《中国近代手工业史资料（1840—1949）》第二卷，生活·读书·新知三联书店 1957 年版，第 346 页。

③ 彭泽益编《中国近代手工业史资料（1840—1949）》第二卷，生活·读书·新知三联书店 1957 年版，第 346 页。

④ 彭泽益编《中国近代手工业史资料（1840—1949）》第二卷，生活·读书·新知三联书店 1957 年版，第 346 ~ 347 页。

⑤ ［日］田原天南《胶州湾》，大连满洲日日新闻社 1914 年版，第 417 页。

⑥ 烟台港务局档案馆藏《民国十二年烟台口华洋贸易情形论略》。

加上运输困难，运费太高，油厂由于原料短缺而无法开工。①

烟台花生主要来源：一、黄河以西以北如济阳、惠民、商河一带之花生，由小清河转道运至烟台；此外，章丘、齐东地区所产花生也有一部分由小清河出海运至烟台。② 二、福山、蓬莱、栖霞、黄县、海阳、招远、文登、莱阳等县，每年均将出产的花生运至烟台，办理出口，故烟台每年均有大宗花生出口。其出口概分为三种：花生果，仅选择果实大、色泽净洁者，每年出口30万余包（每包50斤）；花生米，只选其米，且须大小均匀者，每年出产10万余包；花生油，每年出口10万余桶（每桶35斤），其销售市场，国内上海、福州、厦门、宁波、汕头、香港等地为多，国外以欧洲、南洋、西伯利亚等地为多，美洲次之。③

龙口、威海都是烟台附近较小的港口。1914年龙口开埠之前，黄县货物由烟台出口；1898年威海成为英国租借地之前，威海农产品亦由烟台出口，两港口都是烟台港的内港（非通商口岸）。④ 两港开埠后，花生独立出口，龙口主要出口带壳花生、花生仁、花生油三种商品。1927年以后，花生油出口大增，1931年达到11483担的高峰。⑤ 威海卫出口花生均自附近一带运来。⑥ 1931年威海花生出口最多，其中有90846担带壳花生，359193担花生仁，7280担花生油，主要运销香港。⑦

三、丝类产品

烟台出口的柞蚕丝主要来自宁海州、莱阳、文登、栖霞等地区，黄丝

---

① 烟台港务局档案馆藏《民国十年烟台口华洋贸易情形论略》。

② 实业部国际贸易局编《花生》，商务印书馆1940年版，第37、49页。

③ 鲁东日报社编《烟台大观》，鲁东日报社1940年版。

④ 交通部烟台港务管理局编《近代山东沿海通商口岸贸易统计资料（1859—1949）》，对外贸易教育出版社1986年版，第21页。

⑤ 交通部烟台港务管理局编《近代山东沿海通商口岸贸易统计资料（1859—1949）》，对外贸易教育出版社1986年版，第164～165页。

⑥ 实业部国际贸易局编《花生》，商务印书馆1940年版，第48页。

⑦ 交通部烟台港务管理局编《近代山东沿海通商口岸贸易统计资料（1859—1949）》，对外贸易教育出版社1986年版，第168页。

主要来自沂州、胶州、莱芜、兖州。[①] 腹地黄丝市场以周村和青州府的益都、临朐丝市最大，其中青州府临朐县五井、野园两处每年出口黄丝可达200万两，大部分丝由陆路运到烟台；周村的黄丝，来自蒙阴、沂水、泰安、沂州、滕县、新泰、莱芜等地。周村的丝装箱陆运烟台，出口贸易每年达300万两。周村附近的王村出产野蚕丝、茧绸。昌邑县柳疃镇是茧绸最重要的制造中心，年贸易量约有800万两。[②]

柞蚕丝的产地以烟台为最，此外在山东省内则以宁海州、栖霞、胶州、日照、文登、蒙阴、沂水、潍县、昌邑等地为主。烟台柞蚕茧来自辽东半岛宽甸、凤凰厅、安东、岫岩、怀仁、盖平、金州等地，这些地方在制丝技术上远不及烟台，每年由该地输入烟台的柞蚕茧不过10余万斤至20万斤。[③]

表3.6　1908—1915年烟台港进口辽东柞蚕茧统计表

单位：担

年度	东海关	东海常关	合计
1908	100909	20929	121838
1909	145937	111865	257802
1910	110099	66168	176267
1911	113378	130600	243978
1912	125501	115521	241022
1913	160438	92940	253378
1914	91313	28110	119423
1915	133872	58985	192857

资料来源：白眉初编《鲁豫晋三省志·山东省志》，北京师范大学史地系1925年版，第277页。

① 烟台港务局档案馆译《1870年贸易报告》《1874年贸易报告》。

② 青岛市档案馆编《帝国主义与胶海关》，档案出版社1986年版，第55页。

③ 李文治编《中国近代农业史资料（1840—1911）》第一辑，生活·读书·新知三联书店1957年版，第433～434页。

从上表可见，烟台每年都要从辽东进口大量的柞蚕茧。因为山东鲁中山区的蚕茧基本被昌邑县柳疃镇所集中，胶东茧被当地的缫丝工场所吸收，所以20世纪二三十年代，烟台对辽东蚕茧的依靠更为强烈。为了和日本竞争，烟台华洋丝业联合会甚至要求政府取消蚕茧的进口税。① 辽东原料的供应是否充足关系烟台缫丝业的兴衰。

山东省缫丝工业的所在地，主要有烟台、牟平、栖霞三处，尤以烟台为盛，工厂据传有44处，机械达15000余台。山东全省每年生产柞蚕丝约有50万贯，一贯合6斤余。②

山东的柞丝绸纺织业主要集中在烟台、昌邑、栖霞、宁海州等地。下表是各地工场手工业的发展状况。

表3.7　烟台、宁海州、昌邑、栖霞等地柞丝绸纺织概况

年度	产地	工场数（家）、织机（架）	产量（万匹）
19世纪80年代	昌邑	500架	
	宁海州	100架	
	栖霞	150架	
	烟台	200架洋机	
合计		950架	
1915年前	昌邑	38家、884架	
	宁海州	14家、182架	
	栖霞	60家、441架	
合计		112家、1507架	20

① 章有义编《中国近代农业史资料（1912—1927）》第二辑，生活·读书·新知三联书店1957年版，第162~163页。

② 白眉初编《鲁豫晋三省志·山东省志》，北京师范大学史地系1925年版，第279~280页。

（续表）

年度	产地	工场数（家）、织机（架）	产量（万匹）
1919 年	昌邑	65 家、4290 架	64.35
	宁海州	65 家、1170 架	13.5
	栖霞	51 家、900 架	17.55
	烟台	9 家、180 架	2.7
合计		190 家、6540 架	98.1

资料来源：19 世纪 80 年代统计数据来自彭泽益编《中国近代手工业史资料（1840—1949）》第二卷，生活·读书·新知三联书店 1957 年版，第 95 页；1915 年前统计数据来自白眉初编《鲁豫晋三省志·山东省志》，北京师范大学史地系 1925 年版，第 285 页；1919 年统计数据来自《农商公报》第 5 卷第 10 期，1919 年。

由上表可见，从 19 世纪 80 年代丝绸出口贸易开始，烟台、昌邑、栖霞、宁海州就是丝绸的主要来源地，而且四个产地的生产规模不断地扩大。

总之，滕县、莱芜、泰安、新泰、蒙阴、沂水、沂州、胶州、宁海州、文登、栖霞是蚕茧与蚕丝初级市场，益都、临朐、周村是中级市场。辽东半岛之宽甸、凤凰厅、安东、岫岩、怀仁、盖平、金州等地都是蚕茧初级市场，安东又是中级市场。昌邑、栖霞、宁海州是丝绸贸易的中级市场，烟台既是产地又是终点市场。

四、果品

烟台港口果品出口包括干果和水果，贸易历来发达。早在 1867 年，杏仁、胡桃、柿饼、新鲜水果的出口额就达到 12245 两白银。① 山东最丰产的水果梨、苹果、枣、杏、樱桃等也出现了大宗贸易。其中黑枣和红枣是最重要的出口水果，仅 1880 年，共出口 34414 担，计 84821 海关两。其他

① 烟台港务局档案馆译《1867 年芝罘商务报告》。

水果罐头和干果贸易也在稳步增长。[①] 黑枣、红枣主要从武定府、东昌府运来，主要运到香港和广州。[②] 西部的枣主要通过黄河、小清河运到烟台。新鲜水果除了运到南方省份，也出口朝鲜、日本和海参崴，尤以日本为最。[③]

19世纪七八十年代，美国传教士在山东以美国水果接枝改进土产水果品种的努力获得巨大成就。“烟台的苹果、水梨和葡萄，几乎在每个通商口岸都有出售，售价仅次于从美国输入的水果。”[④] 20世纪30年代，“鲁东一带多洋种，系由美国教士传入者，烟台及其附近一带所产之香蕉苹果，尤蜚声于南北”[⑤]。荣成、威海、牟平、文登、福山、蓬莱等地所产的香蕉苹果，为山东苹果中最佳者，售价最昂，销路最大。20世纪20年代，烟台每年在海关统计的水果贸易已在十一二万担左右。在水果收获季节，上海商人还要来烟台设庄收购。在产地和销售市场之间，有报告丰收状况和市场需求量的联络员，在了解供求能力之后，才拟定水果价格和收购数量。[⑥]

20世纪30年代，烟台仅福山县每年输出的苹果、梨、葡萄等水果不下2000万斤（16万担左右），贸易总值百万余元。[⑦] 如再加上果品加工业的产值，果业产值会更高。因为仅张裕酿酒公司出口值即达47.5万元，水果罐头公司每年亦有20万元的外销产品。[⑧]

总之，烟台果品贸易之初主要是出口枣、杏仁、胡桃、柿饼等类，所以倚重于西部地区，产地市场多在武定府、东昌府；烟台当地的果园发展起来以后，当地苹果、葡萄等水果成为主要的出口产品，另外，荣成、威海、牟平、文登、福山、蓬莱等成为主要的产地市场。因为港口缘故，烟

---

① 烟台港务局档案馆译《1880年芝罘贸易报告》。

② 烟台港务局档案馆译《1887年芝罘贸易报告》。

③ 烟台港务局档案馆译《1893年烟台商务报告》《1894年烟台商务报告》。

④ 李文治编《中国近代农业史资料（1840—1911）》第一辑，生活·读书·新知三联书店1957年版，第658页。

⑤ 实业部国际贸易局编《中国实业志·山东省》，实业部国际贸易局1934年版，第269（戊）页。

⑥ 郑千里编《烟台要览》第九篇《农产·果实》，烟台要览编纂局1923年版。

⑦ 佚名编《山东各县乡土志》卷一《福山县》，民国铅印本。

⑧ 佚名编《山东各县乡土志》卷一《福山县》，民国铅印本。

台自然是终点市场。

五、草帽辫

草帽辫编制技术由欧洲传入。农村妇女纷纷学习编制草帽辫，山东草帽辫是以逐渐发展起来。烟台草帽辫贸易开始于19世纪70年代，出口逐年增加。1904年之前都由烟台出口，运往烟台的草辫多由骡马或民船运送，不但浪费时间，运费昂贵，而且货物容易受损失。自胶济铁路直达省会后，全省货物大半由铁路运输，萃集青岛。烟台仍然有出口贸易，但其数量年年减少。①

烟台草帽辫的来源主要有以下几路：一、曹州府朝城、观城和东昌府到开封府的沿途州县来货；二、诸城、莱州、泰安、武定府来货，这路主要是白色草辫；三、直隶大名府、河南开封府惠济桥等地来货，主要是杂色草辫②；四、莱州府南到胶州、即墨以及青岛来货，这路出产的草帽辫，以沙河为中心集中，然后分等级包装后，由虎头崖装民船或由陆路用大车和牲口送至烟台。③ 莱州府掖县沙河是草帽辫制造和集散中心。光绪年间，沙河附近有名的大地主珍珠村的“大中和”，通过烟台的日本买办，首先同日本签订了出口草辫的协议，在当地开办了第一个辫子庄，有工人200余，多是当地的掐辫子能手和收辫子行家，同时，在河南商丘，安徽亳县，直隶兴济、新庄，山东平度、昌邑等地设立了分庄，每年向日本出口都在万箱以上。受中和辫庄的影响，沙河、珍珠一带的大地主纷纷效仿，当时比较有名的辫庄有东昌荣、恒盛泰、洪祥义、通聚、会昶和、恒祥等十多家。这些大辫庄，都在交通方便、贸易繁荣的沙河街占地设点，扩大收购以备出口。当地农民农闲时天天下乡收辫子，然后到沙河再卖给各大辫庄。④ 沙河镇除了集散附近地区的草帽辫，还收购河南商丘，安徽亳县，

---

① 叶春墀《山东草辫业》，京都华东石印局1911年版，第1、4、5、30页。

② 烟台港务局档案馆译《1874年贸易报告》《1879年贸易报告》。

③ 烟台港务局档案馆藏《光绪二十五年胶州口华洋贸易情形论略》。

④ 山东省烟台市政协文史资料委员会等编《烟台文史资料》第十八辑，政协烟台市文史委1993年印行，第143～145页。

直隶兴济、新庄，山东平度、昌邑等地的草帽辫。

在烟台草帽辫的市场体系中，山东莱州、诸城、泰安、武定府、朝城、观城和东昌府到开封府的沿途州县，直隶兴济、新庄，安徽亳县，河南商丘等地都是其初级市场。沙河镇是草帽辫的主要产地兼中级市场，烟台是终点市场。

六、花边

花边是胶东农村妇女的一种副业产品，1901 年前后在烟台兴起，后来继续扩大到牟平、海阳、掖县、栖霞、莱阳、荣成、昌邑、威海等胶东各县。据海关统计，1910 年之前花边没有批量出口，但以邮寄或夹带形式出口已经形成相当的规模。1910 年之后，花边开始批量出口。从民国初年至 20 世纪 30 年代出口统计看，烟台花边出口贸易处在增长期，在 1918 年达到 94 万两的顶峰；后来由于受到江浙地区的竞争和外国市场关税壁垒的影响，贸易额降到 30 万两。1936—1940 年是出口的最兴盛时期，各地出产的成品集中到烟台出口，据了解，当时仅烟台一地就有花边工厂 250 户，工人约 20000 人。此外，栖霞、招远、荣成、海阳、威海的花边业也非常发达。① 例如威海在 1936 年达到花边业的鼎盛时期，共有花边工厂 37 处，分厂 36 处，花边工人 4000 多人，年产值 25 万余元。② 1934 年，招远花边业已经遍及全县广大农村，并相继传入莱阳、海阳、黄县、栖霞一带。据有关史料记载，私营花边庄最盛时期，全县达到 108 处，民间从业人员达到 3 万人，年产值 300 万余元。③

总之，花边的产地市场主要有牟平、海阳、掖县、栖霞、莱阳、荣

① 实业部国际贸易局编《中国实业志·山东省》，实业部国际贸易局 1934 年版，第 135（辛）页。

② 中国人民政治协商会议威海市委员会文史资料委员会编《威海文史资料》第四辑，政协威海市文史委 1989 年印行，第 143 页。

③ 中国人民政治协商会议山东省招远县委员会文史资料委员会编《招远文史资料》第四辑，政协招远县文史委 1990 年印行，第 72 页。

成、昌邑、威海、招远等地，烟台既是产地市场又是终点市场。

七、发网

发网业兴起于山东，而山东组织生产、检验、出口的大部分公司和商号都集中在烟台。1913 年，英国商人在烟台收购发网，欧美销路逐渐打开。我国发网输出以烟台最多，每年输出额约占全国的 90%。1920 年前后，烟台编制发网的工厂多达百家，从事发网业的工人 1 万余人，制造销售人发的发庄多达 113 家。烟台以世界发网业的中心之一而著称于世。发网业在中国兴起之初，中国所需的人发都需要从国外进口。头发染色技术的开创者是烟台人孙柏峨。大约在 20 世纪 20 年代前后，烟台发网所用的人发，已经能够自己染制。① 当时其他省份还要从外国进口人发，这也是烟台发网业在全国处于垄断地位的原因。另外，烟台发网编织技术还传入牟平、掖县等附近地区。②

八、粉丝

山东半岛的粉丝制造业是胶东特色的家庭手工业，烟台开埠后主要出口南方商埠、香港、南洋及美国旧金山等华人居住区。19 世纪 80 年代的年出口量大约是 60500 包（每包 135 斤）。主要产地在黄县、招远、栖霞、莱阳、福山等地。③ 清末，烟台出口粉丝主要产于登州府各县，年产量达 21 万包，其中宁海年产量 10 万包（每包 150 斤），福山年产量 5 万包，黄县年产量 3 万包，招远年产量 2 万包，蓬莱、莱阳年产量各 5000 包。④

在胶东粉丝贸易中，龙口粉丝最为著名，其实龙口粉丝大部分是招远

---

① 郑千里编《烟台要览》第十三篇《工业·发网业》，烟台要览编纂局 1923 年版。

② 实业部国际贸易局编《中国实业志·山东省》，实业部国际贸易局 1934 年版，第 117（辛）页。

③ 烟台港务局档案馆译《1880 年烟台贸易报告》。

④ ［日］东亚同文会编《中国省别全志·山东省》，东亚同文会 1917 年版，第 736、754 页。

粉丝，因为当时龙口每年输出粉丝15万包，招远粉丝占其大半。清代招远粉丝加工业遍及招远北乡各地，有大小粉庄近百处，其中以聚太福、洪太福、宜春乐等粉庄最负盛名。1918—1935年间，经营龙口粉丝的商号越来越多，有108处，此时招远的粉丝加工业盛况空前。① 20世纪30年代，招远已经发展成为山东半岛的粉丝制造中心。招远粉丝产品质量优良，产量为山东省之冠。招远境内制造粉丝的民户有千余户，年产10万包（每包180斤），总产值250万元，大都运到龙口和烟台出口。②

九、精盐

烟台出口的精盐主要由烟台益通公司精盐厂生产。该厂设立于1919年，资本25万元。由于利润丰厚，1925年扩股到40万元，1931年增至60万元，1932年扩大到100万元。精盐厂年产27万石，总值210万元，运销湖南、湖北、江西、安徽、江苏等省的通商口岸。其粗盐原料多来自石岛一带，年约30万石，总值18万元。③

第五节　主要进口品的销售地

烟台开埠后，大量洋蜡、洋靛、洋布、洋油、洋火、洋绸等货进入烟台，并垄断市场。④ 烟台洋货除了在烟台和山东北部地区销售，还向西运到河南、山西、陕西等省。例如，糖和纸都是通过烟台，再经过济南府以及东昌府运到河南、山西、陕西等地，由河南交换百合花、蜂蜡和药材，由山西得到甘草、药材和毛皮，由陕西得到烟草和药材。⑤ 大量的洋货通

① 中国人民政治协商会议山东省招远县委员会文史资料委员会编《招远文史资料》第四辑，政协招远县文史委1990年印行，第69页。

② 佚名编《山东各县乡土志》卷一《招远县》，民国铅印本。

③ 佚名编《山东各县乡土志》卷一《福山县》，民国铅印本。

④ 牟平县政协文史资料委员会编《牟平县文史资料选编》第一辑，政协牟平县文史委1985年印行，第29页。

⑤ 烟台港务局档案馆译《1866年贸易报告》。

过不同的途径进入内地，形成了几个重要的货物集散市场。

一、烟台市场

胶东各地直接从烟台购进洋货。烟台是基本市场，市场发育最为完善。这通过煤油的运销可以看得出来。烟台煤油进口始于19世纪70年代，煤油主要来自美国。由于煤油价格比豆油高，进口量不高。为了扩大销路，美国煤油公司采取了降价销售的办法，1886年油价由原来每箱5元降至2.5元，低于豆油价格。价格下降刺激了煤油销售，1888年煤油进口量增加到444372加仑，煤油开始大量进入城乡社会消费领域，截至1894年，烟台煤油进口已达1833790加仑。[①] 与此同时，许多地区世代相传的豆油灯也逐渐被煤油灯取代。后来随着烟台市场的不断拓展，煤油进口量不断增加，到1901年，煤油进口已增至8798334加仑。[②] 据当年美孚、亚细亚、德士古等外国油商在烟台的华账房回忆，1899年美孚石油公司在烟台设行，1904年建立货栈三所，计划将其库存煤油供应到牛庄、天津、大连、安东等地。后随着大连、天津、济南等地油库的建设，计划落空。烟台反而成为青岛管辖下的一个分区。当时美孚、亚细亚、德士古三个公司在烟台地区共设立朱桥、沙河、掖县、龙口、黄县、蓬莱、烟台（市区）、牟平、威海、石岛等十处经销代理店。各店都挂有代销煤油的招牌。1913年以前，三外商在烟台销售的石油产品全是煤油，一战爆发以后，烟台民族工商业、渔业、交通运输业蓬勃发展，与此相适应，柴油、汽油、润滑油、润滑脂等石油产品涌入烟台市场。到了20世纪30年代，柴油成为市场上的大宗产品。美孚石油公司的油轮到烟台港口后，先用驳船将油品卸运到油栈内储存，再用舢板将油品运到烟台山西侧码头仓库，从那里出售。威海、龙口、黄县、牟平、文登、荣成、石岛等沿海城镇代理店的煤

---

① 交通部烟台港务管理局编《近代山东沿海通商口岸贸易统计资料（1859—1949）》，对外贸易教育出版社1986年版，第136页。

② 交通部烟台港务管理局编《近代山东沿海通商口岸贸易统计资料（1859—1949）》，对外贸易教育出版社1986年版，第137页。

油，多是从烟台用民用帆船运去。①

二、羊角沟中转市场

羊角沟俗称羊口，位于寿光县境内。同治年间，羊角沟还是“寥落数十家，谋微利营生”的小市镇，1892 年小清河全线疏通后，羊角沟市镇南迁至河口处。此后，羊角沟商务日益繁盛，成为百货云集、舟楫林立的商品集散市场。② 沿海港口的货物可经过羊角沟进入小清河航道，到达周村、济南等内地市场。因为水运比陆运要便宜，内地货物先汇集到黄台桥（济南境内），再经由小清河抵达羊角沟，装船出海。同样，烟台大宗货物也经过海路来到羊角沟，由内地小平船运到内地市场。19 世纪末烟台每年有大量的棉纱、布匹等洋货经由羊角沟转运内地。③ 胶济铁路通车后，小清河贸易受到有力竞争，洋货贸易减少。

三、桓台集散市场

在小清河沿岸有桓台索镇、广饶石村、新城岔河三个主要码头，羊角沟转运来的洋货由此登陆，运销附近地区，形成了几个重要的集散市场。因桓台最为重要，故统称桓台集散市场。桓台索镇，是小清河沿岸的重要码头，外来货物多由烟台以海轮运至羊角沟，再换装河船，经过小清河、乌河来到索镇，然后分销各县，商业十分繁盛。④ 临淄县舶来品多由羊角沟经小清河运入广饶石村码头，再由陆路运到县城西关，然后分销到益都、淄川、博山等县，商业数倍于今日。⑤ 新城岔河地处小清河中段，距离周村 60 里，是周村货物经小清河输出的咽喉，交通便利，也是长山、新

① 中国人民政治协商会议烟台市委员会文史资料研究委员会编《烟台文史资料》第七辑，政协烟台市文史委 1986 年印行，第 136 ~ 147 页。

② 〔清〕佚名纂修《光绪寿光县乡土志·商务》，清光绪三十年纂抄本。

③ 烟台港务局档案馆藏《光绪二十五年胶州口华洋贸易情形论略》。

④ 佚名编《山东各县乡土志》卷三《桓台县》，民国铅印本。

⑤ 佚名编《山东各县乡土志》卷三《临淄县》，民国铅印本。

城、高苑三县水路贸易的集散码头。单是新城一县，每年由此运入煤油数千箱、火柴数千箱、洋布数千匹、棉纱数百件、铁数万斤、糖数千斤，然后分销于周临各县。①

四、周村市场

周村地处山东腹地，南通鲁中山地，水陆交通便利。水运方面，周村西边经过索镇与小清河相通，货物经过小清河出海；陆路方面，周村正处在济南到青州、潍县的大道上，货物多由此转运内地。19世纪后半期，周村是山东北部国内外货物的最大集散地。洋布、棉纱、铁、煤油、火柴等由烟台运至羊角沟，再改装小平船，溯小清河上行200里至索镇，然后再从陆路运到周村。这些货物除在周村销售，大部分分销到蒲台、齐东、泰安、东平、宁阳等地。周村每年的交易额约为1500万两。② 胶济铁路修到周村后，从青岛进口的棉纱、棉布等货物多输入周村。据日本人调查，1905年周村输入棉布价值达200万两，其余由日本、广东输入货物总值也在30万两内外。③

可见在铁路未开通之前，周村是烟台棉布、棉纱、煤油等进口货物进入内地的中级市场。

五、潍县市场

潍县位于烟潍商路的终点。清末以来，在烟潍商路的影响下，潍县市场交易基本以烟台为主要对象，同时与烟潍商路沿线的昌邑、沙河、莱州、龙口、羊角沟都有密切的联系。当时山东中部和东部的物流多以潍县为集散地，并由潍县向烟台、龙口输出。④ 另外，洋布、洋绸、洋线等货

---

① 〔清〕佚名编《光绪新城县乡土志·商务》，清抄本。

② 烟台港务局档案馆藏《光绪二十五年胶州口华洋贸易情形论略》。

③ 李文治编《中国近代农业史资料（1840—1911）》第一辑，生活·读书·新知三联书店1957年版，第483页。

④ 胶济铁路管理局车务处编《胶济铁路经济调查报告·潍县》，青岛文华印刷社1934年版。

物自潍县运至临朐，销行北关、冶源、五井等地，“每岁二百余小车”。①

六、济南市场

烟台开埠通商后，济南通过烟潍大道的延长线和大小清河，每年从烟台港口输入大量的洋货。19 世纪 80 年代，济南每年从烟台输入仅纺织品一项价值就达 200 万两。② 通过黄河、小清河，每年都有大量的烟台洋货进入济南市场，泺口是黄河在济南的码头，黄台桥是小清河在济南的码头。黄河沿岸州县从泺口和利津运入洋货，例如，齐河自泺口运入的货物以火柴、棉纱为大宗，齐河码头是济南泺口以西黄河上较大的水运码头，民船贸易十分兴盛，每年转运烟台出口的熏枣、干枣、梨价值约 6000 两；运入的糖、纸及各类杂货价值约 8000 两。③ 济南、武定、济宁三府是烟台白糖、红糖的主要消费区，其货物也是由黄河水路转运过去的。④

第六节　烟台港市场网络和腹地变迁

自 1863 年烟台开埠通商以后，截至 1899 年，烟台港是山东省唯一的通商口岸。虽然山东的西北部受到天津港、西南部受到镇江港的影响，但是对山东经济起主要作用的还是烟台港。通过烟台—潍县—济南的陆路和大小清河的水路沿线商品集散市场，烟台港口进出口贸易覆盖整个山东的北部，甚至沿着黄河进入河南和山西。1899 年，青岛被德国人占领后，也开始对外开放。德国人为了吸引进出口货物到青岛，在青岛成立了自由贸易区，并修建了现代化的港口和通往山东内地的胶济铁路。凭借廉价便捷的交通，青岛在 1907 年左右就达到了烟台贸易的发展水平。烟台的地位由

① 政协临朐县委员会编《临朐县旧志汇编》，潍坊市新闻出版局 2002 年版，第 362 页。

② 烟台港务局档案馆译《1882—1891 年烟台十年贸易报告》。

③ 〔清〕佚名纂修《光绪齐河县乡土志·商务》，清光绪末年石印本。

④ 烟台港务局档案馆译《1888 年贸易报告》。

于青岛和大连的竞争逐渐下降，贸易范围开始局限在胶东地区。

进口的洋货从烟台沿着交通线进入腹地市场，其路线是从烟台终点市场一直走到中级市场、初级市场，最后进入城乡集市；与之相反，出口的土货首先在初级市场集中，再到中级市场加工包装，最后流入烟台终点市场。这种市场网络所辐射的地区就是烟台的腹地。通过进口商品的主要销售地和出口货物的主要来源地，我们可以勾画出以交通线为脊的烟台腹地的骨架。

从前几节的研究中，我们可以叠加出烟台主要出口土货市场体系和主要进口洋货销售市场体系，观察烟台的腹地范围。

表 3.8　1863—1903 年以烟台为终点市场的主要出口土货的市场体系

土货	产地（初级）市场	中级市场
豆类	东北地区、烟台	营口
草帽辫	山东：曹州府朝城、观城，青州府诸城，东昌府，莱州府海仓、朱桥、白沙等以沙河为中心的地区，泰安府新泰，武定府阳信，兖州府滕县 直隶：大名府、冀州 河南：惠济桥	莱州府沙河镇
花生	济阳、惠民、商河、海阳、莱阳、福山、蓬莱、栖霞、黄县、招远、文登等县	
蚕丝、丝绸	蚕茧、蚕丝：滕县、莱芜、泰安、新泰、蒙阴、沂水、沂州、胶州、宁海、文登、栖霞等，辽东宽甸、凤凰厅、安东、岫岩、怀仁、盖平、金州等地 丝绸：昌邑柳疃镇、宁海、栖霞、烟台	蚕丝：青州、临朐、周村；柞丝、茧绸：昌邑柳疃镇、宁海、栖霞、安东
绣花、花边、网扣	烟台、栖霞、招远、海阳、牟平、掖县、莱阳、荣成、昌邑、威海、平度、临淄、青州、广饶	
果品	武定府、东昌府、福山、荣成、文登、威海、蓬莱、牟平	

（续表）

土货	产地（初级）市场	中级市场
发网	烟台、招远、高密、寿光、潍县、昌乐、诸城	
粉丝	龙口、栖霞、莱阳、福山、招远、宁海、黄县、蓬莱	

说明：1904 年胶济铁路通车，铁路沿线市场受到影响，土货输往青岛。

表 3.9　1863—1903 年烟台大宗洋货的运销体系

大宗洋货	中级市场	初级市场
鸦片、棉纱、棉布、糖、纸、煤油、火柴、五金、染料等	烟台	烟潍大道：烟台当地、蓬莱、黄县、掖县
		内地：招远、栖霞、莱阳、平度
		海路：宁海、威海、荣成、石岛等
	潍县	昌乐、寿光、安丘、昌邑、临朐
	桓广新	长山、高苑、桓台、广饶、新城、青州、淄川、博山、临淄
	周村	蒲台、泰安、宁阳、东平
	济南	济南、齐东等黄河沿线州县

说明：1904 年胶济铁路通车，铁路沿线市场受到影响，输入青岛进口洋货。

由以上两表可见，1904 年之前，烟台港洋货的销售市场主要在黄河以东山东北部烟台—济南一线、胶东地区；土货的来源地虽然也远达河南、安徽、直隶等靠近山东的地区，甚至跨海远达奉天省的某些地区，但其主要地区还是在山东北部地区。按照腹地的概念，1904 年之前的烟台腹地范围在黄河以东山东北部地区。

自 1904 年胶济铁路修通以后，铁路沿线、小清河流域原属于烟台港的腹地开始转向青岛港。山东的各种水果、蔬菜、胡桃、豆类、豆油、麻、烟草、毛皮、牲畜等大量运往青岛；同时，外国工业品如棉纱、棉布、机器、铁器、糖、纸张、煤油、火柴、染料、建筑材料等，也通过铁路输往

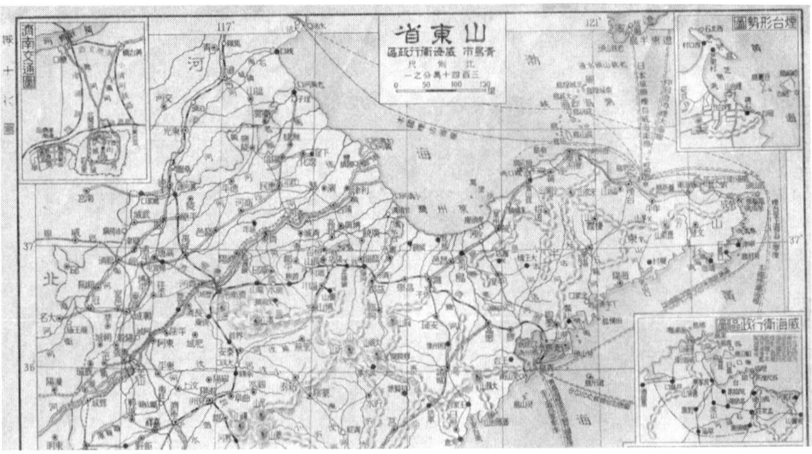

图 3.1　1903 年烟台港腹地情况

资料来源：屠思聪《中华最新形势图》，世界舆地学社，1938 年增订，第十六图局部。

说明：烟台港腹地主要分布在胶东半岛和济南到胶东沿线地区，终点市场：烟台；中级市场：宁海、沙河镇、柳疃镇、潍县、临朐、羊角沟、桓台、周村、济南；初级市场：荣成、威海、石岛、海阳、莱阳、掖县、胶县、诸城、沂水、蒙阴、泰安、宁阳、齐东、蒲台、惠民。

内地。① 青岛港占据了烟台的腹地，其贸易发展水平在 1907 年就赶上并超过烟台港。尤其是一战以后，青岛港贸易蒸蒸日上，烟台港贸易江河日下。其原因自然是腹地范围缩小。截止到 1933 年，烟台在山东出口贸易中只占 17.61%，而青岛占到 70.89%；在进口贸易中烟台仅占 9.3%，青岛占 87.2%。即使在胶东，由于龙口和威海的开埠，也分割了本属于烟台的贸易份额，龙口在山东出口贸易中占 6.19%，威海占 5.31%；在进口贸易中龙口占 2.16%，威海占 1.43%。② 从表 3.10 也可以看出，20 世纪 30 年代烟台贸易极度衰落。《中国实业志·山东省》记载的 1932 年胶东各县的

---

① ［德］单维廉著，周龙章译《德领胶州湾（青岛）之地政资料》，（台北）地政研究所 1980 年版，第 37 页。

② 实业部国际贸易局编《中国实业志·山东省》，实业部国际贸易局 1934 年版，第 140（乙）页。

进出口货物概况真实地反映了烟台腹地的萎缩。

表3.10　1932年胶东各县主要进出口商品概况

县别	进口品			出口品			备注
	种类	数量	来源	种类	数量	销路	
福山	煤油	12000箱	烟台	花生	9000万斤	烟台	原属登州府
	红白糖	6万斤	烟台				
	纸烟	4500箱	上海				
	面粉	5万袋	烟台				
	布匹	50万匹	上海、天津				
	洋灰	1000桶	唐山、日本				
	大米	8万斤	上海				
栖霞	煤油	11000箱	烟台、青岛	茧绸	1万匹	烟台、上海	大多数商品在烟台购买，一般商贩运花生油到烟台，回程购买布匹、棉纱、煤油等大宗货物①
	面粉	25000袋	烟台、青岛	花生	9000万斤	烟台	
	红白糖	4万斤	烟台、青岛	花边	3万码	烟台	
	纸	10400刀	烟台、青岛				
	布匹	50万匹	烟台、青岛				
	棉纱	300件	烟台、青岛				
	火柴	45万包	烟台				
	棉花	12万斤	烟台、青岛				
	纸烟	3500箱	烟台、青岛				
蓬莱	高粱	3500石	辽宁	花椒	1万斤	烟台、上海、大连	原属登州府
	苞米	3500石	辽宁	大虾	50万对	天津	
	木料	2万料	辽宁				
	豆类	1000石	辽宁				

① 佚名编《山东各县乡土志》卷一《栖霞县》，民国铅印本。

（续表）

县别	进口品			出口品			备注
	种类	数量	来源	种类	数量	销路	
牟平	洋布	1 万匹	烟台	花生	7000 担	烟台	原属登州府
	洋纱	200 件	烟台	沙参	10 万斤	由烟台转南方	
	糖	25 万斤	烟台	粉丝	1000 担	烟台	
	洋面	24600 袋	烟台	水果	118000 斤	烟台	
	洋油	42000 筒	烟台	盐	5000 担	烟台	
招远	火油	18000 箱	青岛、龙口	豆油	81 万斤	烟台	原属登州府
	红白糖	1500 包	龙口	粉丝	5760 万斤	烟台、上海、香港	
	洋线	6000 件	青岛、潍县	花生油	70 万斤	烟台	
	洋布	6000 匹	青岛、潍县	花边	150 万码	烟台	
	杂色布匹	6000 匹	青岛、潍县				
	面粉	2 万袋	龙口				
	豆饼	12 万片	黄县				
黄县	火柴	6000 箱	青岛	花生	2000 担	烟台	原属登州府
	豆饼	20 万片	东三省	鱼	2 万担	天津、济南	
	布匹	1 万匹	青岛、潍县	粉丝	700 担	华南	
	火油	5 万听	上海				
	杂粮	5000 石	东三省				
	糖	3000 包	英、日				
掖县	大米	40 万斤	烟台	土粉子	600 万斤	烟台、天津、大连、安东、营口	原属莱州府

（续表）

县别	进口品			出口品			备注
	种类	数量	来源	种类	数量	销路	
	桐油	100 篓	烟台	猪皮	1 万斤	安东	
	煤油	1000 箱	大连	盐	15 万斤		
	粗细布	300 件	青岛	沙参	2 万斤		
	火油	500 箱	青岛	蒲扇	6 万把		
	火柴	400 箱	烟台、青岛				
	红糖	50 包	龙口				
	纸张	300 件	烟台				
	粳米	300 包	龙口				
	面粉	20 包	龙口				
海阳	杂粮	1 万石	东三省	花生	800 万斤	青岛、香港	原属登州府
	面粉	10 万包	青岛	食盐	1200 万斤	朝鲜仁川、江南	
	木料	200 张	东三省	鱼类	500 万斤	江南	
荣成	布匹	5000 匹	青岛、大连	鱼类	60 万斤	青岛、烟台、上海、大连	原属登州府
	米	1000 石	江苏	花生	40 万斤	烟台、威海	
	杂粮	1000 石	东北	食盐	50 万担	朝鲜、山东省	
	木材		东北	白菜	20 万斤	上海	

（续表）

县别	进口品			出口品			备注
	种类	数量	来源	种类	数量	销路	
文登	洋布	5000 匹	青岛	鱼类	50 万斤	青岛、烟台、大连、上海	原属登州府
	布匹	2000 匹	大连、潍县	杂粮	4000 石	威海、青岛、烟台、石岛	
	杂粮	500 石	东三省	药材	1000 斤	烟台	
	大米	1000 石	江浙	花生米	80 万斤	上海	
	化妆品	7 万元	青岛、烟台	白菜	40 万斤	威海	
	木材	2 万元	东三省				
	纸张	1 万元	大连、杭州				

资料来源：实业部国际贸易局编《中国实业志·山东省》，实业部国际贸易局1934 年版，第 189（乙）~194（乙）页。

由上表可见，由于龙口、威海、大连、青岛的竞争，烟台在胶东的腹地萎缩，只有福山、牟平、栖霞三县，当然还有烟台本身。招远、掖县是烟台和青岛的交叉地区，文登、荣成是烟台、青岛、大连交叉地区。20 世纪 30 年代烟台港的腹地范围具体见图 4.1。

第四章　近代青岛港的贸易与腹地

第一节　青岛贸易研究

在对中国沿海港湾进行了长期的考察后，德国人认为胶州湾不但适合作为军港，而且背后资源丰富，发展潜力很大。1897 年曹州教案发生后，德国人以之为借口，出动海军强占青岛口，并通过不平等条约拿到了梦寐以求的胶州湾。1897—1937 年间，青岛的发展可分为三个阶段：首先是 1897—1914 年德国人统治时期，再次是 1914—1922 年日本人统治时期，最后是青岛回归时期。胶海关自 1899 年开关以来，青岛贸易进步神速，在全国口岸贸易额排名中，青岛占据第六位或第七位，在北方各港中位列第三。

青岛港不但贸易发展速度快于烟台，而且贸易结构也有别于烟台。

表 4.1　1899—1936 年青岛进出口贸易额统计

单位：海关两

年度	洋货进口	土货进口	进口总额	土货出口	贸易总额	贸易指数（1913 = 100）
1899	326683	1648897	1975580	1131509	3107089	5
1900	842937	2970667	3813604	1532003	5345607	9
1901	4554453	3372572	7927025	3911997	11839022	20
1902	7494095	2858790	10352885	2777714	13130598	22

（续表）

年度	洋货进口	土货进口	进口总额	土货出口	贸易总额	贸易指数（1913＝100）
1903	9572547	3186646	12759193	3743870	16503062	28
1904	10030697	4435744	14466442	6741177	21207618	36
1905	13338605	5254280	18592884	7992542	26585426	45
1906	22467728	6764987	29232715	9349795	38582510	65
1907	19946601	4548616	24495217	8686808	33182026	56
1908	16476182	4090472	20566654	12787786	33354440	56
1909	20422853	5832095	26254947	16283568	42538515	72
1910	20149580	4639893	24789472	18705245	43494717	74
1911	20445039	5277063	25722102	21697999	47420101	80
1912	23955281	5757450	29712731	28215982	57928713	98
1913	26207915	7268592	33476507	25692373	59168880	100
1914	16716270	2760092	19476362	15747619	35223980	60
1915	5312098	774278	6086376	5861449	11947825	20
1916	15438168	4111374	19549542	19601869	39151412	66
1917	17204873	7276976	24481848	24210706	48692554	82
1918	15098218	7971707	23069925	25794358	48864283	83
1919	13442826	5619901	19062727	34593400	53656127	91
1920	14545822	5335232	19881054	28922142	48803196	82
1921	20037552	8513833	28551385	29053578	57604964	97
1922	30055950	12613557	42669507	27339256	70008763	118
1923	28230014	15635438	43865452	30984835	74850287	127

（续表）

年度	洋货进口	土货进口	进口总额	土货出口	贸易总额	贸易指数（1913＝100）
1924	30186335	21463223	51649558	39201357	90850915	154
1925	28332574	15922441	44255015	40736006	84991021	144
1926	30700558	18169665	48870223	40548050	89418273	151
1927	29007787	17248139	46255925	50170603	96426528	163
1928	27968226	20805837	48774063	40842187	89616250	151
1929	36824921	17866245	54691166	47311304	102002470	172
1930	36902187	20231120	57133307	50473092	107606399	182
1931	38901847	19375726	58277573	63654689	121932262	206
1932	31260411	18489728	49750139	62000000	111750139	189
1933	26237226	11525109	37762335	54192318	91954653	155
1934	20493518	14620118	35113635	54120023	89233659	151
1935	23796267	14361419	38157686	71626574	109784260	186
1936	23094747	14244570	37339317	67827527	105166844	178

资料来源：1899—1931年数据来自交通部烟台港务管理局编《近代山东沿海通商口岸贸易统计资料（1859—1949）》，对外贸易教育出版社1986年版，第10～12页。1932—1936年数据来自青岛市档案馆编《帝国主义与胶海关》，档案出版社1986年版，第385～396页，各年全国海关贸易报告中有关胶海关部分。

说明：原表1932—1936年数据单位是国币元，本表按1海关两＝1.558国币元换算。贸易指数1913＝100。

进口贸易物资分为洋货和土货两种，由上表可见，在1904年以前，洋货进口贸易都在1000万两以下，处在成长期，1904年以后开始突破1000万两大关，这显然是胶济铁路全线通车的带动作用，进而1906年又达到2200万两的高度，直到1913年，除了两个年份贸易都超过2000万两。由于第一次世界大战的影响，1914—1921年贸易回落，1915年比较特殊，其他年份贸易额在1300万—1700万两之间浮动。在1921年恢复到2000万两的水平，以后贸易开始进入快速增长期，1922—1931年有多年洋货进口都超过3000万两，最高是1931年超过3800万两。1932年以后洋货进口贸易回落到2000万两的水平。土货进口贸易长期以来都在800万两以下浮动，1921年之后开始增长，基本都在1200万—2000万两之间徘徊，也有几年超过2000万两，最高为1924年的2146多万两。总的进口趋势与洋货进口发展差不多，因为在大部分时间里，洋货进口额占进口额的大部分。1905年之前，整个进口贸易显然处在成长期，最高达到1905年的1859万两水平，1906—1913年，贸易增加，都在2000万两以上，1913年甚至超过3300万两。1914—1921年间贸易低落。1922年恢复并达到4267万两的新高，至1931年进口总额都在四五千万两以上。1932年以后，贸易虽然接近4000万两，但与以前比较有所下降。

出口贸易额在1908年以前处在成长期，以后超过1200万两，进入增长期。1914—1916年出口贸易低落，但到1917年就恢复到2000万两的水平，1919年竟然到3459万两，1924年之前，出口贸易基本处在4000万两之下。1925—1936年出口贸易都在4000万—7000万两之间，出口贸易在这12年中基本呈现增长态势。

青岛总的进出口贸易趋势变化十分明显，1899—1913年为成长阶段，贸易额几乎突破6000万海关两大关，进出口贸易虽然都处在成长期，但这一时期出口贸易占优势；第二阶段为衰退期，受日、英与德国战争影响，贸易额连年下降，直到1921年才基本恢复到1913年的水平，相对来说进口贸易受到沉重打击，但出口贸易受的影响比较小；第三阶段为高速增长期，贸易额都在8000万海关两以上，1929年突破1亿海关两大关，1929—1936年多年贸易额都超过1亿海关两，这一时期内，出口土货的比重有所加强，特别是1925年之后这种趋势表现得十分明显；进口贸易衰落，出口贸易持续增长，在总贸易额中的比重大大超过进口。

以上是对青岛港贸易趋势的总体考察，接下来我们将对贸易的微观结构包括进出口大宗产品略做考察。

表4.2 1903—1936年青岛重要原货出口统计

单位：海关两

年份	花生	花生仁	花生油	豆油	棉花	草帽辫
1903		83587		1227158		644090
1904		61823		1803175	57735	1719556
1905		85334		1575798	4958	2835032
1906		99209		1314056		4337989
1907		150883			2107	4104087
1908		452967		893721	48	5709928
1909		1763123	1197526	59048	13509	6977701
1910	3282608		927459	470314	423554	6399084
1911	3841293		95597	541516	878056	9223744
1912	4148298		3389200	437370	1570429	6963160
1913	5116403		1812543	242183	1008945	4184714
1914						
1915	7058	413908	484486	133528	597081	253409
1916	11220	1779767	2273244	803647	314978	834079
1917	334	1740517	2806633	1064116	263322	801278
1918	422	197652	4104245	1819017	829038	1119667
1919	1799	4138822	8126011	1365835	569184	1805250
1920	2865	5302419	4623018	75401	245659	1394666
1921	275459	5244849	3216568	3612	191975	902626
1922	452285	5568629	2812157	27873	585024	1427601
1923	756583	6631621	3648674	31693	999090	1306649
1924	1321941	11570534	4269011	122538	1640744	1354894
1925	1156321	10820008	3763359	43097	2204326	1205949
1926	1136567	10089721	4856178	110668	573905	736808

（续表）

年份	花生	花生仁	花生油	豆油	棉花	草帽辫
1927	1001896	9406106	4242590	72290	2512338	882619
1928	939193	4287374	2241963	27038	1917183	1146013
1929	616370	7320541	2880671	70841	1208926	836385
1930	902424	12099775	6814546	143073	2218700	766916
1931	2165992	14133725	7174966		3350262	600087
1932	1440214	10519085	1925111		567206	415488
1933	751669	4272233	1875557		371010	235132
1934	452728	3645283	1720693		226122	150562
1935	661299	6374829	5585703		1209487	199324
1936	386263	2331529	4763381		1345954	156268

资料来源：交通部烟台港务管理局编《近代山东沿海通商口岸贸易统计资料（1859—1949）》，对外贸易教育出版社 1986 年版，第 155～159 页。

说明：1933—1936 年原表中数据单位为国币元，本表按 1 海关两 = 1.558 国币元换算。

表 4.3　1903—1936 年青岛重要原货出口统计

单位：海关两

年份	肉类	丝绸	茧绸	煤炭	焦煤	盐	烟叶
1903		748342	1709				
1904		1535598	61203				4035
1905		759040	87833	147201			7873
1906		849922	239514	210775			9990
1907		1770770	1164359	72216			8735
1908		2036666	1302638	190490			1495
1909	46454	1261412	1525169	660000			13320
1910	51481	2123061	2123984	386094			42517
1911	130991	1605585	1526634				129005
1912		4052306	1692322	736974			35309

（续表）

年份	肉类	丝绸	茧绸	煤炭	焦煤	盐	烟叶
1913	793084	2303282	2883608	828909			5755
1914							
1915	71703	860893	804909	24538	51	111787	11301
1916	183469	1246385	1018795	234472	1955	179411	111916
1917	505024	1064069	1234824	1113911	294253	372170	607416
1918	684431	1718916	1251098	1342370	698350	1070760	2437486
1919	1030484	679697	645205	1088116	197719	1721755	3384498
1920	979764	1912647	249243	2071325	97718	1139119	4182502
1921	1112896	1882482	641012	2074767	215061	820781	2844108
1922	1027937	2132288	285934	2277659	205364	778075	1840703
1923	1093192	4305804	299685	1615186	141025	211483	2037708
1924	1576650	2574190	529391	3254609	145688	68453	1667170
1925	1265380	2478472	606909	3145814	169514	36651	1707265
1926	1602432	2346999	602224	1215655	92864	1927199	1089455
1927	2411907	2846441	736011	1668842	55238	714120	2062634
1928	1740403	2889792	224684	1724987	154667	287482	2508409
1929	1643995	2860495	931095	3998035	111152	5553113	1269862
1930	2035076	3537492	351614	1567124	100264	727607	1790904
1931	2305840	4962774	447685	3023452	56254	546044	3352192
1932	1710576	489609	71376	791491	2154	1367369	670721
1933	1317449	361631	51964	324757	7794	1184840	1241016
1934	1767071	351592	23411	416412	23540	1002635	2919744
1935	1308538	263653	230100	501231	19396	1251598	2318562
1936	1577102	36871	19584	1262019		964780	2678558

资料来源：交通部烟台港务管理局编《近代山东沿海通商口岸贸易统计资料（1859—1949）》，对外贸易教育出版社 1986 年版，第 157 ~ 163 页。

说明：1933—1936 年原表中数据单位为国币元，本表按 1 海关两 = 1.558 国币元换算。

以上两表是烟台港务局有关学者根据海关贸易报告对青岛贸易主要出口产品作的初步研究。在青岛港出口商品结构中，占主要部分的是花生产品、棉花、茧绸、丝绸、草帽辫、肉类、煤炭、盐等产品。

从1928年《胶澳志》的商业部分也可以看到同样的记载。出口土货包括原料和工艺品。大宗原料主要包括花生、棉花、牛肉、鸡蛋、煤炭、盐等；大宗工艺品主要有棉纱、花生油、花生饼、火柴、纸烟等。① 在出口土货中，花生占第一位，特别是1924年花生贸易占出口总额的44%，1927年花生贸易占出口比重的30%。1908年花生产品刚刚输出青岛港时，花生仁、花生油出口总额不过120余万两，经过二十年的发展，出口价值约2450万两，出口增加了约20倍。由于俄国、日本的需要，牛肉也是青岛出口贸易的大宗产品，牛肉、牛油、牛皮每年都有大量的输出。煤炭的出口贸易也十分可观，特别是1924年与1925年为最佳，竟然达到460万两。烟叶贸易自一战后兴起，出口以1918、1919年为盛，达到三四百万两。之后减至300万两以下，只有1927年出口18万担，价值300万两。棉花除了供给青岛本地的六大纱厂，20世纪20年代也有出口，甚至达到300余万两。草帽辫贸易在1910—1913年十分兴盛，青岛的贸易曾经占全国草帽辫出口贸易的八成，价值600余万两。但是后来由于战争的影响，贸易重心转移到天津。战后青岛草帽辫贸易虽有所恢复但不如以前发达。丝绸贸易包括土丝和厂丝两种，土丝和蚕茧的出口在1908和1909年最盛，达到一百七八十万两，其后，土丝贸易时增时落。进入20世纪20年代后，厂丝贸易发展起来，每年出口达到300万—400万两。② 另外，从以上两表可见，青岛也有茧绸出口。

据《胶澳志》记载，青岛进口土货以棉花、棉纱、面粉、纸烟、纸、高粱等为大宗。棉纱是最重要的进口货物，1906年进口货值已达500万

---

① 赵琪修，袁荣叟等纂《胶澳志》卷五《食货志六・商业》，1928年铅印本。
② 赵琪修，袁荣叟等纂《胶澳志》卷五《食货志六・商业》，1928年铅印本。

两。20 世纪 20 年代末期，日本商人为了利用我国廉价劳动力逃避海关税，纷纷来中国口岸设厂。所以青岛棉纱进口逐年递减，已由 1918 年之 457 万两减为 1927 年之 45 万两。棉花本属出口大宗，但是自 1921 年开始，棉花进口由于青岛纺纱厂的需要而逐年增加，1924 年达到 713 万两，1926 年达到 945 万两，为最盛。纸烟在 1924 年进口 79000 担，价值 1630 万两，达到最盛。后来，青岛的卷烟厂日增，进口逐渐减少。山东用纸多来自福建、上海，1907 年前后进口贸易的规模在 300 万两左右。20 世纪 20 年代末期纸的消费倍增，洋纸进口大增，使土纸滞销。面粉原为出口大宗，高粱则胶东一带恒仰给于奉天，但在 20 世纪 20 年代，因社会混乱，进口骤增。1925 年进口面粉 53 万担，值 286 万两，高粱约 100 万担，值 200 万两；1927 年进口面粉 38 万担，值 220 万两，高粱 180 万担，值 360 万两。①

第二节　青岛港与内地的交通联系

在烟台一口通商时代，山东交通落后的状况并没有得到根本的改观。19 世纪末期，为了把青岛建设成北方的香港，德国人不惜巨资，在短短的几年里，就修建了现代化的港口和通往西部的铁路。从此山东铁路交通时代开始了。

青岛到济南的胶济铁路于 1899 年开始兴建，五年之后，一条蜿蜒几百公里的钢铁巨龙建成运营。期间受到当地农民的反对和义和团运动的影响。1904 年 6 月 1 日，全长近 400 公里的胶济铁路全线通车。另外，从淄川到博山的铁路支线也建成了。便捷廉价的铁路交通，很快吸引了内地的土货流向青岛，青岛的洋货流入内地。青岛的洋货很快打败了烟台的洋货，占领了内地的市场。铁路建立起了青岛与山东内地最大的集散市场——济南的联系，从而扩大了商品贸易的范围。山东的各种水果、蔬

① 赵琪修，袁荣叟等纂《胶澳志》卷五《食货志六·商业》，1928 年铅印本。

菜、胡桃、豆类、豆油、麻、烟草、毛皮、牲畜等大量运往青岛，由此出口；同时，外国工业品如棉纱、棉布、机器、铁器、糖、纸张、煤油、火柴、染料、建筑材料等，也通过铁路输往内地。①

关于胶济铁路对山东经济的影响和铁路公路网络对山东的影响及与经济的联系，前文已有分析，此不赘述。

在以铁路和公路为主的近代化交通设施的佐助下，终点市场（港口）、集散市场、产地市场的联系进一步加强。铁路降低了运输成本，使山东农副产品不再受制于交通，而且现代化港口和轮船又把山东和世界市场联系起来，这一切都给这个传统的农业大省带来了无限的生机和希望。总之，铁路和港口是近代山东腾飞的翅膀。

第三节　主要出口品及其来源地

一、花生

青岛港从1908年开始大量向欧洲出口花生和花生油产品。青岛出口的花生产品主要来自山东省。凡诸城、胶县、莱阳、即墨、招远、潍县、高密等县所产花生，俗称胶东货，多由火车运到青岛；南路泰安、莱芜、邹县、滕县、曲阜、费县、临沂、峄县、郯城、新泰、宁阳、泗水等县所产花生，北路齐东、禹城、平原以及临濮之黄河上游所产花生，除由津浦路南运，皆先集中济南，后由胶济铁路运到青岛，这一路基本上可称为济南货；环海一带，如日照、乳岛、石臼所等处所产花生由帆船运到青岛，称为风船货②；石岛、乳山、海阳一带所产花生，由航船运至青岛，称石岛货③；莱阳、海阳花生集中到金家口，再运到青岛，称为金家口货；沂州

① ［德］单维廉著，周龙章译《德领胶州湾（青岛）之地政资料》，（台北）地政研究所1980年版，第37页。

② 实业部国际贸易局编《花生》，商务印书馆1940年版，第92页。

③ ［日］吉野美弥雄《利用す可き天津を中心ニせる北中国の物产》，大阪三岛开文堂1924年版，第119页。

所产花生集中到青口然后由民船运到青岛①。

济南是山东省西部产区花生中心市场，每年各路花生运销济南者达十万余吨。济南花生之来源如下：南路货，包括泰安、莱芜、邹县、滕县、曲阜、费县、峄县、郯城、临沂、新泰、宁阳、泗水等地出产。其中泰安、曲阜、邹县、滕县、峄县皆靠近火车站，可直接运出，费县所产经滕县出口，新泰、莱芜、泗水、宁阳等则由津浦路大汶口站输出。北路货，黄河以北之齐东、禹城、平原等县皆属之，运输全由陆路直达济南。临濮货，黄河上游或远至开封之花生，必先集中临濮，然后转运泺口，通称之为临濮货。济南为鲁南、鲁北及黄河上游花生集散之地，故各路客商之采办者，纷纷而至济南，内中以青岛帮为主。济南市场之花生十之九转销青岛并由此出口。

大汶口中级市场是济南最重要的花生来源地。大汶口位于泰安境内，是县内第一大市镇，位于津浦铁路旁边。花生贸易兴起于津浦铁路开通之后，周边各县宁阳、泗水、曲阜、新泰、蒙阴、莱芜、平阴等地的花生都在此地集中。由当地商号收买，然后评定等级。每年秋季，济南、青岛、镇江、上海、广东、烟台、威海的客商汇集于大汶口从事收买。20 世纪 20 年代初，大汶口共有经营花生收购业务的商号 80 余家。1919 年，大汶口共向北方市场输送花生 12000 吨，花生油 6200 吨，向南方市场输送花生 10500 吨，花生油 4100 吨，花生整体集散量大致相当于山东花生年产量的十分之一。② 泰安也是花生集散市场。当时大汶口、泰安的市场集散额分别占鲁中花生外销总额的 70% 和 30%。1933 年，济南市场花生集散总量达 150 万包（每包 180 斤），货源中 70% 以上来自大汶口和泰安。③

以上所述花生运销体系中，也包括花生油的交易。青岛是中国花生油

① 实业部国际贸易局编《中国实业志·山东省》，实业部国际贸易局 1934 年版，第 174（辛）页。

② ［日］青岛军政署编《山东之物产》第一编，青岛新报社 1917 年版，第 20～23、64～67 页。

③ 尹喆鼎《山东之落花生》，实业部青岛商品检验局 1934 年版，第 74 页。

榨油业生产和贸易中心。起先，日本人在青岛设立了两家花生榨油厂，后来为了清虑50万担山东土产油，又设立了许多炼油厂。① 日本花生贸易行无不经营花生油业务。1917年青岛油业组织成立，日本人借此控制花生油出口贸易。② 20世纪30年代，山东花生油厂至为发达，青岛市内即有20余家，规模宏大，但都是日本人的资产。其次是胶济铁路沿线各县，其中以潍县最盛。③

此外，胶州、高密、平度、即墨、莱阳等县的花生榨油业也十分发达，每年经由青岛出口的花生油很多。④ 莱阳水集镇在清朝就设市集，抗战前发展成为莱阳西部的交通枢纽和经济中心。其土产业主要经营花生米、花生油和粮食。莱阳全境有1700家油坊，其中三分之二在莱西。旺季每集成交花生油百万市斤，大土产商每年可经销花生油万篓，合250万市斤。每日有大批土产从水集发往青岛，转售于上海、广州、香港等地，其中花生米、花生油最受外商欢迎。⑤

由此可见，青岛花生运销体系中，胶东货直接运到青岛，花生的产地即其初级市场。济南是中心市场，济南市场的南路货在泰安和大汶口中级市场集中，河南、山东两省沿黄河各县的花生在临濮集中级市场集中，另外齐东等小清河流域所产的花生在齐东中级市场集中，北路货一般直接运到济南，产地即为其初级市场。还有日照、连云港、石岛等几个中级市场。

二、棉花产品

山东棉花经由青岛出口，开始于1907年，出口量很少，到1910年达

---

① 李文治编《中国近代农业史资料（1840—1911）》第一辑，生活·读书·新知三联书店1957年版。

② 彭望恕《青岛之落花生及其油业》，载《农商公报》第7卷第12册，1921年，著译门，第31页。

③ 黄泽苍编《山东》（分省地志），中华书局1935年版，第35页。

④ 郑千里编《烟台要览》第十三篇《工业·榨油业》，烟台要览编纂局1923年版。

⑤ 莱西县政协文史资料研究委员会编《莱西文史资料》第三辑，政协莱西县文史委1987年印行，第1～4页。

到15000担，1911年增至4万余担，1912年6万担。至此棉花成为山东重要出口土货。由青岛出口的棉花与天津棉花的去向一样，大部分运到日本。①

山东省产棉区以鲁西的临清、夏津、高唐、恩县、武城、馆陶、堂邑、清平、冠县、邱县、濮县、朝城诸县为最，鲁北利津、滨县、蒲台、沾化、乐陵诸县次之，鲁南曹县、菏泽、郓城、单县、定陶、成武、巨野又次之。1915年就各地交易量推测，鲁西年产约31万担，鲁北年产10万担左右，鲁南年产6万担左右，合计全省产额不过50万担。关于山东棉花消费量及流动情形，并没有准确的统计，仅据花栈交易情形估计，在济南集散的棉花每年大约20万担，运到天津市场的全是鲁西棉花，年约10万担，由胶济铁路沿线输出青岛者，年约11万—12万担，由津浦铁路输送到济南以南的沿线各地者，年约3万担，其余6万担由济南地方消费，其中一半约3万担为鲁丰纱厂消费。② 由此看来，山东棉花只有1/5运到天津出口。

随着棉花种植面积增加和棉种的改良，棉花的产量有了进一步的增加。20世纪20年代后期，山东美种棉花种植面积达230万亩，据德国驻济南领事调查，全省产额不下300万担，去壳轧花大约三得其一，故能制成纯棉100万担。③ 运到济南和青岛供应纺纱厂和出口的山东棉花，主要在张店棉花市场、临清棉花市场、济南中心市场集散。

张店在桓台县内，张店至博山的铁路修通之后，过往客商增多。张店棉花市场兴起于1920年后，在20世纪30年代达到极盛。这一时期小清河流域产棉区与黄河北岸滨县、蒲台等产棉县，都以张店为集散地。20世纪20年代，张店棉花集散量为13万—15万担，30年代增至20余万担。市

① 白眉初编《鲁豫晋三省志·山东省志》，北京师范大学史地系1925年版，第265～266页。

② 白眉初编《鲁豫晋三省志·山东省志》，北京师范大学史地系1925年版，第256～265页。

③ 赵琪修，袁荣叟等纂《胶澳志》卷五《食货志六·商业》，1928年铅印本。

场交易的棉花有五成来自滨县、蒲台、利津，三成来自高苑、博兴、广饶，二成来自邹平、章丘和齐东。由张店市场集散的棉花几乎全部经花行之手运到青岛，卖给当地的纱厂。①

鲁西部分如临清、馆陶、夏津、高唐、恩县、清平、武城等处所产的棉花，多先集中到临清市场，再由此转运到济南和天津。民国初年，临清棉花输出量约为400万斤（3.3万担），后来随着美棉种植的推广，在20世纪30年代初期，年输出量已达6000万斤（50万担），是当初的15倍。②

济南为商品流通的中心市场，也是省内最大的棉花集散地。棉花来源分东西两路，东路棉来自鲁北，年集散量40万担；西路棉来自鲁西和河北、河南部分产棉县，自1921年后每年平均为100万担。两路平均每年共集散棉花120万担，除了山东棉花，河北棉花占20%，河南棉花占10%。1924年，济南市场棉花交易量在70万担以上。1930年，交易量增至100万担。1934年，交易量已达160万担。③

总之，在山东棉花的运销体系中，鲁西部分如临清、馆陶、夏津、高唐、恩县、清平、武城等县的棉花多先集中于临清中级市场，然后由临清运到天津和济南中心市场。鲁北各县如滨县、蒲台、利津等处的棉花多集中于张店中级市场和济南中心市场，小清河流域齐东、章丘、高苑等县所产多集中于张店中级市场。鲁南棉花多集中于济宁、兖州市场，或者经过陇海路运到河南郑州，或者转运汉口、上海、天津，不经过济南。

三、草帽辫产品

中国草帽辫在19世纪70年代最先由烟台输出海外。1904年胶济铁路

① 金城银行总经理处天津调查分部编《山东棉业调查报告》，金城银行总经理处天津调查分部1936年版，第156～158页。

② 张自清修，张树梅、王贵笙纂《民国临清县志·经济志·商业》，1934年铅印本。

③ 金城银行总经理处天津调查分部编《山东棉业调查报告》，金城银行总经理处天津调查分部1936年版，第112～117页。

开通以后，青岛出口每年都有增加。由于德国方面出台保护奖励措施及胶济铁路开通，青岛的草帽辫出口事业发展十分迅速，很快凌驾于上海、烟台、天津三港之上。1905 年其输出额占第一位，此后更加发达，欧战前占中国出口草帽辫的八成左右。① 德国当局对草帽辫出口实行鼓励政策，给予草帽辫商人降低铁路运费的优惠，这样潍县以东、莱州以南出产的草帽辫运至青岛比运到烟台每单位可省 1 元的运费。对于运往欧洲草帽辫，德国轮船公司从 1906 年起降低运费，甚至不收青岛至上海的运费。② 1914 年因为一战爆发，草帽辫业逐渐衰落，但仍不失为中国的重要输出品。其产地以直隶、山东、河南、山西为主，以山东最多，几乎占输出总值的六成。③

沙河镇的草帽辫生产情况在烟台部分已做了说明，现在唯一的不同是沙河镇的货物不再流向烟台而是青岛。在此主要介绍观城、范县、阳信、新泰等县的草帽辫生产运销情况。

曹州府观城自清朝光绪末年便以草帽辫为输出商品大宗，胶东的商人在城内设立四五家行栈，每年收买 20 多万斤。④ 草帽辫在春、秋由陆路运到济南，夏季则由黄河船运至泺口，然后由铁路运到青岛出口。范县也是草帽辫的产地，草帽辫年销量万余斤，其中大部分由黄河民船运出。⑤

武定府阳信是鲁北和冀南地区草帽辫的集散地。当地有辫庄 20 余家，其中天津和沙河辫商在城内开设了 9 家。阳信平均每年集散草辫 4000 包（每包 23 斤），其中有 70% 运到济南，然后改装火车运到青岛出口。⑥

新泰草帽辫自清末以后便成为出口产品。辫庄、作坊在浮邱村收购、加工草帽辫，打包后以“浮邱白”商标运出。清末草辫产量十分可观。民

① 白眉初编《鲁豫晋三省志·山东省志》，北京师范大学史地系 1925 年版，第 307 页。

② 叶春墀《山东草辫调查记》，载《东方杂志》第 8 卷第 2 号，1911 年，第 22 页。

③ 白眉初编《鲁豫晋三省志·山东省志》，北京师范大学史地系 1925 年版，第 302 页。

④ 〔清〕陈养源修，〔清〕王培钦纂《光绪观城县乡土志·商务》，清光绪间抄本。

⑤ 〔清〕杨沂修，〔清〕吕维钊等纂《光绪范县乡土志·商务》，清光绪三十四年石印本。

⑥ 〔清〕陈汝玉纂《光绪阳信县乡土志·商务》，清光绪间抄本；［日］青岛军政署编《山东之物产》第二编，青岛新报社 1917 年版，第 22、26～27 页。

国初，新泰草辫逐增。1920 年，“新泰妇孺编制草辫，每年获利颇巨”，“新泰系集中产地，生产工人（作坊工人）竟达六百余，每年产量九千担”。“民国十三、十四年，草辫最盛，辫庄林立，营业极盛，同业竞买甚烈。”1938 年前，仅羊流店就开设辫庄达 29 家，年产值 30 余万元。①

20 世纪初，随着青岛草帽辫出口贸易的发展，山东逐渐形成了以青岛为终点市场的草帽辫运销体系，具体如下表所示。

表 4.4　20 世纪初以青岛为终点市场的草帽辫市场体系

产地（初级市场）	中级市场
莱州、平度、海仓、朱桥、白沙市、黄县等以沙河为中心的地区	山东莱州沙河镇
泰安、新泰、蒙阴地方	浮邱
宁阳、中庄、大壬山地方	宁阳
郯城县地方	马头镇
潍县及昌邑县地方	潍县及昌邑
阳信县地方	阳信
（胶州）王台附近、曹州朝城地方	王台
新城（桓台）县地方	新城（桓台）
寿光及清水湖附近	寿光
上家道口及许家庄、利津等黄河及小清河下游一带	广饶
青县、商家林、凤凰店、苏集、沧口、兴济地方	直隶天津兴济
开州、南乐、韩张等大名府一带地方	大名府辛庄
亳州、柘城、太康、朱桥、归德地方	河南归德府鹿邑
河南省内黄河沿岸地方	开封府惠济桥
遵化州一带地方	河北遵化州玉田

资料来源：白眉初编《鲁豫晋三省志·山东省志》，北京师范大学史地系 1925 年版，第 303 ~ 304 页。

① 中国人民政治协商会议新泰市委员会文史资料委员会编《新泰文史资料选辑》第三辑，政协新泰市文史委 1990 年印行，第 135 ~ 136 页。

四、烟叶

1904 年至 1913 年英美烟商在广泛调查了我国湖北、河南、山东、云南等 14 个省 47 个地区的气候、土壤、交通等情况后，在潍县坊子动员少数农民种植美种烤烟，并获得成功。1915 年美种烤烟由坊子沿胶济铁路传入青州。在英美烟公司优厚条件的诱惑下，当地农民争相种植。1916 年，青州境内的铁路沿线，弥河两岸都有种植，并相继扩展至临淄、临朐等地。① 烟叶初步集中地点都在胶济铁路沿线各站，黄旗堡、虾蟆屯、坊子、二十里堡、谭家坊子、潍县、杨家庄、益都（青州）、辛店等站，其尤著也。这些车站附近市集都有烟草公司的收购站。烟叶收集后，大部分运到青岛出口。②

在胶济铁路沿线的烟叶市场中，以潍县坊子市场、青州市场最为著名。潍县、安丘、临朐、昌乐、昌邑、益都、临淄的烟叶集中于潍县坊子市场，英美烟公司、南洋兄弟烟草公司在坊子设立收烟叶的场所，每年收烟叶价值数十万至百万元。③ 青州烟叶市场出现了多家经营的局面，成为山东最大的交易市场，英美烟公司，日商山东、南信，华商南洋兄弟烟草公司、益源栈等数十家烟商云集青州设庄收烟。当时，青州三大烟市的交易量占全省的三分之一。④

五、生丝、丝绸制品

山东素称产丝丰富之区，就全国而言，家蚕丝的产量仅次于江苏、浙江、广东、四川，居第五位。野蚕丝居全国首位，但是后来由于日本人在

---

① 青州市政协文史资料研究委员会编《青州市文史资料选辑》第五辑，政协青州市文史委 1987 年印行，第 123 ~ 125 页。

② 杨国安编著《中国烟叶史汇典》，光明日报出版社 2002 年版，第 994 页。

③ 赵琪修，袁荣叟等纂《胶澳志》卷五《食货志六·商业》，1928 年铅印本；《山东美种烟叶状况》，载《工商半月刊》第 4 卷第 8 期，1932 年，调查，第 23 ~ 26 页。

④ 青州市政协文史资料研究委员会编《青州市文史资料选辑》第五辑，政协青州市文史委 1987 年印行，第 125 页。

安东饲养野蚕，积极经营，辽东后来者居上。[①] 家蚕丝又称黄丝，曾经是烟台的主要出口品，胶济铁路开通后，黄丝运到青岛出口。

周村向为山东重要的蚕丝市场。据德国传教士薛田资于1902年出版的《在孔夫子的故乡》记载，周村收购的蚕丝大部分来自蒙阴、沂水、泰安、沂州、滕县、新泰、莱芜，其贸易额估计在1500万两。胶济铁路开通以后，为周村的蚕丝提供了便利的外销条件，进一步刺激了市场的繁荣。据德国人记载，1903年胶济铁路通车到周村后，青岛出口的丝和丝织品立即有了大幅度的增加，如1899年7月至1903年7月，青岛出口生丝和丝织品总价值共663000马克，但是在青岛港与周村之间的铁路修通以后，1903年下半年出口蚕丝的价值是过去数年总额的一倍多，达到1350000马克。德国人称这是在铁路通车到周村之后预料到的。[②] 青岛出口的蚕丝大都是从周村市场上收购来的。20世纪20年代中期以后，厂丝日盛，土丝日衰，机械缫丝出口每年达300余万两至400万两，青岛丝厂占其大宗。[③]

青州、临朐也是山东传统的蚕丝集散市场。青州是周临各县丝绸集散的中心，光绪末年市场绢绸的集散额不下200万匹，生丝买卖十六七万斤。[④] 在青州交易集散的蚕丝，除了部分产自当地，有相当一部分来自临朐、潍县、安丘等地。生丝销售上海占四成，周村占三四成，其余分销于当地织绸户，1913年，共输出生丝一千五六百箱。[⑤] 1917—1918年，青州经胶济铁路共向青岛等地输送蚕茧594.2吨，生丝192.6吨，绢绸3.4吨，1919年绢绸运量增加到13.7吨。[⑥] 临朐自19世纪60年代以来，就是山东

① 实业部国际贸易局编《中国实业志·山东省》，实业部国际贸易局1934年版，第55（辛）页。

② 《胶州地区发展备忘录》，1902.10—1903.10，转引自王守中、郭大松《近代山东城市变迁史》，山东教育出版社2001年版，第313页。

③ 赵琪修，袁荣叟等纂《胶澳志》卷五《食货志六·商业》，1928年铅印本。

④ 日本东亚同文书院编《中国经济全书》第五辑，线装书局2015年版，第601页。

⑤ 山东展览会报告编辑处编《山东第一次物品展览会审查报告书》第二编，山东展览会报告编辑处1915年版，第140～141页。

⑥ ［日］青岛军政署编《山东之物产》第四编，青岛新报社1917年版，第62、85、105页。

重要的蚕丝出口市场。临朐丝以前在烟台出口，自从胶济铁路开通以后，转向青岛。20世纪20年代临朐经营缫丝业的工厂，全县共有200余家，大的工厂有工人数百名，年出厂丝多至三千余箱，都由青岛发往上海出售，年销售总额四五百万元。①

潍县是鲁南生丝的集中市场。为了扩大收购蚕茧运往日本，南信洋行于1920年在潍县设点收购蚕茧，开始收购鲁南临沂一带及潍县附近的蚕茧，加工后运到青岛铃木丝厂纩丝。②

由上可见，青岛出口的蚕丝主要来自周村、临朐、青州、潍县四个中级市场。青岛本身既是产地又是终点市场。

六、以牛只为主的畜产品

牛只是青岛出口的大宗产品。牛只来源，初则取于山东省，后来远达河北大顺广彰卫怀一带以及山西泽潞一带。出口初期以1913年为最盛，亦仅24000余头，后又递减。到1915年以后，又由8000头增加到六七万头。20世纪20年代以来牛肉、牛皮、牛油三项出口值达到六七百万两。③

在青岛未开埠之前，烟台就有大量的耕牛出口贸易。不过青岛的耕牛出口规模更大。青岛牲畜及畜产品的出口以活牛、牛肉、牛皮为大宗，另外有腌猪等。起先，青岛的俄国商人为了供应住在旅顺、大连俄国人的生活需要，开辟了家畜出口贸易。④ 外国商人在济南商埠设立行栈收买，每日由各县运300余头至济南，其中200多头运到青岛出口，剩余100多头供驻济南外商消耗。⑤ 据说在欧战以前，青岛转运到国内外的家畜数量达

① 周钧英修，刘仞千纂《民国临朐续志》卷八《建置略·工厂》，1935年铅印本。

② 中国人民政治协商会议山东省潍坊市委员会文史资料研究委员会编《潍坊文史资料选辑》第八辑，政协潍坊市文史委1992年印行，第332~333页。

③ 赵琪修，袁荣叟等纂《胶澳志》卷五《食货志六·商业》，1928年铅印本。

④ 青岛市档案馆编《帝国主义与胶海关》，档案出版社1986年版，第174页。

⑤ 青岛市档案馆编《帝国主义与胶海关》，档案出版社1986年版，第457~458页。

到501000头；日本占领青岛以后，家畜贸易仍有惊人的发展，1920年仅从青岛一处出口的家畜就有52234头。牛在山东各地都有饲养繁殖，不过著名的产地是在山东西部，那里多是回民居住的地区，例如曹州、沂州、莒州、莱州一带。山东牛品质优良，其大部分来自河南、陕西、山西甚至甘肃一带，尔后在山东饲养长大。①

青岛的畜产品贸易还包括猪鬃贸易。潍县是我国猪鬃业主要产地之一。潍县制鬃业始于清朝同治末年。1897年，掖县沙河镇商贩在潍县阙庄一带收买猪鬃，并在阙庄建立小鬃厂，雇用女工，传授制鬃技术，加工整理为成品，然后卖于青岛出口商，几年时间，获得厚利。当地群众纷纷仿效，阙庄附近20余村开设猪鬃行，雇用工人从几十人到几百人，制鬃业成为以阙庄为中心的附近各村农民的主要副业。民国初年，制鬃业有了很大发展，1915年制鬃作坊大都改称鬃行。1919年有商号的鬃行增至13家，大的作坊还有20余个，从业人员2050人，年产猪鬃15万公斤。1929年后达到鼎盛时期，大小鬃行、作坊100余个，从业工人多达3500人，年产猪鬃50余万公斤。1932年，运往青岛的猪鬃成品525000公斤，每年出口总值在百万元以上。原料并非只来源于山东本省，每年从河南、河北、江苏、浙江等8省购入的乱鬃就有50余万公斤。②

七、煤炭

青岛出口的煤炭主要是胶济铁路沿线淄川、博山的煤炭，从质量可分为有烟、无烟煤两种。无烟煤火力弱，但比较持久，适于家庭使用。有烟煤火力较强，可供机器、轮船使用，价格较高，尚可输出海外。淄川煤炭被日本鲁大公司控制，运到青岛出口。青岛煤炭出口以1924、1925年为最佳，价值达460万两，1932年曾经出口118950吨，运销上海、日本、海

① 青岛市档案馆编《帝国主义与胶海关》，档案出版社1986年版，第174～175页。

② 中国人民政治协商会议潍坊市潍城区委员会学宣文史资料委员会编《潍城文史资料》第十二辑，政协潍坊市潍城区文史委1997年印行，第75～77页。

州、福建等处。而且因为山东博山煤质硬，不会发生自燃现象，所以经过赤道的船只都来青岛装煤。①

第四节 主要进口品的销售地

在胶济铁路修建后，依靠便捷的交通优势，青岛的洋货很快占领了原属于烟台港的胶济沿线地区。例如1905年由青岛经铁路运入胶州及其附近地区的棉纱、棉布分别为3076担和4921匹，运入潍县及其附近地区的棉布403321匹，棉纱71567担，运入济南及其附近地区的棉布251483匹，棉纱7670担。② 清末山东各县乡土志大都编写于1905—1910年之间，这时，胶济铁路刚刚开通，通过进口货物的流向可以看出对该地区有重要影响的港口。

表4.5 清末乡土志等所记载的各县洋货来源

府别	各县洋货来源	来源港
莱州府	平度每年经由即墨从青岛转购棉纱万余件，以及大宗火柴、南纸、糖、火油等商品③ 掖县经由沙河转购青岛棉纱、棉布，从烟台运来砂糖、海产品和其他杂货④ 高密为诸城、莒县、安丘一带的商品集散地，高密自青岛输入棉纱5000包，煤油1万箱，呢绒、杂布等零星洋货⑤	青岛

① 赵琪修，袁荣叟等纂《胶澳志》卷五《食货志六·商业》，1928年铅印本；佚名编《山东各县乡土志》卷三《淄川县》，民国铅印本。

② 交通部烟台港务管理局编《近代山东沿海通商口岸贸易统计资料（1859—1949）》，对外贸易教育出版社1986年版，第143页。

③ 〔清〕张世卿修，〔清〕王菘翰纂《光绪平度州乡土志》卷十五《商务》，清光绪三十四年刻本。

④ 〔日〕吉田丰次郎《山东视察报告文集》，大连关东都督府民政部1913年版，第162~163页。

⑤ 〔清〕王梦松修，〔清〕傅骏声、〔清〕张沛恩纂《光绪高密县乡土志·商务》，清宣统元年石印本。

（续表）

府别	各县洋货来源	来源港
青州府	临朐洋布、洋绸、洋线等自潍县运来，销行北关、冶源、五井等地① 诸城每年由青岛胶州陆运洋线 2000 余件，洋油 9 万余箱，还从胶州运入茶叶、洋布、洋杂货、红白糖、纸张等大宗货物，每年价值约 40 万两② 临淄每年洋线价值 36000 两，煤油 35000 两，纸张 6500 两，火柴 5000 两，均由青岛运来③	青岛
泰安府	泰安绸缎、洋布、洋货等物有自济南与周村运售，有自潍县等运售④ 肥城每年经济南从潍县、周村、青岛购入洋布、洋油、火柴、绸缎等货物，大约 5 万两⑤ 平阴经黄河从泺口输入洋货、布匹、铁器等杂货，价值四万余两⑥ 东平自镇江、清江、上海购入煤油、火柴、棉纱、糖等，价值数万两⑦	青岛、镇江、上海
济南府（西部）	乐陵每年从天津运来煤油约 3000 箱，洋线、洋布等价值七八千两，火柴约三四千两⑧ 陵县每年从济南及邻近州县购入洋布、绸缎、洋线等物，约值 2000 余金⑨ 德州从天津输入煤 1300 吨，转销邻县 500 吨，洋油 16 万箱，转销山东内地 15 万箱，洋布 900 匹，转销邻县 500 匹，洋线 1200 件，转销山东内地 900 件，杂货货值 5800 两，洋纸价值 500 两⑩	天津

① 〔清〕高居广纂《光绪临朐县乡土志·商务》，清光绪三十四年抄本。

② 〔清〕陈观圻修，〔清〕王熙昭等纂《光绪诸城县乡土志》卷下《商务》，清光绪三十三年铜印版本。

③ 〔清〕郑斗南修，〔清〕边风岐纂《光绪临淄县乡土志·商务》，清光绪三十四年纂抄本。

④ 〔清〕杨承泽编《光绪泰安县乡土志·商务》，清光绪三十三年铅印本。

⑤ 〔清〕钟树森修，〔清〕李传煦纂《光绪肥城县乡土志》卷九《商务》，清光绪三十四年石印本。

⑥ 〔清〕黄笃瓒修，〔清〕朱焯纂《光绪平阴县乡土志·商务》，清光绪三十三年铅印本。

⑦ 〔清〕王鸿瑞修，〔清〕杜桂林等纂《光绪东平州乡土志·商务》，清光绪三十三年石印本。

⑧ 〔清〕徐寿彭修，〔清〕李毓珂、〔清〕郑秉钰纂《宣统乐陵县乡土志》卷六《商务》，清宣统元年石印本。

⑨ 〔清〕钱应显修，〔清〕邢宝英纂《光绪陵县乡土志·商务》，清光绪三十三年刻本。

⑩ 〔清〕冯翥纂《光绪德州乡土志·商务》，清光绪抄本。

（续表）

府别	各县洋货来源	来源港
兖州府	宁阳自滕县购入棉纱价值 1 万两，另外自周村转购洋布货值 2 万两① 滕县向本地及宁阳等处销售洋线每年约 6000 余件②	镇江（上海）
东昌府	恩县自济南、周村、潍县输入洋线、洋布、药材、五谷等货物③ 寿张从济南、周村等地输入洋布、洋纱、洋缎，价值 4 万余两④ 博平货物主要来自临清、济南，从临清经运河输入的货物主要有洋纱、洋布、绸缎、糖、纸张⑤ 堂邑所需洋广杂货，从天津、济南、潍县、临清等地输入⑥ 聊城自上海、天津输入煤油、火柴、红白糖、纸张等货。南来货物在河道淤塞后，多采取水陆接运的方式运入⑦ 冠县从天津由水路运入煤油、布匹⑧ 馆陶洋棉、洋布、茶叶等由商人从临清购入，洋油、纸张等货由天津水运输入⑨ 高唐洋布、洋绸、洋纱、洋油、火柴、红白糖等由天津、济南运至。自青岛铁路通车后，皆由青岛或周村运入⑩	天津、上海、济南
临清州	武城花生、棉花运到天津，从天津购入大批棉布、纸张、红白糖⑪	天津

① 〔清〕曹倜修，〔清〕李椿龄纂《光绪宁阳县乡土志·商务》，清光绪三十三年石印本。

② 〔清〕高熙喆编《光绪滕县乡土志·商务》，清光绪三十三年石印本。

③ 〔清〕汪鸿孙修，〔清〕刘儒臣等纂《光绪恩县乡土志·商务》，清光绪三十四年抄本。

④ 〔清〕崔光煦修，〔清〕孙育德纂《光绪寿张县乡土志·商务》，清光绪三十三年抄本。

⑤ 〔清〕姚先浚纂《光绪博平县乡土志·商务》，清光绪三十二年抄本。

⑥ 〔清〕佚名编《光绪堂邑县乡土志·商务》，清光绪抄本。

⑦ 〔清〕向植纂修《光绪聊城县乡土志·商务》，清光绪三十四年石印本。

⑧ 〔清〕佚名编《光绪冠县乡土志·商务》，清抄本。

⑨ 〔清〕宋金镜、〔清〕熊廷献等辑《光绪馆陶县乡土志》卷八《商务》，清光绪三十四年铅印本。

⑩ 〔清〕周家齐纂修《光绪高唐州乡土志·商务》，清光绪三十二年刻本。

⑪ 〔清〕萨承钰修，〔清〕苏再勋纂《光绪武城县乡土志略·商务》，清光绪二十六年抄本。

（续表）

府别	各县洋货来源	来源港
济宁州	济宁从镇江输入洋广杂货，棉纱 100 余万斤，洋布七八万匹，火柴 1000 余箱，煤油四五千箱，糖三四十万斤，纸三四千捆①	镇江
沂州府	山东的东南部特别是沂州地区，依靠青口、海州两港供给货物。棉纱、棉织品、糖等由镇江经过运河和清江浦运到海州和青口，再由陆路和水路运到目的地②	镇江

由上表可见，青州府、莱州府、济南府东部黄河沿岸地区，基本上是烟台、青岛的洋货销售市场；临清州、济南府西部地区被天津港的洋货占领，济宁州、兖州府和沂州府由镇江（上海）进口洋货；东昌府、泰安府受到天津、镇江（上海）、青岛的共同影响。这时的山东省还没有一个中心市场，济南的地位甚至在周村和潍县之下。青岛港的发展空间在西部。

潍县、周村、济南是铁路沿线最初的洋货销售市场。后来小清河流域各县也很快从胶济铁路附近车站进货，成为胶济铁路系统的一部分。③ 下面是几个洋货销售市场的概况。

一、潍县市场

胶济铁路通车以后，潍县正好处在济南、青岛两地的中间，贸易也以青岛、济南为输出和输入市场。1906 年潍县自行开埠，商业更加兴盛。青州府、沂州府、泰安府部分地区的土货如土布、茧绸、草帽辫、花生、烟草、畜产品等，往往先集中在潍县，然后才能运往通商口岸。同样，通商口岸的货物也运到潍县，然后分到各个小的市场。据 1906 年统计，潍县从

① 〔清〕王赓廷修，〔清〕邓际昌纂《光绪济宁州乡土志·商务》，清光绪三十一年石印本。

② 烟台港务局档案馆藏《光绪二十五年胶州口华洋贸易情形论略》。

③ 佚名编《山东各县乡土志》卷三《广饶县》，民国铅印本。

烟台、青岛输入的棉纱价值200万两，布匹价值150万两，这些棉纱、布匹由15家洋布庄分销到沂州、莒州、泰安、临朐、蒲台、泗水等地。①

潍县及其周围的地区是山东近代手工业和农业的重要地区，产品主要有土布、草帽辫、刺绣、猪鬃、烟叶、花生等。民国初年，随着铁路货运比重的不断上升，越来越多的花生、烟草、猪鬃、绣货从潍县车站运出。第一次世界大战后，潍县成为全省最大的烟草、绣货、猪鬃的集散地。1928—1931年潍县境内五处货运车站，平均每年自青岛输入棉纱等货物116729吨，输出猪鬃、花生、烟叶等货物77272吨。② 手工业与新兴产业的发展为市场集散贸易提供了基础，据1932年潍县税局和县商会两方面的报告，全县大小商号不下3000家，市场交易额总值不下4000万元。③

二、周村市场

胶济铁路修到周村后，从青岛入口的棉纱、棉布等货物也不少。据日本人调查，1905年日本输入周村的棉布、棉纱价值达到200万两，其余杂货总值也在30万两内外。④ 民国初期，周村每年从铁路运出羊毛135万斤，占集散总量的90%，运出牛皮10万斤，棉花200万斤。第一次世界大战期间，周村每年向青岛输送棉花2万担，牛皮10万斤，羊毛150万斤，黄丝3500担，输送量在青岛相应项目的出口中占很大的比重，如棉花占29%，黄丝占72%。⑤ 1916年，“护国军”占领周村，对工商业户大肆

---

① 日本外务省编《清国事情》，1907年，第287页，转引自庄维民《近代山东市场经济的变迁》，中华书局2000年版。

② 胶济铁路管理局车务处编《胶济铁路经济调查报告·潍县》，文华印刷社1934年版。

③ 胶济铁路管理局车务处编《胶济铁路经济调查报告·潍县》，文华印刷社1934年版。

④ 李文治编《中国近代农业史资料（1840—1911）》第一辑，生活·读书·新知三联书店1957年版，第483页。

⑤ ［日］青岛守备军铁道部编《周村事情》，1917年，第26、8页，转引自庄维民《近代山东市场经济的变迁》，中华书局2000年版。

勒索，工商业损失惨重。洋货、洋布各庄移于省城者200余家，殷实商户纷纷外迁。市场贸易大减，市面只靠丝业和织业维持。[①] 20世纪20年代后，周村逐渐复苏，丝绸业再度繁荣。30年代初，周村仍然是鲁北地区的商业中心，输出货物以棉花、花生、鸡蛋、布匹等为大宗，主要来源于利津、滨县、蒲台、惠民等地，年输出12835吨；输入货物以煤油、面粉、糖、烟叶、木材、纸烟、火柴、布匹、纸张等为大宗，年输入15435吨，其中70%的货物在青岛采购，10%的货物在济南采购，之后再转销到高苑、博兴、桓台、广饶、邹平、齐东、青城、滨县、蒲台、利津等县。[②]

三、济南市场

1904年胶济铁路通车后，济南与青岛联系更为密切。1905年，济南经青岛输入的货物超过200万两，其中棉布73万两，五金48万余两，棉纱20万两，火柴11万两，包括煤油、砂糖、染料在内的各类杂货50万两。[③]商埠设立后，烟台、青岛的洋行纷纷到济南经营与口岸贸易有关的土洋货输出输入业务。民国初年商埠洋商发展到25家。与此同时，经营土产贸易的行栈商人资本也开始在棉花、粮食、畜产品等行业崭露头角。这一时期，济南市场的年贸易额约达1200万两，其中输入占700万两，输出占500万两。[④] 每年自青岛、烟台输入的洋货增多，其中棉纱300万两，布匹85万两，糖137万两，火柴120万两，煤油12万箱，棉纱的输入额约占青岛进口额的1/3。济南作为通商口岸的货源地，主要土货的年交易量也很大。其每年向青岛输出花生70万担，占山东花生出口量的35%，棉花3万担，草帽辫6万担，牛皮200万张，牛油5000担，黑枣8万包，红枣

---

① 林传甲《青岛游记》，载《地学杂志》第9卷第1期，1918年。

② 胶济铁路管理局车务处编《胶济铁路经济调查报告·长山县》，文华印刷社1934年版。

③ 日本外务省编《清国事清》，1907年，第285～286页，转引自庄维民《近代山东市场经济的变迁》，中华书局2000年版。

④ 《济南之商工业》，载《中华实业界》第2卷第5期，1915年，第22页。

300 万斤。①

第一次世界大战以后，济南市场的集散水平大大超过了潍县、周村，贸易量居山东内地市场的首位。山东西部及山西、河南等省之土货，先集中到济南，再运到通商口岸，所以济南成为鲁、晋、豫三省出口土货集中市场。洋货输入华北内地，先集中于青岛，然后运到济南，济南成为中部洋货集散的商埠。1918 年济南市场的商品集散总额已达 1 亿元。这一年，济南与口岸市场的贸易额达 6000 万元，其中自青岛、烟台、天津、上海输入的主要商品货值为棉纱 1500 万元，棉布 700 万元，砂糖 600 万元，卷烟 590 万元，金属 400 万元，这些商品除了部分在济南及其周边地区销售，大部分运到附近各县。济南市场的花生集散量为 2 万余吨，其中 30% 来自齐东，60% 来自大汶口，10% 来自河南；集散的花生约有 55% 运到青岛，35% 运到浦口。济南市场牛皮的集散总量为 40 万张，货源主要包括济宁 15 万张，潍县 7 万张，徐州 7 万张，临清和德州 8 万张，从青岛、龙口、天津出口。② 1918—1927 年间，济南市场的商业金融中心转向商埠，占市场首要地位的已不再是传统的国药、杂货、绸布、鞋帽、银钱五大行，而是土货输出业和洋货批发业。1924 年，济南市场贸易总额达到 18618 万元，其中输出 7731 万元，输入 10887 万元；1927 年，商品贸易总额为 23087 万元，输出 8797 万，输入 14290 万。③

济南市场包括三部分，除了济南，还有泺口、黄台桥两个转运河码头市场。泺口是山东、陕西、山西、河南、直隶等省贸易的要冲，是当时黄河沿岸的第一码头。除了秋季河水泛滥无法通行，泺口自冬至夏，通行无阻。从下游来的是利津、蒲台的食盐，南方的纸、茶叶、烟草等其他杂

---

① ［日］吉田丰次郎《山东视察报告文集》，大连关东都督府民政部 1913 年版，第 240 页；［日］田原天南《胶州湾》，大连满洲日日新闻社 1914 年版，第 101 页。

② ［日］冈伊太郎、［日］小西元藏编《山东经济事情——済南を主として》，1919 年版，第 373 ~ 376 页。

③ 孙宝生编《历城县乡土调查录》，1928 年铅印本；周传铭《济南快览·商业》，世界书局 1927 年版。

货；从上游来的是山西的铁，河南的桐油、药材等。通常黄河上游河南、山西等省运销山东或经由山东出口的货物，一般在泺口登陆，运到济南。1906 年泺口与黄台桥的铁路支线修通，使黄河流域和小清河联系起来，黄河沿岸的货物可以经由小清河和胶济铁路运到东部港口。如河南的豆子经过黄河水运泺口，然后在泺口上火车运到胶济铁路沿线，供应榨油作坊。1909 年，由泺口经胶济铁路运到潍县蛤蟆屯的豆子达到 1 万吨。[①] 1918 年前后，泺口的货物中转量达到 100 万担，其中由泺口集散的洋货包括棉纱 5000 担，棉布 6000 担，煤油 3 万担，火柴 2500 箱，砂糖 12000 担，纸 15000 担。[②] 20 世纪 20 年代，中转贸易主要以煤油和粮食两种最盛，黄河帆船所运之粮食、土产由此卸船，转运济南或改装津浦车，煤油、煤炭、杂货、棉纱、布匹、面粉等由此装船分销各处。1932 年由黄河船运泺口的大宗货物，货值 915 万元；由该地装黄河船运出的煤油达 19 万箱、面粉 15 万袋，另外有大宗的烟、棉纱、布匹和杂货，总货值 443 万元。[③]

黄台桥离济南城、泺口很近，是小清河上游最大的码头，位于小清河、津浦路、胶济路交汇点。黄台桥是小清河贸易的转运站，与济南和羊角沟的关系最为密切。运出的货物以洋货棉纱、煤油等为主，主要销到小清河沿岸各县；运入的货物主要是小清河沿岸的粮食、食盐、棉花、花生、豆制品和东三省运来的木材。[④]

济南市场的进口商品主要来自青岛，出口商品也主要从青岛出口。这可以从胶济铁路和津浦铁路在济南的八个火车站的主要货物来源和走向中得知。

---

① 彭泽益编《中国近代手工业史资料（1840—1949）》第二卷，生活·读书·新知三联书店 1957 年版，第 347 页。

② ［日］冈伊太郎、［日］小西元藏编《山东经济事情——济南を主として》，1919 年版，第 373～376 页。

③ 胶济铁路管理局车务处编《胶济铁路经济调查报告》分编六《济南》，文华印刷社 1934 年版。

④ 佚名编《山东各县乡土志》卷二《济南市》，民国铅印本。

表4.6　20世纪30年代济南车站进出物资统计

车站	输入品			输出品			备注
	种类	数量	来源	种类	数量	去向	
津浦泺口站	煤油	400 吨	济南、天津	乌枣	2400 吨	浦口、上海	输出货物以小麦、黄豆、黑枣为大宗；输入品以煤炭和煤油两项为主
				黄豆	4200 吨	泰安、蒙阴	
济南站	糖类	2500 吨	青岛	棉花	3120 吨	青岛	济南市也生产棉纱、火柴、烟卷等产品
	棉纱	2500 吨	本市、青岛	花生	31650 吨	青岛	
	火柴	2 万吨	本市、青岛				
	煤油	7000 吨	青岛				
	烟卷	2000 吨	本市、青岛				
	纸类	1600 吨	本市、青岛				
	煤油	790 吨	天津				
	纸张	500 吨	天津				
	五金	1000 吨	天津				
	烟卷	300 吨	天津				
	糖	600 斤	上海				
黄台桥站							该站为运盐的车站
白马山站							货运量与客运量极少
胶济黄台站	乔木	225 吨	青岛	花生	1917 吨	青岛	
	煤油	3560 吨		棉花籽	11331 吨	青岛	
				乌枣	900 吨	上海	
				花生米	1665 吨	青岛	

（续表）

车站	输入品			输出品			备注
	种类	数量	来源	种类	数量	去向	
黄台桥站							该站货物不多，统计并于黄台站
北关站							以客运为主
济南站	棉纱	10589 吨	青岛	棉花	55430 吨	青岛	
	棉布	18507 匹	潍县	花生米	79256 吨	青岛	
	糖类	22441 吨	青岛	花生油	4786 吨	青岛	
	烟卷	8239 吨	青岛	大豆	6605 吨	青岛	
	纸张	8012 吨	青岛	麻	954 吨	青岛	
	面粉	215 袋	青岛	麻子油	159 吨	青岛	
	机油	700 吨	青岛	枣	7854 吨	青岛	
	柴油	400 吨	青岛	草帽辫	409 吨	青岛、上海	
	火柴及原料	10498 吨	青岛	牛皮	30 吨	青岛	
	木料	14021 吨	青岛	牛骨	795 吨	青岛	
	海带	7143 吨	青岛	骨粉	1620 吨	青岛	
	麻袋	1501 吨	青岛	羊毛猪毛	135 吨	青岛	
	染料	1460 吨	青岛	牛只	5443 头	青岛	

资料来源：佚名编《山东各县乡土志》卷二《济南市》，民国铅印本。

自胶济铁路和津浦铁路修通以后，济南的洋货输入和土货输出主要依靠铁路。综合 20 世纪 30 年代初期济南的八个车站的进出情况，济南与青岛、天津、上海三个港口有密切的贸易联系，但是济南市场出口的土货和销售的洋货主要来自青岛，天津和上海的进出口货物只占少部分。因此可以说济南是青岛港在山东西部的集散中心。

以青岛、潍县、周村、济南为中心的胶济铁路沿线地区是青岛港货物集散的核心地区。20 世纪 30 年代这一地区的经济有了进一步的发展，与青岛港的联系更为密切。

第五节　青岛港市场网络和腹地范围变迁

德国人在撰写 1904 年的胶州发展报告时曾不无感慨地提到青岛的兴旺与发展离不开两个重要的前提：其一是现代化的、规模宏大的港口设施对海运事业的促进，其二是对辽阔的内地销售市场，特别是通过铁路对内地重要经济区的开发。① 的确如此，青岛的兴旺发达得益于青岛港与胶济铁路。胶济铁路以及后来的津浦铁路使沿线的各大市场连为一体，形成了强大的物流集散体系。青岛港的腹地范围也因此膨胀。

烟台港腹地范围是由大变小，而青岛港的腹地是不断扩展的。要确定青岛的腹地，不仅需要对进口品的销售地和出口品的来源地进行叠加，还需要确定合适的具有代表意义的时间。我们首先分析当时的经济形势。1929 年经济危机爆发后，西方各国纷纷高筑贸易壁垒，限制外国商品的进口。这严重影响了依靠出口贸易的山东工农业。例如山东生丝产地益都、临朐，贸易额曾经超过 1000 万元的丝绸业、发网业在 1933 年日渐衰落。② 1933 年，省会济南由于受到经济恐慌的影响，工商业也开始衰败，营业总值远不如前。③ 由此看来，1933 年左右山东工农业经济在达到了巅峰后开始衰退，所以选择 20 世纪 30 年代初期的青岛腹地范围能够代表青岛港贸易极盛时期的腹地。《中国实业志·山东省》刊于 1934 年，其各县进出口商品调查资料是 1932 年以前的统计，而且在 1932 年青岛贸易额达到顶峰，

---

① 《胶州地区发展备忘录》，1903. 10—1904. 10，转引自王守中、郭大松《近代山东城市变迁史》，山东教育出版社 2001 年版，第 192 页。

② 佚名编《山东各县乡土志》卷三《临朐县》《益都县》，民国铅印本。

③ 佚名编《山东各县乡土志》卷二《济南市》，民国铅印本。

所以本书依靠《中国实业志》各县进出口商品表来确定青岛腹地的最大范围。从表中也可以看出青岛、潍县、周村、济南等市场的集散作用，这正好照应了前面关于主要出口土货来源地与进口洋货销售地的研究。也说明我们的选择是正确的。

我们首先来看进口品销售地和出口品来源地叠加的结果。

表4.7 1904—1937年以青岛为终点市场的主要出口土货的市场体系

出口品种类	中心、中级市场
花生	济南、大汶口、泰安、齐东、临濮集、日照、石岛、金家口、连云港
棉花	临清（棉花集散量的一部分）、济南、张店
草帽辫	山东莱州沙河镇、泰安浮邱镇、宁阳、郯城马头镇、潍县、昌邑、胶县王台、阳信、桓台、寿光、广饶，直隶天津兴济、大名府辛庄，河南归德府鹿邑、开封府惠济桥，河北遵化州玉田
烟叶	潍县坊子，临淄辛店，青州益都谭家坊、杨家庄
丝、丝绸	青州、临朐、潍县、周村
牛等畜产品	济南、潍县
煤炭	淄川、博山

表4.8 1904—1937年以青岛为终点市场的进口品运销市场体系

进口品种类	中级市场	初级市场
棉纱、棉布、煤油、火柴、糖、纸、五金、染料等	青岛	胶县、即墨、高密、平度、诸城等地区
	潍县	原青州府和沂州府、泰安府的部分地区
	周村	高苑、博兴、桓台、广饶、邹平、齐东、青城、滨县、蒲台、利津等县
	济南	待定

说明：青岛港腹地扩张主要表现在济南集散市场辐射范围的扩大，本表也用1932年各县进出货物表来确定。

将以上两表叠加可见，除了济南市场辐射部分，青岛港腹地主要在山东北部胶济铁路沿线及其附近地区。下面将运用几个地区的1932年各县货物进出表来更加微观地确定济南市场腹地范围，从而确定1932年青岛港的腹地。

一、青岛、潍县、周村为中心的胶济铁路沿线地区

胶济铁路沿线地区对青岛港的影响最为重大，这一地区不但有大量的原料出口，工艺品贸易也非常发达。早期，潍县、周村、青岛是这一地区的集散中心。20世纪二三十年代，随着各地经济的发展，各县与青岛的直接联系增强，跨越了原来的集散中心。但是潍县、周村仍然有一定的集散作用，而且这些集散中心的内部经济逐渐发生了变化，土特产行栈势力减弱，生产制造行业发达。可见，这些集散中心逐渐发展成为制造业的中心。下表各县进出口货物概况和前面各市场内部工业发展充分说明了这种重要变化。

表4.9　1932年以青岛、潍县、周村为中心的胶济铁路沿线各县货物运销概况

县别	进口品			出口品			备注
	种类	数量	来源	种类	数量	销路	
平度	棉纱	2000件	青岛	花生油	10万斤	青岛	原隶属莱州府
	洋油	20万筒	青岛	花生米	303898斤	青岛	
	红白糖	30万斤	青岛	草帽辫	1000万块	青岛、掖县	
	纸张	170万刀	青岛				
	布匹	62500匹	青岛				
	铁器	34万斤	青岛				
	茶叶	1.8万斤	青岛				
	火柴	204万包	青岛				

（续表）

县别	进口品			出口品			备注
	种类	数量	来源	种类	数量	销路	
昌邑	柞蚕丝	12000 斤	莒县、日照、诸城	柞丝绸	1300 匹	青岛、济南上海	原隶属莱州府
	棉纱	25000 件	青岛	花生仁	450 包	青岛	
胶县	煤炭	750 万斤	博山	花生	500 万斤	青岛	原隶属莱州府
	洋油	8000 箱	青岛	花生油	30 万斤	上海及东西洋	
	纸张	5000 件	青岛	豆油	20 万斤	上海	
	纱线	8000 件	青岛	豆饼	1.3 万斤	青岛	
				耕牛	480 头	青岛	
高密	棉纱	1000 件	青岛	大豆	3000 石	青岛	原隶属莱州府
	糖类	2.5 万斤	青岛	瓜子	200 石	青岛	
	纸张	3 万块	青岛	豆油	20 万斤	青岛	
	布类	8000 匹	青岛	花生米	25000 斤	青岛	
即墨	煤油	15000 箱	欧美	牛	500 头	东西洋	原隶属莱州府
	铁器	2 万斤	青岛、山西	土布	2 万元	莱阳、海阳	
	布	20 万元	本省、杭州	煤油	5000 箱	莱阳、海阳	
	烟	340 箱	本国、英国	铁器	10 万斤	莱阳、海阳	
				烟	200 箱	莱阳、海阳	
				山果	5000 元	青岛	
				花生	6 万斤	欧美	
昌乐	煤油	4 万桶	英美	牛	1000 头	日本	原隶属青州府
	卷烟	100 万盒	英美	花生	55 万斤	日本	
	毛麻织品	1500 匹	日本	鸡蛋	200 万个	日本	
	染料	1200 斤	日本	蚕茧	10 万斤	日本	
	洋线	2 万块	日本	豆油	4 万斤	日本	

（续表）

县别	进口品			出口品			备注
	种类	数量	来源	种类	数量	销路	
益都	纸张	100 件	青岛	生丝	200 箱	上海	原隶属青州府
	纸烟	2000 件	青岛	山果	60 车	青岛	
	洋油	5 万箱	青岛				
	铁货	30 车	青岛				
临淄	洋线	800 件	青岛	烟叶	9000 车	青岛	原隶属青州府
	洋油	750 吨	青岛	花边	3 万打	烟台	
	糖	1700 包	青岛	花生	12000 斤		
	布匹	800 匹	青岛	蚕茧	5 万斤		
	洋火	180 吨	青岛	鸡蛋	10 万个		
	纸张	500 捆	济南				
	洋面	120 吨	青岛、济南				
	烟卷	1000 箱	青岛、济南				
	洋铁	150 吨	青岛				
	海带	300 吨	青岛				
	肥田粉	45 吨	青岛				
广饶	洋线	2000 件	青岛	花生	200 担		外来货物多来自青岛、济南，青岛货物由铁路运至辛店站，再用大车便运；济南货物由小清河输入①
	红白糖	2100 包		烟叶	45 万斤		
	纸张	1100 件		豆油	275000 斤		
	洋布	2500 匹		花衣	1800 担		
	绸缎	400 匹					
	药品	500 箱					
	广货	300 箱					

① 佚名编《山东各县乡土志》卷三《广饶县》，民国铅印本。

（续表）

县别	进口品			出口品			备注
	种类	数量	来源	种类	数量	销路	
寿光	洋布	46800 匹	英日	豆类	30 万担	青岛	杂货多来自济南、青岛，济南来货由小清河运入，青岛货物由火车运入①
	红白糖	324000 斤	英日	烟叶	10 万担	青岛	
	纸张	8000 刀	日本	花生	2 万担	青岛	
	煤油	25000 箱	英美	棉花	300 担	青岛	
	纸烟	1500 箱	英美	花生油	80 万斤	青岛	
	颜料	9960 斤	英德	豆油	200 万斤	青岛	
临朐	煤	2 万吨	博山、潍县	篓纸	1600 块	青岛、济南、潍县	原隶属青州府
	面粉	7000 袋	潍县、青岛、济南	丝	3000 箱	上海	
	煤油	15 万箱	潍县、周村、青岛、济南	豆油	4000 篓	青岛	
	布匹	20 万匹	潍县、青州	烟草	2600 万磅	上海	
安丘	洋油	12000 筒	青岛	豆饼	9 万斤	青岛	原隶属青州府
	洋线	8000 件	青岛	豆油	9 万斤	青岛	
	洋火	5000 箱	青岛	花生油	9 万斤	青岛	
	洋布	1000 匹	青岛	烟叶	160 万斤	青岛	
	纸张	50 万刀	青岛	花生	1185000 斤	青岛	
	糖	8 万斤	青岛				
潍县	棉纱	27000 件	青岛	烟叶	1500 万斤	多由日英南洋设厂收买	原隶属青州府
	糖	24000 包	青岛	绣货	50 万件	河南、安徽、山西	

① 佚名编《山东各县乡土志·寿光县》，民国铅印本。

（续表）

县别	进口品			出口品			备注
	种类	数量	来源	种类	数量	销路	
	香烟	2000 箱	青岛、上海	猪鬃	50 万斤	青岛、天津、上海	
	猪鬃	50 万斤	邻县				
	颜料	200 万元	青岛				
	杂货	500 万元	青岛等				
诸城	洋线	1000 件	青岛	花生	30 万磅	上海	原属青州府
	洋油	5000 筒	青岛	山茧	500 万个	浙江	
	洋火	5000 箱	青岛	豆饼	5 万枚	江苏	
	皮鞋	500 双	青岛	花生油	1000 车	江苏	
	礼帽	4000 顶	青岛				
博兴	火柴	5700 箱	周村	棉花	72 万斤	益都、博山	原属青州府
	纸张	160200 刀	周村	小麦	930 万斤	济南	
	糖	36 万担	周村	稻米	14400 斤	济南	
	铁器	36 万件	周村	大麻	24000 斤	济南、临朐	
	洋布	204000 丈	周村				
	石油	6 万筒	济南				
高苑	海产品	15000 斤	日本	棉花	46875 担	青岛	原属青州府
	煤油	78000 斤	英美俄	牛	1000 头	青岛	
	染料	1500 斤	日本	鸡蛋	3000 百枚	青岛	
	布	1420 匹	周村				
	面粉	3 万袋	济南				
博山	布匹	26087 尺	周村、济南	石灰	30 万斤	青岛、济南	原属青州府
	花生米	1 万担	青岛、济南	煤炭	48 万吨	全国内	
	花生油	5 万斤	莱芜、新泰				

（续表）

县别	进口品			出口品			备注
	种类	数量	来源	种类	数量	销路	
	面粉	5 万袋	青岛、济南				
	煤油	4000 筒	青岛				
蒙阴	洋布	1000 匹	周村	花生油	20 万斤	青口、博山	原属沂州府
	洋油	1000 箱	博山	丝	3 万斤	周村	
	洋火	1000 包	博山	烟草	20 万斤	青口	
	铁器	5000 斤	博山	棉花	5 万斤	青岛	
	红白糖	1000 包	博山				
沂水	洋布	1 万匹	潍县	花生米	40 万斤	青岛	原属沂州府
	洋线	200 件	潍县	花生油	7000 篓	青岛	
	花尖纸	8000 块	潍县	黄丝	2000 块	周村	
	糖	5000 包	潍县	羊毛	15000 斤	周村	
	茶叶	2000 联	安徽	猪毛	2 万斤	周村	
	洋火	1000 箱	青岛	烟叶	20 万斤	周村	
	洋油	5000 箱	青岛	山果	9000 元	日照	
	盐	200 万斤	日照				
	化妆品	1 万元	青岛				
	染料	5000 桶	潍县				
邹平	面粉	500 袋	济南	蚕茧	5000 斤	济南、周村	原属济南府
	药材	1500 斤	济南	丝	30 捆	济南、周村	
	食盐	2 万斤	济南	棉花	4.7 万担	周村	
	花生油	1.9 万斤	济南	土绸	6000 尺	周村	
	粗洋布	200 匹	周村	土布	400 匹	周村	
淄川	煤油	6000 箱	青岛	煤炭	4.5 万吨	青岛、济南	原属济南府
	布匹	1.5 万匹	潍县				

（续表）

县别	进口品			出口品			备注
	种类	数量	来源	种类	数量	销路	
	红白糖	900 包	青岛				
	火柴	1200 箱	青岛				
新泰	布匹	42 万丈	博山、济南	生丝	2.5 万斤	泰安、博山	原属泰安府
	煤油	5.4 万筒	博山、济南	花生油	32.5 万斤	泰安、博山	
	火柴	1440 箱	博山、济南	花生米	150 万斤	泰安、博山	
	纸烟	32.4 万大盒	博山、济南				
	红白糖	14.4 万斤	博山、济南				
	铁货	21.6 万斤	博山、济南				
	洋线	450 件	博山、济南				
莱芜	煤油	4 万筒	泰安、博山	干茧	14 万斤	泰安转运上海	原属泰安府
	洋线	3500 件	济南、博山	丝	3 万斤	上海、周村	
	洋火	4000 箱	博山	花生	2000 万斤	博山转运青岛	
	洋布	4 万匹	周村				
	茶叶	4.5 万包	泰安、博山				

资料来源：实业部国际贸易局编《中国实业志·山东省》，实业部国际贸易局 1934 年版，第 151（乙）~157（乙）、169（乙）~170（乙）、195（乙）~201（乙）页。部分数据有补充。

由上表可见，胶济铁路沿线地区的进出口货物都通过青岛。青岛通过济南、周村、博山、潍县等市场辐射到鲁中山地莱芜、新泰、蒙阴、沂水等县，以及小清河流域各县。

二、济南市场辐射区

在胶济铁路修筑以前，鲁西北受天津的影响，进出口货物以天津为依归。济南的贸易为天津人控制，各种商业组织和商店，都与天津贸易圈有着密切的联系。后来德国人占领青岛，并修建了一个附带铁路的港口，情况发生了变化。上海、烟台、青岛商人来到济南，对济南产生了直接且有力的影响。随着大运河的停运，天津商人对山东的控制松弛，新的上海势力把越来越多的贸易引入济南。德国也把济南作为扩展贸易的前沿阵地。①

1904 年胶济铁路通车，1906 年济南开埠，1912 年津浦铁路全线通车，再加上黄河、小清河畅通的水道交通，这都加快了济南的发展与市场转型。此时与济南联络的重要市场省内首推青岛，其次为烟台、潍县、周村、德州等；省外以天津、上海、开封、郑州、徐州为主。所以济南成为区域中心市场，辐射范围达到鲁南、鲁西北甚至豫东、冀南地区。济南市场的发展，体现了以青岛、济南为中心的市场体系逐渐发展壮大。20 世纪 30 年代的济南已非昔比，其商业规模已经远远超过省内其他城市，辐射范围也有了进一步的扩展。既然济南的洋货主要来源地和主要销售地是青岛港，那么济南的辐射范围也就是青岛的腹地。

表 4.10　20 世纪 30 年代济南市场的辐射范围

县别	进口品			出口品			备注
	种类	数量	来源	种类	数量	销路	
章丘	糖类	14.5 万斤	日本	棉花	500 万斤	济南、青岛	原属济南府
	纸烟	600 箱	英美	大米	180 万斤	济南邻县	
	洋布	81540 匹	日本	烟叶	762 万斤	济南、青岛	

① David D. Buck, *Urban Change in China: Politics and Development in Tsinan, Shantung*, 1890 – 1949, University of Wisconsin Press, 45 – 46.

（续表）

县别	进口品			出口品			备注
	种类	数量	来源	种类	数量	销路	
	煤油	15 万筒	英美	花生	3000 万斤	济南、青岛	
齐河	日用品	20 万元	济南	豆类	12 万担	济南	原属济南府
	烟	1000 箱	济南	花生	6 万担	济南	
	煤油	4 万箱	济南	水果	1 万担	济南	
	布匹	20 万元	济南				
	杂货	30 万元	济南				
	五金	10 万元	济南				
	棉花	2000 担	济南				
齐东	洋线	150 件	济南	棉花	549516 斤	张店	原属济南府
	煤油	15550 筒	济南	花生	600 万斤	青岛	
	火柴	13550 箱	青岛	大豆	5188520 斤	周村	
	大米	1500 包	青岛				
济阳	煤油	216000 斤	济南、上海	豆子	90 万斤	济南	原属济南府
	棉线	5000 斤	济南	麦子	100 万斤	济南	
	洋布	4000 匹	济南	蚕丝			
	纸烟	5 万条	济南	花生油			
	火柴	216000 包	济南	豆油			
	红白糖	9000 斤	济南				
长清	面粉	1 万袋	济南	枣	1240 万斤	济南	原属济南府
	茶	5 万斤	济南	麦	1000 万斤	济南	
	纸烟	280 箱	济南				
	布匹	2000 匹	济南				

（续表）

县别	进口品			出口品			备注
	种类	数量	来源	种类	数量	销路	
德平	煤油	4000 筒	天津	芝麻	40 万斤	天津	原属济南府
	烟	1200 箱	济南、天津	花生油	40 万斤	天津	
	洋火	3500 箱	济南、天津	牛	500 只	济南	
	洋线	6000 斤	济南	鸡蛋	1000 万个	济南	
	洋布	1.5 万匹	济南				
	盐	1.9 万担	无棣、利津				
	糖	3250 担	济南、天津				
临邑	面粉	1000 袋	济南	棉花	15000 包	济南	原属济南府
	纸张	5200 刀	济南	花生米	1000 万斤	济南、青岛	
	糖	12000 斤	济南	枣	15 万斤	济南	
	大米	6000 斤	济南				
	棉纱	15000 个	济南				
	布匹	65000 丈	济南				
	煤油	12000 桶	济南				
	火柴	3040 箱	济南				
	茶叶	5 万斤	济南				
	纸烟	500 箱	济南				
禹城	大米、海米	45000 斤	济南	花生米	300 万斤	济南、青岛	原属济南府
	草帽	10 万顶	济南	棉花	600 万斤	济南、青岛	
	纸张	25 万刀	各省及外国	梨	200 万斤	济南、青岛	
	糖	20 万斤	各省	肥牛	500 只	济南	
	化妆品	5 万瓶	济南、青岛	红枣	20 万斤	济南、青岛、上海	

（续表）

县别	进口品			出口品			备注
	种类	数量	来源	种类	数量	销路	
	棉纱	200 件	上海、济南、青岛	羊毛	8 万斤	济南、青岛	
	颜料	500 斤	济南	小麦	25 万担	济南	
	茶叶	4 万公斤	济南				
利津	面粉	11 万包	济南	黄豆	5 万石	泺口、龙口	原属武定府
	纸烟	600 箱	周村、济南	黑豆	4 万石	泺口、龙口	
	糖	3000 包	青岛、烟台				
	煤油	6000 箱	济南				
	纸张	2000 件	济南、烟台				
	大米	260 包	济南、烟台				
	染料	5000 筒	济南、周村				
青城	煤油	1.2 万桶	英美俄				原属武定府
	布匹	1.2 万匹	日本				
	颜料	100 桶	德日				
	纸烟	500 箱	英美				
	药品	2100 磅	日本				
	棉纱	600 件	日本				
商河	洋油	2000 箱	济南				原属武定府
	洋烟	300 箱	济南				
	洋靛	300 桶	济南				
	纸张	3000 刀	济南				
阳信	煤油	5.5 万筒	济南、天津	豆油	110 万斤	济南、周村	原属武定府
	洋火	2 万箱	天津	草帽辫	10 万斤	北平、天津、济南、周村	

（续表）

县别	进口品			出口品			备注
	种类	数量	来源	种类	数量	销路	
	洋布	2500 件	天津				
	洋线	3800 件	济南、天津				
肥城	煤油	2 万筒	济南	肥城桃	60 万个	济南、泰安	原属泰安府
	洋布	1 万匹	济南	花生米	30 万斤	济南、泰安	
	洋线	5000 捆	济南	花生油	20 万斤	济南、泰安	
	红白糖	2500 包	济南	羊毛	7 万斤	济南	
	火柴	72 万包	济南	猪鬃	1 万斤	济南	
	火纸	3000 块	济南	鸡蛋	300 万个	济南	
	杂色纸	4000 刀	济南				
东平	红糖	700 包	济南	花生米	7 万斤	济南	原属泰安府
	纸张杂货	12 万元	济南				
	洋布	5000 匹	济南				
	洋线	3.6 万斤	济南				
	烟卷	500 箱	济南				
	洋油	1 万箱	济南				
东阿	洋布	2000 匹	济南	熏枣	2000 担	上海	原属泰安府
				阿胶	5000 斤	济南、上海	
滋阳	洋布	100 件	济南				原属兖州府
	棉纱	500 件	青岛				
	煤油	1.5 万箱	青岛				
曲阜	棉纱	1000 件	济南、青岛	花生米	5000 吨	青岛、济南	原属兖州府
	煤油	1 万箱	济南、青岛				
	纸烟	100 箱	济南、青岛				

（续表）

县别	进口品			出口品			备注
	种类	数量	来源	种类	数量	销路	
	火纸	3000 块	青岛、上海				
汶上	红白糖	35 万斤	济南	黄豆	6000 石	济南、济宁	原属兖州府
	纸张	1.5 万刀	济南	麻	10 万斤	济南、济宁	
	布匹	2 万匹	济南				
	海带	7000 斤	济南				
寿张	火柴	9700 箱	济南	黄豆	1942000 斗	济南	原属兖州府
	布	4800 匹	济南	桃	1822800 斤	济南	
	煤油	1570 箱	济南				
	糖	12 万斤	济南				
	大米	8 万斤	济南				
聊城	糖	800 包	济南	黑枣	1 万包	上海	原属东昌府
	纸	200 件	济南				
	煤油	1000 担	济南				
	洋火	400 箱	济南				
	洋烟	300 箱	济南				
堂邑	洋火	300 箱	济南	棉布	2100 万斤	济南	原属东昌府
	煤油	800 担	济南	黑枣	2000 包	天津	
	洋布	100 件	济南	梨	300 万个	天津	
	洋烟	150 箱	济南				
博平	红白糖	6 万斤	济南	黑枣	5000 包	济南、上海	原属东昌府
	纸张	5 万刀	济南	花生	5.7 万斤	济南	
	煤油	2.5 万筒	济南、天津	花生油	40 万斤	济南	
	洋布	1.3 万匹	济南、潍县	豆油	30 万斤	济南	

（续表）

县别	进口品			出口品			备注
	种类	数量	来源	种类	数量	销路	
	洋线	500 件	济南				
	洋靛	200 筒	济南				
	铁货	15 万斤	济南				
高唐	纸烟	60 万小盒	济南	棉花	15 万担	临清、济南	原属东昌府
	洋油	10 万筒	济南	鸡蛋	600 万个	济南	
	洋杂货	5 万元	济南	枣	1000 包	上海	
	自行车	600 辆	济南				
	白糖	5 万斤	济南				
	布	2 万匹	济南				
	纱	100 件	济南				
鄄城	煤油	1500 桶	泺口（济南）	花生	具体数量无统计		原属曹州府
	纸烟	200 箱	泺口				
	洋火	50 箱	泺口				
	糖	100 包	泺口				
朝城	布匹	2 万匹	济南	豆子	20 万斤	河南	原属曹州府
	洋油	4 万桶	济南	小麦	15 万斤	济南	
	洋线	1000 件	济南	大麦	20 万斤	济南	
观城	洋油	5000 桶	济南	草帽辫	31 万元	济南、天津	原属曹州府
	洋火	2000 箱	济南	小麦	60 万斤	济南	
	纸烟	500 箱	济南				
	棉纱	1000 件	济南				
范县	煤油	5000 箱	济南	鸡蛋	100 万个	济南	原属曹州府
	布匹	1800 匹	济南	豆子	63600 担	济南、临清	

（续表）

县别	进口品			出口品			备注
	种类	数量	来源	种类	数量	销路	
濮县	洋油	1 万桶	济南	草帽辫	3 万斤	清平	原属曹州府
	洋火	5000 箱	济南	土布	1500 匹	临邑	
	洋线	1000 件	济南				

资料来源：实业部国际贸易局编《中国实业志·山东省》，实业部国际贸易局1934年版，第151（乙）~166（乙）、173（乙）~177（乙）、182（乙）~189（乙）页。

从上表可见，济南市场在西部的集散作用比1906年有了显著的增强。在济南以下的黄河和小清河沿岸地区，许多县的货物进出依靠济南；溯黄河而上，沿岸原济南府、泰安府、兖州府、曹州府的州县也在济南的辐射之下；而且济南对东昌府、临清州、德州、武定府等地有着巨大影响，并把一些原来受天津辐射的州县纳入自己的集散范围。

总之，以济南、潍县、周村和青岛市场为中心的广大地区，既是青岛主要出口土货的来源地，又是洋货的主要销售地区，因此是青岛港的腹地。

第六节　青岛与上海、天津港的交叉区域

由于青岛港在华北势力的增强，天津和上海的洋货受到挑战，基本上停留在济宁以南、临清到天津运河沿岸地区。青岛港在西部的腹地随着济南市场集散功能的增强而扩大。不仅如此，就是在临清、济宁市场附近地区，天津与上海来货已经不能单纯控制这些地区，青岛的来货也进入这些地区，形成了青岛与上海港、青岛与天津港的交叉地区。以下是交叉地区临清、济宁、沂州、江苏海州地区的货物进出状况。

一、临清市场

临清位于卫河与运河的交界处。运河由于有卫河水接济，水量充足，

航运特别发达，是鲁西北进出的必经之道，每天都有大量的土货出口天津，同时从天津运回洋货。1853 年前后，由于受到太平天国运动的影响，临清发展放缓，开始走下坡路。津浦路修通以后，临清再被疏远。但是依靠低廉便捷的水运，临清作为山东棉花、果品、粮食的最重要的产区集散地，尤其在近代棉花出口贸易的刺激下，仍然不失为鲁西最大的集散市场。鲁西地区如临清、馆陶、夏津、高唐、恩县、清平、武城等处所产的棉花，多先集到临清市场，再由此转运到济南和天津。民国初年，临清棉花输出量约为 400 万斤（3.3 万担），后来随着美棉种植的推广，在 20 世纪 30 年代初期，年输出量已达约 6000 万斤（约 50 万担）。① 由于传统的贸易关系，再加上水运比铁路运输便宜，临清地区与天津的贸易关系最为密切。

二、德州市场

德州当水陆交通的要冲，是冀东南、鲁西北等地的集散中心。德州每年从天津输入货物，除了在当地消费，其余部分要分销到平原、禹城、齐河、陵县、临邑、高唐、德平等县。清朝末期德州向天津输出花生 13 万斤，从天津输入煤 1300 吨，转销邻县 500 吨；洋油 16 万箱，转销山东内地 15 万箱；洋布 900 匹，转销邻县 500 匹；洋线 1200 件，转销山东内地 900 件；杂货货值 5800 两，洋纸价值 500 两。② 德州通过津浦铁路由天津、济南输入的货物，以煤、煤油、纸、烟草、棉纱、棉布、陶瓷器、杂货为大宗，输出的货物以棉花、皮货、花生、枣、干鲜果、羊毛等为大宗。据 1916 年统计，德州每年自津浦铁路输入煤油 1000 余吨，棉制品 2000 余吨，纸张 600 余吨；输出各种杂货 1300 吨，皮货 1300 担，棉花 500 吨，花生、枣子、干鲜果各 300 吨。③ 20 世纪 20 年代，德州曾一度是鲁西、冀

---

① 张自清修，张树梅、王贵笙纂《民国临清县志·经济志·商业》，1934 年铅印本。

② 〔清〕冯翥纂《光绪德州乡土志·商务》，清光绪抄本。

③ ［日］杉山五郎编《最近山铁沿线事情》，有信洋行 1917 年版，第 336～337 页。

南的棉花集散地，每年棉花集散量达6万包，其中4万包运到天津，2万包运到济南。①

表4.11 20世纪30年代鲁西各县的货物进出概况

县别	进口品			出口品			备注
	种类	数量	来源	种类	数量	销路	
茌平	洋布	5000匹	济南	豆类	2万担	济南、临清	原属东昌府
	糖	3000斤	济南	烟叶	60万斤	济南、临清	
	洋纱	2000件	济南				
	杂货	10万斤	济南、临清				
	煤油	3万箱	济南、临清				
	铁货	9万元	济南、临清				
	纸烟	250箱	临清				
莘县	洋烟	3000箱	济南	花生米	53万斤	济南	原属东昌府
	洋火	9000箱	济南	豆类	30万斗	临清、堂邑、莘县	
	洋油	1.4万吨	天津、济南				
	洋布	4万匹	济南				
冠县	洋烟	3000箱	济南	籽花	600万斤	天津、济南	原属东昌府
	洋火	1万箱	济南	花生米	2500万斤	济南	
	洋油	1.5万箱	天津、济南				
	洋布	5万匹	天津、济南				

① ［日］青岛守备军铁道部编《周村德州间及德州石家庄间并石家庄沧州间调查报告》，1921年版，第74、85~89页。

（续表）

县别	进口品			出口品			备注
	种类	数量	来源	种类	数量	销路	
清平	洋油	8942 箱	济南及英美	棉花	2700 万斤	济南	原属东昌府
	织贡呢	3162 丈	济南	枣	40 万斤	青岛、上海	
	色布	4216 匹	济南	油	3 万斤	济南	
	纸烟	627 箱	济南	花生	120 万斤	济南	
	棉纱	50 件	临清				
	五金	3 万元	临清				
	杂货	5 万元	临清				
馆陶	洋烟	3000 箱	济南	籽花	600 万斤	天津、济南	原属东昌府
	洋火	1 万箱	济南	花生米	2500 万斤	济南	
	洋油	15000 桶	天津				
	洋布	4 万匹	天津				
恩县	洋油	2.1 万筒	天津	棉花	1 万包	济南	原属东昌府
	洋布	2 万尺	济南	花生	3000 万斤	济南	
	纸烟	800 箱	济南	梨	60 万斤	济南	
	铁器	2 万元	天津	杏	12 万斤	济南	
	火柴	5000 箱	济南	枣	50 万斤	济南	
	棉纱	100 件	济南	鸡蛋	500 万个	济南	
	纸张	500 件	济南				
临清	面粉	8 万袋	天津、济南	棉绒	20 万担	济南、天津	原临清州
	日用品	40 万元	天津、济南	棉籽油	3500 担	天津	
	卷烟	2000 箱	天津、济南	鸡蛋	10 万元	天津	
	煤油	1.3 万吨	天津、济南	牛皮	5 万元	济南	
	布匹	70 万元	天津、济南	棉籽	340 万石	济南、天津	
	纱	15 万元	天津、济南				

（续表）

县别	进口品			出口品			备注
	种类	数量	来源	种类	数量	销路	
	洋广杂货	50 万元	天津、济南				
	五金生铁	33 万元	天津				
武城	煤油	2.2 万筒	天津	棉花	900 万斤	天津、济南	原属临清州
	洋烛	800 箱	天津	洋毛线	20 万支	天津	
	染料	400 筒	天津	鸡蛋	1000 万个	天津	
	茶叶	1.8 万斤	天津	牛皮	200 张	天津	
	纸烟	1000 箱	天津、济南	猪鬃	1000 斤	天津	
	纸张	6500 刀	天津、济南				
	糖	5 万斤	天津、济南				
	五金	30 种	天津、济南				
	棉织品	1.5 万匹	天津、济南				
	毛织品	200 匹	天津、济南				
	罐头	1000 筒	天津、济南				
	人造丝	2000 匹	天津、济南				
夏津	烟	800 箱	济南	花绒	10 万包	济南	原属临清州
	煤油	3 万箱	济南	花生	30 万斤	天津	
	布匹	20 万元	济南				
	五金	5 万元	济南				
	杂货	20 万元	济南				
丘县	洋油	1260 箱	天津	棉花	50 万斤	天津、济南	原属临清州
	洋烟	40 箱	天津				
	洋火	5000 箱	天津				
	洋布	1.2 万匹	天津				

（续表）

县别	进口品			出口品			备注
	种类	数量	来源	种类	数量	销路	
德县	面粉	4000 吨	天津、济南、徐州	草帽辫	5 万斤	济南、天津	原属济南府
	茶叶	4.5 万斤	天津	花生	600 万斤	济南、天津	
	糖	76500 斤	天津、济南	棉花	820 万斤	济南、天津	
	煤油	19500 筒	新加坡、纽约	大豆	750 万斤	济南、天津	
	蜡烛	500 箱	天津、济南	枣	20 万斤	济南、天津	
	染料	550 箱	天津、济南	梨	120 万斤	济南、天津	
	纸张	5700 刀	天津、济南	羊毛	6000 斤	济南、天津	
	五金	25 种	天津、济南	猪鬃	500 斤	济南、天津	
	棉织品	2000 匹	天津、济南	鸡蛋	1200 万个	济南、天津	
	毛织品	200 匹	天津、济南				
	卷烟	750 箱	天津、济南、上海				
德平	煤油	4000 筒	天津	烟叶	80 万斤	北平	原属济南府
	洋线	6000 斤	济南	花生油	40 万斤	天津	
	洋布	1.5 万匹	济南	芝麻	40 万斤	天津	
	烟	1200 箱	天津、济南				
	洋火	3500 箱	天津、济南				
	糖	3250 担	天津、济南				
平原	面粉	2000 吨	济南	黄豆	600 万斤	天津、济南	原属济南府
	茶叶	45 万斤	天津	花生	1200 万斤	天津、济南	
	糖	7 万斤	天津、济南	羊毛	4000 斤	天津	
	煤油	2 万筒	天津	猪鬃	500 斤	天津	
	蜡烛	500 箱	天津	畜皮	1300 张	天津	
	染料	500 箱	济南	棉花	500 万斤	天津、济南	

（续表）

县别	进口品			出口品			备注
	种类	数量	来源	种类	数量	销路	
	纸张	5000 刀	济南、天津	鸡蛋	1000 万个	天津、济南	
	五金	30 种	济南、天津	梨	60 万斤	天津、济南	
	棉织品	2 万匹	济南、天津				
	毛织品	100 匹	济南、天津				
	卷烟	650 箱	济南、天津				
陵县	纸张	3000 刀	济南	棉花	1 万包	济南	原属济南府
	布匹	7 万匹	天津	花生米	200 万斤	济南、天津	
	棉纱	1 万个	天津	枣	15 万斤	济南	
	糖	1 万斤	天津				
	煤油	1.5 万筒	天津				
	火柴	5100 箱	天津				
	茶叶	1 万斤	天津				
	纸烟	800 箱	天津				

资料来源：实业部国际贸易局编《中国实业志·山东省》，实业部国际贸易局1934 年版，第 175（乙）~185（乙）页。部分数据有补充。

从以上各县的进出口货物流向可见，德州、东昌府、临清地区，尤其是运河附近各县，仍然与天津港保持着密切的贸易联系，但是来自济南、青岛的货物也在这一地区占有很大的分量，从总体上看，天津在这一地区失去了独霸地位，因此，这一地区也只能看作天津港与青岛港的交叉辐射区域。

三、济宁市场

济宁是运河沿岸的中心城镇，在铁路未修筑以前，东自沂州，西自汴梁，南自徐州，北自济南，莫不以此地为百货转运地，商业之盛，甲于全省。① 清光绪年间，济宁出口“土货如枣、柿、花生饼、油、冬菜、布、粮、皮革之属，岁出不下数百万”，每年进口洋货如棉纱 100 余万斤，洋布七八万匹，火柴 1000 余箱，煤油四五千箱，糖三四十万斤，纸三四千捆。② 济宁市场的货物进出口港是长江沿岸的镇江港，镇江由运河运往山东的洋货约占镇江洋货输出量的 20%。③ 1900 年漕运被海运替代，济宁运河贸易受到影响。贸易的衰退除了与铁路的运输有关，还与运河淤塞和税关林立有关。④ 1912 年津浦铁路兖济支线修通后，商品流通状况逐渐恢复。20 世纪初，济宁市场运出的花生、豆油、牛羊皮、豆饼、面粉、小麦、蛋粉等土货每年不下千余万元。济宁是山东省最大的皮货市场，皮货来源于曹州、沂州、青州府以及邹平、滕县、峄县等地。进口的棉纱、煤油、杂货等项，每年也不下数百万元。据 1921 年调查，济宁进出口货物以浦口（上海）、天津、济南为依赖口岸。年货运量 30 万吨，其中输出占 20 万吨，输入占 10 万吨。⑤

表 4.12　20 世纪 20 年代济宁市场的进出口商品概况

单位：吨

市场	输出货物	输入货物	合计
浦口	20000	40000	60000
济南	50000	10000	60000

① 实业部国际贸易局编《中国实业志·山东省》，实业部国际贸易局 1934 年版，第 226（丁）页。

② 〔清〕王赓廷修，〔清〕邓际昌纂《光绪济宁州乡土志·商务》，清光绪三十一年石印本。

③ 《光绪十八年华洋贸易总册·镇江口》下卷，1893 年，转引自庄维民《近代山东市场经济的变迁》，中华书局 2000 年版，第 108 页。

④ 《1913 年镇江口华洋贸易情形论略》《1918 年镇江口华洋贸易情形论略》。

⑤ ［日］青岛守备军民政部编《大运河及盐运河都邑经济事情》，1922 年，第87～88 页，转引自庄维民《近代山东市场经济的变迁》，中华书局 2000 年版，第 166 页。

（续表）

市场	输出货物	输入货物	合计
天津	100000	2000	102000
黄台桥	20000		20000
蚌埠	5000		5000
枣庄	30000		30000

资料来源：［日］青岛守备军民政部编《大运河及盐运河都邑经济事情》，1922年版，第87~88页。

由上表可见，天津、浦口、济南在济宁的贸易三足鼎立，出口货以天津最占优势，进口货以浦口占优势。这种贸易态势与济宁的特点有关，济宁是山东毛皮的集散中心，也是鲁南苏北的粮食集散地。粮食、毛皮要运到济南、天津，因为北方缺少粮食，天津又是当时毛皮出口的最大港口。济宁从黄台桥运入的应该是食盐。另外，由于交通和金融习惯等，济宁附近的大量枣柿果品运到南方，所需要的洋广杂货一般都从上海等南方港口进入。我们再来看20世纪30年代济宁附近各县的货物进出情况。

表4.13 20世纪30年代济宁、兖州、曹州地区的货物进出概况

县别	进口品			出口品			备注
	种类	数量	来源	种类	数量	销路	
邹县	海产品	800斤	青岛	花生米	800万斤	上海、青岛	原属兖州府
	呢绒布	1000匹	青岛	鸡蛋	100万个	济南、上海	
	药品	1000元	济南、上海				
	染料	600筒	济南、上海				
	煤油	1万箱	济南、上海				
	洋烛	2199箱	济南、上海				

（续表）

县别	进口品			出口品			备注
	种类	数量	来源	种类	数量	销路	
峄县	布匹	18000 匹	济南、潍县	花生	135 万斤	济南、上海	原属兖州府
	洋线	600 件	上海、济南	花生米	460 万斤	上海、徐州	
	糖	14 万斤	上海、徐州	豆子	450 万斤	济南、上海	
	纸张	15000 刀	济南、上海				
	茶叶	6000 斤	江苏、杭州				
	洋烟	6000 箱	上海				
济宁	杂粮	6 万吨	邻县				原属济宁州
	煤铁	2 万吨	峄县、曲阜				
	布匹 棉纱	2000 吨	济南、青岛				
	杂货 糖纸	3000 吨	青岛、上海				
嘉祥	煤油	3000 筒	济宁	梨	3 万斤	浦口、南京	原属济宁州
	纸烟	24 箱	济宁	枣	11.2 万斤	浦口、南京	
	煤炭	30 万斤	济宁				
	焦炭	10 万斤	济宁				
鱼台	洋线	200 件	济南	黄豆	1 万石	济宁	原属济宁州
	洋油	5000 箱	济南	瓜子	5 万斤	济宁	
	洋布	6000 匹	济南	鸭蛋	20 万个	济宁	
	洋烟	200 箱	济南				
	白糖	1 万斤	济南				
	杂货	1.5 万斤	济南				
菏泽	火柴		济南	山楂	264200 斤	开封、济南	原属曹州府
	洋布		济南	牡丹	2 万株	广东	

（续表）

县别	进口品			出口品			备注
	种类	数量	来源	种类	数量	销路	
	煤油		济南	紫梨	204100 斤	归德、济南等	
	纸烟		济宁	曹丹皮	4000 斤	全国	
	糖		济宁	石榴	3 万斤	济南	
	南纸		济宁				
曹县	棉纱	30 件	上海	花生米	5 万斤	上海	原属曹州府
	纸张	300 捆	亳州	棉花	2 万斤	徐州	
	药材	500 斤	禹州	瓜子	1 万斤	徐州	
				羊毛	1 万斤	汶州	
单县	糖	9.25 万斤	徐州	花生	1500 担	济宁	原属曹州府
	大米	1.34 万斤	徐州	羊皮	5.6 万张	济宁	
	火柴	45 万封	济宁	羊毛	250 担	济宁	
	洋油	2.5 万筒	济宁	豆油	700 担	济宁	
	纸张	5000 刀	济宁	硝	800 担	济宁	
	布匹	2 万匹	济南				
定陶	煤油	3 万筒	济宁	陶布	3 万丈	鲁南各县	原属曹州府
	纸烟	1000 箱	济宁	剪子	1 万把	邻县	
	布匹	3 万丈	济宁				
	火柴	480 箱	济宁				
	茶叶	4 万斤	济宁				
	红白糖	15 万斤	济宁				
巨野	煤油	1000 担	济南				原属曹州府
	纸烟	200 箱	济宁				
	糖	100 包	济宁				

（续表）

县别	进口品			出口品			备注
	种类	数量	来源	种类	数量	销路	
	洋布	1250 匹	济宁				
	药类	1200 斤	济宁				
	洋火	50 箱	济宁				
郓城	煤油	1 万桶	西洋各国	花生	5 万斤	济南	原属曹州府
	蓝靛	200 桶	德国	牛油	1 万斤	济南	
	布匹	1.2 万匹	济南	羊皮	8000 张	西洋各国	
	纸烟	1000 箱	英国				
	煤炭	100 万斤	济宁				
	焦炭	50 万斤	济宁				
	棉纱	500 件	济南				

资料来源：实业部国际贸易局编《中国实业志·山东省》，实业部国际贸易局1934年版，第165（乙）~172（乙）页。部分数据有补充。

由上表可见，济宁附近，包括原来的济宁州、兖州府枣峄滕南部地区、曹州府的大部分都受到济宁市场的影响，进出口依靠南方的镇江、上海，但是这一地区与济南、青岛的贸易也在加强，因此，济宁州、兖州府枣峄滕南部地区、曹州府的大部分州县可以看作上海港与青岛港在此的交叉辐射区域。

四、沂州、海州市场

（一）沂州市场

沂州府地势南倾，沂河水入夏水势平槽，数百担粮船可以直入运河。清朝后期，每年都有粮船自南方运粮食来贩卖。① 另外据海关报告，山东

① 〔清〕吴树声《沂水桑麻话》，见政协山东省沂水县委员会文史资料研究委员会编《沂水县文史资料》第三辑，政协沂水县文史委1987年印行，第72~73页。

的东南部特别是沂州地区，依靠青口、海州两港供给货物。棉纱、棉织品、糖等由镇江经过运河和清江浦运到海州和青口，再由陆路和水路运到目的地。①

表 4.14　沂州、海州洋货进口概况

货物	海州	沂州
棉织品	65704 匹	4292 匹
棉纱	312 担	1152 担
糖	6200 担	3312 担

资料来源：烟台港务局档案馆译《1899 年胶州口贸易报告》。

由于传统的贸易关系，沂州货物大部分以江苏青口为吞吐口，但也有相当一部分要靠青沂商路转运。例如，沂州每年输入棉纱 2000 件，棉布 3400 件，两项货物约有一半要由青岛陆路运入。沂州对山区的商品集散起着十分重要的作用，据 20 世纪 20 年代中期调查统计，沂州主要土货集散状况是，花生 500 万斤，豆油 500 万斤，豆饼 100 万个，兽皮 15000 张，羊皮 2 万斤。②

涛雒港也是临沂地区货物进出的转运港。涛雒港沿海贸易可达上海、浒浦、盐城、海州、青岛、大连。民国初期，涛雒民船航运贸易上海占七成，青岛占三成。涛雒农产品输出以莒州、沂水为货源，陆路运输用小车、马车和骆驼，单是每月由莒州抵涛雒港的运货骆驼就有 100 头。输出的货物大部分为上述货源地的花生、花生油、牛皮、柿饼等农产品。据 1917 年统计，涛雒港每年由沿海民船输出花生油 2.3 万篓（每篓 180 斤），

---

① 烟台港务局档案馆译《1899 年胶州口贸易报告》。

② ［日］青岛守备军民政部编《沂州事情》，1917 年，第 6～7 页；［日］济南总领事馆编《山东概观》，1926 年，第 81 页。转引自庄维民《近代山东市场经济的变迁》，中华书局 2000 年版。

最多时7万篓，花生2.5万包（每包200斤），最多时达7万包，腌猪2.5万头；输入煤油5000箱，火柴4万箱，糖2500包，洋布100包，洋纱1200件，棉花1000包。① 20世纪30年代货物进出如下表。

表4.15　20世纪30年代沂州地区货物进出概况

县别	进口品			出口品			备注
	种类	数量	来源	种类	数量	销路	
临沂	煤油	6000箱	镇江	黄丝	1000块	上海	原属沂州府
	洋线	200件	青岛	花生	30万斤	青岛	
	洋布	12000匹	潍县	鸡蛋	100万个	青岛	
	卷烟		青岛、济南	花生油	4000篓	上海、青岛	
费县	红白糖	1000包	青口	花生油	10万斤	青口	原属沂州府
	水糖	20担	青口	花生米	30万斤	青口	
	洋布	1000匹	青口	银花	500包	青口	
	洋油	2000箱	青口	黄梨	5万包	青口	
	洋烟	120箱	青岛	羊毛	1万斤	青口	
日照	土布	600件	崇明	披猪	6万只	上海	原属沂州府
	烧纸	6000块	上海	花生米	2万袋	青岛、上海	
	红白糖	71000包	上海	花生油	1000篓	上海	
	棉花	10万斤	上海	冬菜	3万斤	上海	
	桐油	100篓	上海				

① ［日］青岛守备军民政部编《南山东及江苏沿岸诸港调查报告书》，1919年，第135、140～141页，转引自庄维民《近代山东市场经济的变迁》，中华书局2000年版。

（续表）

县别	进口品			出口品			备注
	种类	数量	来源	种类	数量	销路	
	洋面	10 万袋	上海				
	洋油	5000 箱	外洋				
	纸烟	300 箱	外洋				
	洋火	3000 箱	青岛				
	煤炭	1 万吨	青岛				
	棉纱	3000 件	青岛				

资料来源：实业部国际贸易局编《中国实业志·山东省》，实业部国际贸易局1934年版，第168（乙）~169（乙）、201（乙）~202（乙）页。

由上表可见，20世纪30年代沂州府南部地区仍然与上海有大量的直接帆船贸易联系，由上海进口的货物既有洋货又有土货，沂州出口到上海的土货以花生米、花生油等为主。与此同时，青岛的影响加强了，不仅表现在青岛的货物占领了沂州北部，而且在南部也有了一定的份额。因此这一地区不能单纯地看作哪个港口的腹地，只好把沂州地区看作青岛港与上海港辐射区域的交叉地带。

（二）海州市场

由于海州地区粮食贸易发达，清朝康熙年间曾经在此地云台山设立江海关，此后朝廷考虑到“江苏实为南洋之枢纽，而上海又为外交交涉总汇之区”，所以江海关又移至上海县，但海州仍然设有江海关子口。在雍正至嘉庆朝100多年间，由于不断禁海、开海和海岸位置的变化，海州榷关不断改变隶属和更换关名、移驻关址，直到光绪三十一年（1905），大浦港作为商埠开放，海州设立大浦分关，1921年改属于胶海关。① 海州各港是青岛内港。这也是本书把海州列入研究范围的原因。

① 徐德济主编《连云港港史》（古、近代部分），人民交通出版社1987年版，第31页。

海州与鲁南沂州府水陆相通，沂河、沭河发源于沂州境内，或流经海州入海，或经海州进入运河。海州更是水网密布，交通便利。海州、沂州盛产粮食、豆类，以运河、盐河、沂河、沭河、蔷薇河等为动脉的苏北、鲁南河海联运，加速了粮食商品的流通。海州是这一地区粮食外销的集散中心。海州集散粮、油等产品的主要通道有二：一是经淮安关由内河分销；二是经过青口港、大浦港和灌河口由海路外销青岛、上海等地。①

海州地区的青口港（属今连云港赣榆区）最先兴起。山东沂州、郯城等地大量的花生、花生油、棉花、豆饼、杂粮，山西之粮油及临近的沭阳、东海各地的米麦、豆类、油饼都由此出海，运往上海、青岛、苏杭等地。青口港从乾隆至清末大约兴盛了170余年，从一个河口小港发展成为著名的港口商业城镇。1905年大浦港作为商埠正式开放，青口港才退出大港行列。“临洪口（大浦）开埠，商务渐胜，土产大小麦、大豆、秫黍、苞米、山芋、落花生，运销上海、山东等地，尤以豆饼为商货之大宗。”②但是大浦港也是河口港，淤塞的河道严重制约这一地区贸易的发展。现代化海港的建设便提上了日程。20世纪二三十年代连云港的建设方案不久便被提出并付诸实施。20世纪30年代海州地区连云港的贸易发展十分迅速，输入货物主要有五金、水泥、木材、砂糖、面粉等建设材料及食品，输出货物主要有煤炭、大豆、小麦、棉花、花生等工农业产品。1935—1937年煤炭输出逐年递增，1935年占当年贸易的28.1%，1936年增加到56.3%，1937年更是高达68.6%。煤炭出口的逐年增长主要依赖鲁南中兴公司。中兴煤的大量输出使连云港的贸易发生了根本的变化，即由输出农副产品为主的中转港变为以输出煤炭为主的中转港口。③

---

① 徐德济主编《连云港港史》（古、近代部分），人民交通出版社1987年版，第32页。

② 徐德济主编《连云港港史》（古、近代部分），人民交通出版社1987年版，第35页。

③ 徐德济主编《连云港港史》（古、近代部分），人民交通出版社1987年版，第109～110页。

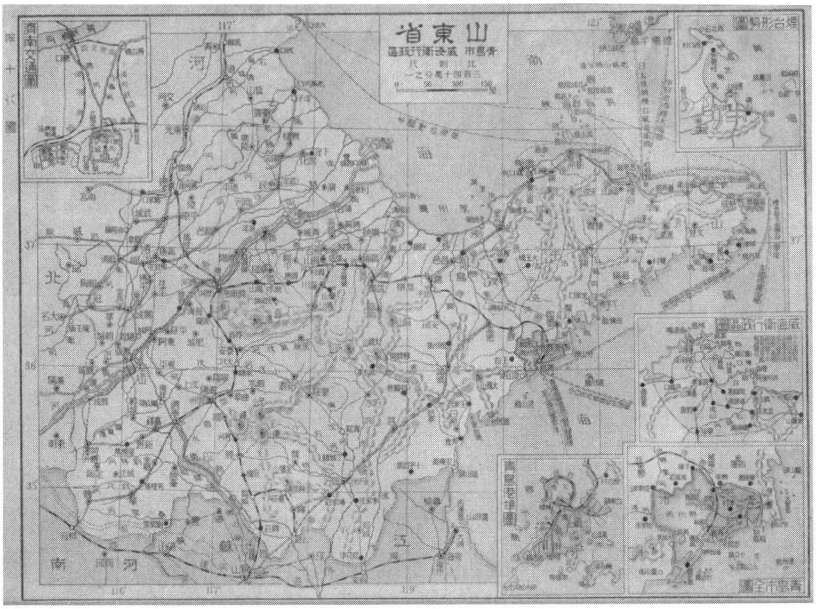

图4.1 20世纪30年代山东港口腹地情况

资料来源：屠思聪《中华最新形势图》，世界舆地学社，1938年增订，第十六图。

说明：20世纪30年代山东港口腹地分布比较复杂，出现港口辐射交叉区域。其中青岛港腹地最大，主要以胶济铁路沿线为主，中级市场有沙河、柳疃、潍县、周村、济南、临清、泰安、滋阳、临濮，初级市场有海阳、即墨、莱阳、胶县、诸城、昌邑、博山、新泰、蒙阴、沂水、泗水、汶上、鄄城、范县、阳谷、濮县、观城、朝城、聊城、堂邑、博平、高唐、禹城、临邑、商河、滨县、利津、羊角沟等。青岛港与天津港在山东西北部出现辐射交叉区域，其中中级市场有临清，初级市场有沾化、德平、惠民、平原、清平、莘县等。青岛港与镇江港、上海港在鲁西南出现交叉辐射区域，中级市场有济宁、海州，初级市场有菏泽、曹县、巨野、单县、邹县、滕县、曲阜、平邑、莒县、日照、临沂等。胶东半岛情形更为复杂，烟台、龙口、威海三港直接腹地基本上局限于本部，但是相互之间交叉辐射，其中招远、黄县、掖县是龙口和烟台、青岛的交叉辐射区域，文登、荣成是烟台、威海、青岛、大连港交叉辐射区域。

海州虽然是青岛港的内港，而且连云港到上海的距离是连云港到青岛的四倍，从航行距离来讲占有非常有利的地位，但是由于历史形成的金融、市场等关系，连云港贸易显示出依靠上海市场的倾向。1936 年连云港与青岛之间的贸易额占连云港贸易总额的 9.1%，其中输入量 11701 吨，占全年输入量的 11.6%，输出量 34535 吨，占全年输出量的 8.4%；与此同时，连云港与上海的贸易额占连云港贸易总额的 49.2%。[①] 这种倾向与连云港出口产品的结构有关。连云港主要的贸易产品煤炭、食盐、豆类产品除了运往国外，历来出口南方市场；北运青岛的主要是粮食、花生等产品。但是连青贸易并非不值一提，据 1936 年的统计，连云港从青岛的进口量几乎占到进口总额的 12%，可见进口贸易还是不小的。

海州市场荟萃鲁南、苏北的物流，贸易虽然倾向于上海等南方市场，进口品也主要来自上海，但是青岛的产品在此也占有一席之地，所以可以看作上海港与青岛港共同控制的交叉区域。

---

① 徐德济主编《连云港港史》（古、近代部分），人民交通出版社 1987 年版，第 112 页。

第五章　近代威海、龙口的贸易与腹地

第一节　威海卫贸易与腹地

在1896年之前，威海卫为一偏僻小渔村，军事港口主要在刘公岛，为北洋水师的军港基地，甲午中日战后，人口骤减，更加衰落。威海卫沿海一带全为渔民居住，内地为农民所居。英国租借后，原想驻泊海军，以保护其在华利益。租借之初，各种税收少得可怜。1900年全年税收只有4000元，1902年达到2000英镑，且半数为土地收入。为了弥补亏空，1901年英国宣布实施自由贸易制度，1902年兴建“爱德华商埠区”，实施贸易免税只收船捐政策。此后贸易、人口逐渐增多，“不数年间，商贾云集，人口激增”①。但是从贸易上讲，威海卫始终是烟台的附属港。自1902年至1929年，往来于威海的轮船年均货运净数59万吨。另外威海地价从1902年的每亩20元，涨到1921年的800元，1928年又涨到1300元，靠近海岸的地段，价格还要高。② 这充分显示威海卫成为自由港后，商业和贸易得到较快发展。

因威海卫为自由港，因此进出货物缺乏统计。目前可以看到的是1930年以后的贸易数据。从数据看，虽然最高值出现在1935年，达到4241969

---

① 实业部国际贸易局编《中国实业志·山东省》，实业部国际贸易局1934年版，第72（丙）页。

② 吴蔼宸编著《华北国际五大问题》第五篇《威海卫问题》，商务印书馆1929年版，第25页。

元，但是贸易呈现递减趋势。这主要是因为1930年后，自由港免税措施结束。南京国民政府“根据赋税平均原则，规定不作为无税口岸，撤销自由贸易港制，凡国税机关如海关、盐务、烟酒、印花等局均相继设立，一时负担激增，物价腾贵，当时之因无税而来者，亦相率他去”①。进出口贸易需要纳税，原先因为逃税而来的贸易又回到烟台港。另外，从进出口贸易结构看，威海始终处在出超状态。

近代威海出口贸易以花生、食盐、虾米、虾干、鱼干、花边等传统货物为主，其出口量呈增长趋势。进口货以洋货为主，以石油、棉布、美国面粉、大豆、玉米、煤炭为大宗。②

表5.1　20世纪30年代威海卫贸易概况

单位：国币元

年份	进口	出口	合计	贸易指数（1931=100）
1930	206362.3	286906.1	493268.4	13
1931	758523.1	3100499	3859022.1	100
1932	529891.2	1972847	2502738.2	65
1933	671454.4	2566369	3237823.4	84
1934	1194329	2054057	3248386	84
1935	1601865	2640104	4241969	110
1936	795507.6	1687302	2482809.6	64

资料来源：交通部烟台港务管理局编《近代山东沿海通商口岸贸易统计资料（1859—1949）》，对外贸易教育出版社1986年版，第27~28页。

说明：原表1932年以前数据单位为海关两，1932—1936年数据单位是国币元，本表按1海关两=1.558元换算为国币元。本表数据均以南开进出口价格指数换算。南开价格指数来源于孔敏主编《南开经济指数资料汇编》，中国社会科学出版社1988年版，第375~376页。

---

① 实业部国际贸易局编《中国实业志·山东省》，实业部国际贸易局1934年版，第72（丙）页。

② 山东省航运管理局编史办公室编《山东航运史（送审稿）》（近代部分），1991年版，第155页。

威海港腹地以威海附近地区为主，在自由港免税时代，可以侵占原属于烟台的腹地，免税政策取消后，腹地缩小，基本局限于威海及周围文登、荣成一带。

第二节 龙口港贸易与腹地

龙口因龙口港而兴起。龙口港面临渤海之莱州湾，与营口遥遥相对。“岈屺半岛突于东北，渤海湾展开于西北，其形状略如芝罘半岛之于烟台。岈屺半岛之前，有岈屺岛。半岛尖端远突海外，成一沙洲。循此沙洲近岛约一哩之处，即为龙口港最深水路，其深度约为十三英尺至十五英尺。岈屺岛横于港湾直北，与半岛同为北风及东北风屏障，惟西北风则无法掩蔽。港口分内外两港：内港较浅，吃水十三英尺之轮船，不能行驶；吃水九英尺以下者，可航行至离陆约一里以至半里之处，故轮船多泊于外港。外港深约十五英尺，可泊较大之轮。”①

清末民初，龙口民船贸易兴盛。民船将西部所产之杂粮运至龙口，载杂货而回。龙口民船航线以至小清河河口羊角沟线贸易最盛，其次为至黄河口利津航线及河北、东北等线，与安东、大孤山、貔子窝水上联系亦很密切。由安东向龙口输出木材，其数量相当大。船舶返航时装载去东北的劳工，人数也相当可观。民船载货大者可载500至1000担，小者可载80至300担。龙口港在1914年正式开港前，为烟台内港之一，随着贸易的发展，与辽东半岛营口、旅顺、大连航运联系日益频繁。三港之中，龙口与营口的关系最为密切。山东每年向东北移动的人口，原以烟台为中心。龙口兴起后，在很大程度上分流了大量移民。开埠前的1912年，往返于龙口和渤海、黄海沿岸港口的轮船有24艘，往返566艘次，总吨位286845吨，

① 实业部国际贸易局编《中国实业志·山东省》，实业部国际贸易局1934年版，第71（丁）~72（丁）页。

另有1260艘民船。这一年旅客进出人数达到8.5万人次。①

龙口开埠后，贸易日盛。由1915年至1936年的贸易指数看，龙口贸易持续增长，1920年以前可以看成贸易成长阶段，进出口贸易最高值出现在1935年，达到4982581元。龙口出口货物以杂粮、粉丝为主，进口以洋广杂货、木材为主。另外龙口为山东苦力进出的重要门户。据1914年日本田原天南调查，经龙口港往来于东北三省之山东苦力不下三四百万人。②

20世纪30年代，就土货贸易而言，龙口最大出口商品为粉丝，在全国亦居首位。粉丝又名粉干，系绿豆磨粉所制成，故亦名绿豆面。此种绿豆，多由关外输入，粉丝之集中地点虽在龙口，但龙口并无粉丝之制造。此种出品，为鲁东各县农家主要副业之一，每年由龙口输出者达二十余万担，价值三四百万两。粉丝销路，向以华南各埠为最大，如香港、汕头、广州、厦门、福州等处，而尤以香港为最大主顾。次为江浙两省之上海、宁波，再次为长江各口如长沙、岳州、九江、汉口等地。近年香港市价低廉，烟台粉丝起与角逐，故此项贸易，其数骤减。龙口经营此种出口事业者，不下二三十家，以万盛福粉干庄为最大，该庄资本一万元，开办于民国六年，每年营业额达十余万元。③

龙口出口土货中，除了粉丝，当推草帽。草帽原为胶东各县特产之一，在昔蜚声国内外。此种草帽，一部分由烟台出口，一部分则由龙口输出。龙口虽无制造草帽之厂家，但经营草帽出口业者，统计不下十余家。据海关报告，1930年以前，草帽之由龙口出口者，年有增加，如1927年170269顶，值14446两；1928年228965顶，值18931两；1929年290252顶，值24035两；1930年331629顶，值39386两。龙口草帽之最大销路为

① 山东省航运管理局编史办公室编《山东航运史（送审稿）》（近代部分），1991年版，第143页。

② 山东省航运管理局编史办公室编《山东航运史（送审稿）》（近代部分），1991年版，第144页。

③ 实业部国际贸易局编《中国实业志·山东省》，实业部国际贸易局1934年版，第78（丁）页。

东三省。自 1931 年“九一八”事变发生后，出口即减至 171471 顶，值 24980 两，1932 年再减至 35346 顶，仅值 4607 两。①

表 5.2　1915—1936 年龙口贸易概况

单位：国币元

年份	进口	出口	合计	贸易指数（1916＝100）
1915	330. 9027		330. 9027	1
1916	24709. 07		24709. 07	100
1917	10216. 2	14839. 14	25055. 34	101
1918	1465. 792	96768. 81	98234. 602	398
1919	5390. 763	395373. 1	400763. 863	1622
1920	3829. 825	303532. 6	307362. 425	1244
1921	72980. 29	1121147	1194127. 29	4833
1922	22240. 77	1313573	1335813. 77	5406
1923	23313. 42	1671800	1695113. 42	6860
1924	83630. 47	1976683	2060313. 47	8338
1925	149597. 9	1636564	1786161. 9	7229
1926	327361. 8	2107599	2434960. 8	9855
1927	75203. 13	3606370	3681573. 13	14900
1928	153996. 2	2719904	2873900. 2	11631
1929	307668	2494986	2802654	11343
1930	238531	2497446	2735977	11073
1931	282439. 8	1744011	2026450. 8	8201
1932	888800. 5	2029363	2918163. 5	11810

① 实业部国际贸易局编《中国实业志·山东省》，实业部国际贸易局 1934 年版，第 78（丁）~79（丁）页。

（续表）

年份	进口	出口	合计	贸易指数（1916 = 100）
1933	1013391	2993739	4007130	16217
1934	1530995	2850507	4381502	17732
1935	2026479	2956102	4982581	20165
1936	1321917	1867332	3189249	12907

资料来源：交通部烟台港务管理局编《近代山东沿海通商口岸贸易统计资料（1859—1949）》，对外贸易教育出版社1986年版，第26～27页。

说明：原表1933年以前数据单位为海关两，1933—1936年数据单位是国币元，本表按1海关两 = 1.558元换算为国币元。本表数据均以南开进出口价格指数换算。南开价格指数来源于孔敏主编《南开经济指数资料汇编》，中国社会科学出版社1988年版，第375～376页。

龙口港建成后，航运业发展更加迅速。下表为1921—1930年出入龙口港船舶概况，可见贸易与航运业鼎盛之一斑。

表5.3　1921—1930年各国船舶出入龙口概况

年份	英船		法船		意船		日船		华船		总计	
	只数	吨数	只数	吨数	只数	吨数	只数	吨数	只数	吨数	只数	吨数
1921	170	47582	56	18276			194	73976	1011	234578	1431	374412
1922	134	39868	6	1926			190	73532	1153	265456	1483	380782
1923	126	38832	70	20742			204	79076	1101	283121	1501	421771
1924			130	34320	2	268	229	96166	902	247628	1263	378382
1925			68	15748			308	134528	918	253124	1294	403400
1926							241	98712	874	275352	1115	374064
1927			42	9492			221	87625	912	274235	1175	371352
1928			18	4068			324	121446	885	282764	1227	408278
1929			76	17176	10	6300	517	184549	769	266551	1372	474576
1930			102	11162			310	114878	1058	371166	1470	497206

资料来源：实业部国际贸易局编《中国实业志・山东省》，实业部国际贸易局1934年版，第74（丁）～75（丁）页。

龙口贸易路线主要有水陆两条。首先是陆路。龙口陆路交通，尚称便利。一战发生时，日军为攻略青岛后方计，曾由此登陆，建设军用轻便铁道，后经我国抗议而取消。当时有汽车路二：一为烟潍路，东北达烟台，西南至潍县，与胶济铁路相衔接，每日各开上下车两班；另一路经黄县、招远、莱阳、即墨以至青岛，开车无定期。其次，海路交通较陆路交通更为便利。龙口离烟台计九十里，离大连一百二十海里，离天津、营口各二百海里，离羊角沟一百海里，离虎头崖五十五海里，离石虎嘴二十一海里，离下营六十七海里，离海庙五十海里。龙口与上述各港，常有定期及不定期航线，贸易联系频繁，其中尤以与营口、旅顺、大连三港为最。三港之中，又以龙口与营口之关系最为密切。山东每年向东北移动之人口，不特大部分皆由龙口转往营口，即豆饼、驴马、高粱、杂货等，亦全由营口输入龙口。龙口和营口间的航运，是中、日、英三国竞争的目标。于是有太古洋行、怡和洋行、旗昌洋行、肇兴公司等，各以一千吨左右吃水较浅之“温州”“牛庄”（以上太古）、“怡生”（怡和）、“肇兴”（肇兴）、“芝罘”（旗昌）各轮航行。五轮间运费均有协定，且有相当的赢利。但营口日商东和公司因与鲁人北移有特殊关系，故将“第二永田丸”直当其冲；其后招商局亦派“立裕”轮加入航行，于是航运竞争益烈。太古、怡和两洋行知卷入漩涡之不利，即将该航线之船调往他方，招商局亦将“立裕”移为安东上海间的航船，故20世纪30年代初航行之轮惟东和、肇兴、旗昌三公司而已。三公司之间，亦成立协定，且定五日一航。龙口与旅顺、大连之关系，其密切程度仅亚于龙口与营口。除了一部分人口移动，抚顺煤及豆饼、杂货之运输亦依赖该航线。在1911年，即有日商北清轮船公司，受关东州当局之津贴，派船行驶于大连、龙口之间，每月航行四次，由大连经旅顺、蓬莱至龙口。嗣后又减低运费，加派轮船，使龙口与旅、大之交通，几为日本人所专有。龙口与天津之关系，原不若与东北各口之重要，往来此间者，多以河北工人在此转往东北为主，其他商品之贸易则寥寥无几。两港间仅有不满百吨之小轮往来其间。龙口与渤海湾西部地方如石虎嘴、虎头崖、羊角沟之间，有自烟台起航之小火轮每周往来二次。此种小火轮专为运输工人之用，但民船则将西部地方所产之杂粮运至龙口，复输入少许杂货，此种贸易为龙口商人主要之营业。此线民船来往最盛者，当推羊角沟、利津、降济、西锦州等地。往来诸港间的民船最大的可载重五百担至千担，较小的亦可载重八十担至三百担。除了上述各港，龙口与安东、大孤山、貔子窝等处，亦有水路交通为之联络。安东输入龙口之货，以木材为主，其数殊堪惊人。船只之往来此二港者，又经蓬莱，故于工人之输送，颇为踊跃。至于大孤山、貔子窝等地，虽有东三省食粮之输入，但因价格较昂，不能与羊角沟、利津、降济等处相抗，故民船往来，亦锐减矣。①

最后，龙口港直接腹地为黄县、掖县东北部，蓬莱西部，招远北部等地，间接腹地为潍县和淄川、博山等地区。龙口港虽然腹地不大，但是对外辐射区域范围较广，渤海沿岸、辽东地区都在其辐射范围之内，应该说是一个中转型的港口。

---

①　实业部国际贸易局编《中国实业志·山东省》，实业部国际贸易局1934年版，第72（丁）~74（丁）页。

第六章　近代山东港口腹地的经济转型

近代山东区域经济转型最初源于烟台、济南两地。在1904年之前，烟台一直是山东区域的贸易中心、经济中心，济南一直是山东的政治中心。这两个发源地也深刻诠释了上述两座城市经济转型的动力和原因。近代中国各区域经济转型多发源于两个因素：一是外资在通商口岸设立工厂。烟台是山东最早开放的通商口岸，最先出现近代工业。例如1866年李契曼开展修船业务，配备机械设备，承修进出港的国内外船只。1872年美国商人在烟台设立蛋粉厂，从周边地区收购鸡蛋，加工成黄、白蛋粉出口，后由于资本少，产量有限，不久倒闭。烟台每年出口大量的生丝，但是生丝质量不如西方，因此缫丝业成为机制工业的突破口。1877年德国宝兴洋行组织中外资本在烟台设立缫丝局（Crasemann Hagen Filanda），以外国机器织造茧绸，质量远胜土产，但价格昂贵，无法与土货竞争。该局最大的贡献在于引进西式足踏机，从事小框缫丝，替代旧式手摇缫车。二是非经济的因素，比如官办国防工业、官办工矿业就是重要的开端。济南为省府所在，自然成为军事工业落户地。1875—1876年间，山东巡抚丁宝桢在济南北郊洛口镇附近创办的山东机器局是山东较早的近代工业。另外，在19世纪七八十年代，山东官方采用官办或官督商办形式，相继兴办了多家工矿企业。例如1878年兴办峄县中兴矿局，1885年兴办平度金矿。1887年山东巡抚委派徐祝山在淄川开办淄川铅矿，同年还开办淄川煤矿。这些工矿企业因体制机制问题，往往人去业废，或者陷于僵局而停办；有些企业虽为商办，但是受官方影响较大。该类型企业到1894年遇到一些困境，往往是硕果仅存。

近代山东区域的工业首先发生于约开商埠，1895 年外国在内地的投资解禁后，才开始向内地城市扩散；1901 年新政改革后，工业投资逐渐增多，投资领域和范围都得到较大扩张；1912 年民国建元后，工业投资势头更胜一筹，民间投资呈井喷之势，而且在地域上有了很大的扩展，开始蔓延到全省大部分城市。具体见以下章节。

第一节　近代山东工业经济的特征

一、转型性

近代山东工业大体可以分为工厂工业、作坊手工业、店铺手工业、家庭手工业四种发展形态，就工业性质可以进一步划分为纺织工业、饮食品工业、化学工业、五金机器工业、日用品工业及其他工业六种。其中纺织工业包括棉纺业、棉织业、缫丝业、丝织业、针织业、抽纱业、发网业、地毯业、丝边业、花边业等；饮食品工业包括榨油业、酿酒业、酱园业、饮料业、制蛋业、面粉业、精盐业、制烟业、粉干业、阿胶业、茶食及其他饮食品等；化学工业包括陶瓷业、玻璃业、造纸业、烛皂业、漂染业、制革业、火柴业、颜料业及面碱业等；五金机器工业包括铁工业及五金业各种；日用品工业包括草帽辫业、鞭炮业、柳条编制业、制绳业、制毡业、木石雕刻业、毡鞋帽业、纽扣业、木器业及皮胶业等；其他工业包括印刷业、电气业、自来水业、轧花业、石粉业、砖瓦业、石灰业等。[①] 上述近代工业行业中，基本上使用机器生产或者利用现代技术的有棉纺业、缫丝业、机器造纸业、面粉业、精盐业、制烟业等，当然也不排除其他工业行业在个别生产环节中运用机器，或者实现改良。实际上这种“半工业”的状态更加体现了近代中国经济的“转型性”特征。据《中国实业

---

① 实业部国际贸易局编《中国实业志・山东省》，实业部国际贸易局 1934 年版，第 113（乙）页。

志·山东省》的详细调查，除了规模较小的家庭手工业、农村副业不计，全省共有 10624 家工业企业，具体结构如下表。

表 6.1　20 世纪 30 年代山东工业结构表

工业种类	数量（家）	百分比（%）
纺织工业	3282	30.89
饮食品工业	3846	36.20
化学工业	908	8.55
五金机器工业	293	2.76
日用品工业	1094	10.29
其他工业	1201	11.31
共计	10624	100

资料来源：实业部国际贸易局编《中国实业志·山东省》，实业部国际贸易局 1934 年版，第 114（乙）页。

表 6.2　20 世纪 30 年代山东工业企业工人分布情况

工业种类	工人数（人）	百分比（%）	每家平均工人数（人）
纺织工业	30434	32.07	9.27
饮食品工业	21153	22.29	5.50
化学工业	17873	18.83	19.68
五金机器工业	7301	7.69	24.91
日用品工业	7459	7.86	6.81
其他工业	10682	11.26	8.89
合计	94902	100	

资料来源：实业部国际贸易局编《中国实业志·山东省》，实业部国际贸易局 1934 年版，第 115（乙）~116（乙）页。

表6.3　20世纪30年代山东工业行业资本调查表

工业种类	资本数（元）	百分比（%）	平均资本（元）
纺织工业	9601209	22.25	2925.41
饮食品工业	16917424	39.20	4398.70
化学工业	3546877	8.22	3906.25
五金机器工业	2721035	6.31	9286.81
日用品工业	654725	1.52	598.47
其他工业	9711367	22.50	8086.06
共计	43152637	100	

资料来源：实业部国际贸易局编《中国实业志·山东省》，实业部国际贸易局1934年版，第118（乙）~119（乙）页。

由以上三表可见，经过近代九十多年的工业化，山东工业已经有了长足的发展，但仍以轻工业为主，只有不多的铁工厂从事五金和机器制造，像钢材、化工等基础工业原材基本空白。从工业行业结构看，山东工业还是“超轻化”的，工业化还处在初级阶段。从工厂工人数和资本规模看，山东全省工厂共计有10624家，但工人只有94902人，工人数很少，在整个山东近4000万人口中，可以说微不足道；而且平均每家不过9人多，可见工厂规模很小。在各类工厂中，以纺织工人最多，使用机器也较多，但从工人和资本看，企业规模也是非常小，说明存在大量的规模以下的工场手工业。总之，从工业行业资本、工业行业结构、工人数量与结构看，山东工业的转型性非常明显。

在《中国实业志·山东省》实业统计数据中，已经包括了一些一定规模以上的工场手工业，但实际上在实业统计之外，各城镇仍然存在不计其数的规模更小的工场手工业、店铺手工业、家庭手工业，和数量更多的从事纺织、编织、开矿的手工业者。他们同样为市场、贸易提供大量的商品。近代山东正处在由手工生产向机器生产、手工作坊向大工厂转化的过渡阶段，因此其工业结构、组织方式必然存在大量的“转型性”特征。本书正是想通过研究近代主要产业在生产方式、组织方式等方面的演化来确定工业转型的过程、程度和机制。

二、区域性

近代中国经济转型主要在东部沿海地区，主要集中于东部沿海地区的开埠城市和交通枢纽城市。这种经济转型过程中近海布局的倾向性在山东并不例外。近代山东区域经济的发展源于、集中于沿海约开商埠、胶济铁路沿线地区的华洋商埠。中西贸易、西式企业组织方式和西式机器也主要集中于上述地区的商埠城市，因此山东经济转型必然是不平衡的，区域性特征明显。《中国实业志·山东省》统计资料也证明了这一点。

表6.4　1931年山东工业资本、工人地域分布情况统计表

地名	工厂数（家）	工人数（人）	资本（元）
济南	76	7226	7018044
烟台	11	1134	4596000
周村	6	910	291000
潍县	4	279	460000
青州	3	546	117400
威海卫	3	550	190000
临朐	14	1648	273000
滕县	2	25	35000
昌邑	3	10706	50000
泰安	4	49	75240
临清	5	75	51000
寿光	2	76	6300
龙口	2	19	105000
济宁	2	624	450000

（续表）

地名	工厂数（家）	工人数（人）	资本（元）
邹县	2	38	28577
莱芜	2	219	9500
夏津	3	76	6000
德县	3	68	3500
单县	1	21	3500
章丘	1	6	1000
定陶	1	17	2000
嘉祥	1	5	3000
鄄城	1	29	
聊城	1	80	10000
即墨	2	240	35000
蒙阴	1	120	50000
胶县	2	360	18000
日照	1	23	1962
莱阳	1	35	3000
高唐	1	13	1000
蓬莱	1	8	100000
淄川	2	354	24000
沂水	6	666	127500
昌乐			5000
青岛	158		229246340
合计	328		243396863

资料来源：实业部国际贸易局编《中国实业志·山东省》，实业部国际贸易局1934年版，第116（乙）~120（乙）、53（丙）~56（丙）页。

说明：青岛数据为机制工业加总数值，不包括手工业部门。《中国实业志·山东省》第117（乙）页记载全省工业资本总额为43152637元，与上表资本数据相差约2亿元，应该是统计口径不同所致。

从上表工厂数、工人数、资本数看，现代工业主要集中在青岛、济南、烟台、潍县、周村、龙口、威海、济宁等几个开埠通商或者贸易比较发达的沿运河城镇，工业发达程度远远高于一般的县城；除了个别的手工业专业县城如临朐、昌邑，一般县城的工业发展水平较低，工业资本实力较为弱小，基本是一两家资本较小的食品工业或火柴业。在几个开埠通商城市中，青岛工业资本实力强大，远远超过山东其他市的资本总和，可见其工业发展水平远远高于其他几个开埠城市。济南、烟台工业发展水平处在第二个层次，工业资本超过400万元，其他几个通商口岸的资本数相差不大。第三个层次是非开埠通商城市，如有些县城或其附近有一些特色工业，例如昌邑（柳疃）、临朐（冶源）、牟平、栖霞等地的丝织业，临淄、博山、坊子、枣庄等地的工矿业。第四个层次就是一般县城的工业，主要以满足地方需要为主。

另外，从地域上看，那些发达的工业城市主要集中在胶济铁路沿线地区和沿海、沿河地区，多是交通枢纽和港口、码头城市。总体而言，开埠城市和铁路经过的城市和地区的工业企业数量比较多。为了进一步说明近代山东经济转型的区域性，研究城市或地区的内在转型逻辑，接下来从主要的城市入手，仔细考察其工业转型发展进程。

第二节　近代烟台城市工商业的发展

一、烟台商业概况

烟台是山东最早的约开商埠，曾经是山东最大的贸易中心、经济中心，在1906年之后逐渐为青岛所取代，但仍然不失为山东的重要口岸，经济发展水平与济南处在一个层次，较之威海卫、龙口等通商口岸，则要更胜一筹。烟台贸易在前面已经详细论述，在此主要论述烟台具有特色的商业。

（一）贸易服务业

烟台在开埠通商之前，已经有数十家商号，专门从事南北贸易、渤海湾贸易。1861 年开埠通商后，烟台作为约开商埠城市，其城市商业中存在大量的贸易服务行业，例如从事中外贸易的行栈和洋行、保险公司、报关行，而且上述行业极为发达。1864 年，英国商人在烟台山开设和记、汇昌洋行，自此之后外国商号纷至沓来。1894 年，外商共在烟台山下设立银行、洋行 10 多家，甲午战争后，工业投资限制解除，1901 年有洋行 26 家。至 1936 年累计有 10 多个国家开设了 50 多家洋行。①

烟台保险业肇始于宣统年间，当时只有一两家，至 1921 年逐渐兴盛，1929 年代理火险保险公司就有 15 家，1933 年以后增加到 24 家，全年火险保额 4000 万元，其中华商约 1000 万元，洋商约 3000 万元。烟台水险保险完全为外国商人垄断，其他如人寿保险、汽车保险等都在试办中。②

烟台报关行以代理客人报关、转运货物为主要业务。该业务自开埠通商以来即应运而生，最初只有五六家，清末增至 30 余家，后陆续倒闭 10 余家。1916 年，成立报关行同业公会，加入者只有 12 家，1931 年增至 18 家，据 1933 年调查有 28 家，总资本 61130 元，全年营业额 145600 元。③

烟台经纪业共有 50 家，均属于代客买卖性质，因其经营货物不同，可以分为两类：一是土产经纪，系客店兼营代理买卖乡间土产，农民投店歇宿，由店方介绍商行成交，向双方收取佣金，因此盈利颇丰。20 世纪 30 年代共有此类商行 39 家，资本额 42584 元，全年营业额 2246000 元。二是茧绸经纪，概称绸业代理店，代客经卖，向洋行抽取佣金。茧绸为胶东特产，质量较好，结实耐用，以前运销欧美，颇受欢迎，1917 年前后，出口数量达到七八十万匹，价值千余万元。嗣后日本参与竞争，特别是“九一

---

① 张河清《烟台形成外国人居留区之经过》，见《列强在中国的租界》编辑委员会编《列强在中国的租界》，中国文史出版社 1992 年版，第 396 页。

② 实业部国际贸易局编《中国实业志·山东省》，实业部国际贸易局 1934 年版，第 63（丁）页。

③ 实业部国际贸易局编《中国实业志·山东省》，实业部国际贸易局 1934 年版，第 62（丁）~63（丁）页。

八”事变后，丧失辽宁大宗茧源，茧绸市面一蹶不振，只剩下11家，资本额107100元，全年销量只有18万匹，营业额246万元。① 贸易服务业因贸易而兴，亦因贸易衰落而衰落。

（二）土货集散商业

因为青岛港和胶济铁路的关系，山东大宗洋货主要由青岛进入内地，而烟台的商业活动主要围绕着出口的土货展开。从大豆、野蚕茧与蚕丝、草帽辫，再到花边、发网等，作为商埠的烟台其商业活动始终围绕出口品的集散展开。到了20世纪30年代，烟台商业以经营刺绣及织造品商号居多，其次为鱼行、水果行，这说明出口的货物发生了显著的变化。具体如下表。

表6.5　20世纪30年代烟台商货流通概况

业别	家数（家）	资本额（元）	营业额（元）	货品种类
绣庄业	118	245225	4799468	刺绣、花边、发网及其他织品
鱼行业	81	135985	1884510	鱼虾
水果行业	56	58350	1400600	水果
粉干行业	53	454746	9258290	粉丝
绸布庄业	30	454000	6700000	绸缎、布匹
杂货业	30	227157	5916349	杂货
杂粮业	29	118480	2179748	杂粮
花生行业	16	33700	743500	花生果、花生仁
茶叶业	4	56000	403000	茶叶

资料来源：实业部国际贸易局编《中国实业志·山东省》，实业部国际贸易局1934年版，第64（丁）~65（丁）页。

① 实业部国际贸易局编《中国实业志·山东省》，实业部国际贸易局1934年版，第62（丁）~64（丁）页。

从上表可见，截至20世纪30年代，烟台商业中以刺绣、花边、发网及其他织品为主的绣庄业开始占据优势地位，但以粉丝为主的粉干业和以绸缎、布匹为主的绸布庄业仍然占有重要地位。

（三）烟台的金融业

近代烟台金融业的发展也有通商口岸的特色。烟台金融主要包括汇兑庄、银号、钱庄、银行四类。具体分述如下。

1. 汇兑庄

汇兑庄系骡马店兼营汇兑及存放款业务，其金融来源与营业范围遍及烟台、龙口、威海等埠及胶东十县（福山、文登、牟平、莱阳、蓬莱、掖县、招远、黄县、荣成、栖霞），甚至远至东北各省，影响巨大，在每年侨汇中也发挥重要作用。汇兑庄存款大都吸储于本地，放款于胶东各县及济南、青岛等处。烟台金融入超严重，依赖东北汇款保持平衡。自“九一八”事变后，东北汇款几乎断绝，汇兑庄业务一落千丈。[①]

2. 银号

烟台的银号也曾经在商埠中发挥主导作用。商埠银号主要业务有活定期存款、同业存款、信用放款及代客买卖汇票等，资金多来源于烟台本埠，通汇地点有青岛、济南、上海等处。用两时代，银号为银行业、钱庄业的准备库，现银都存在银号库中，交易时只需开出支票，作账上拨划即可，不动现银。除了汇丰一家以现银与银号往来，华商银行中中国银行、交通银行为简化手续，同样库存现银，并不兑现。当时烟台宝银总计25万两，如果以现银交易，则存银必然不敷。银号为稳固地位计，相约无论汇水如何有利，都不运现银出境。汇丰库存银两，仅足够其营业的准备金，亦并不运出。这是昔日银号在烟台金融市场占据绝对优势地位的原因。废两改元后，银号势力逐渐削弱。[②]

---

① 实业部国际贸易局编《中国实业志·山东省》，实业部国际贸易局1934年版，第69（丁）页。

② 实业部国际贸易局编《中国实业志·山东省》，实业部国际贸易局1934年版，第69（丁）~70（丁）页。

3. 钱庄

钱庄也是烟埠金融的重要一环。钱庄的存款放款都在烟台本埠，通汇地点为北数省及胶东各县。“九一八”事变后，钱业也逐渐萧条，废两改元后，更加无法维持，不断出现歇业者。据20世纪30年代初的统计，钱庄存款及商业存款共约600万元，因为过度放款，导致半数以上资金被调到外埠。①

4. 银行

银行在烟台金融体系中的作用逐渐增强。银行业务种类主要分为往来存款、定期存款、储蓄存款、同业存款、信用及抵押放款、贴现放款、进出口押汇、买卖公债等。烟台全埠有中国、交通、民生三家华商银行的分行，洋商银行只有汇丰分行，但因为烟台进出口贸易几乎全部操纵于洋商，洋商又大多与汇丰往来，故汇丰营业独盛。后来，中国银行、交通银行开始经营外汇业务，又竭力提倡押款押汇，营业颇见成效。自东北沦陷，胶东变乱，外加世界经济不景气，金融市面萧条，外国银行与银号、钱庄都大受打击，独中行、交行营业猛增，因为废两改元后，现金大都集中于中交两行，实力最为雄厚。②

由此可见，烟台金融业与贸易、移民、土洋货集散有着密切的关系，从中也可以看出烟台在沟通山东与东三省经济联系中的重要作用。另外，从传统与现代金融机构的密切联系可见，烟台金融业也处在转型中。随着废两改元等措施的实施，银行在城市经济中的作用显著增强，传统金融逐渐退居次席。总之，近代的烟台已经成为全球市场的一部分，受到西式工业、技术和制度的影响，在全球化与本土化交织中展开了转型过程。

二、烟台的工业转型

近代烟台机制工业的发展首先开始于与贸易有关的行业，诸如缫丝业、榨

① 实业部国际贸易局编《中国实业志·山东省》，实业部国际贸易局1934年版，第70（丁）页。

② 实业部国际贸易局编《中国实业志·山东省》，实业部国际贸易局1934年版，第70（丁）页。

油业、织绸业等，也有一些劳动密集型的如花边、发网、刺绣等手工业出现，另外，具有地方特色的酿酒业、罐头业、精盐业等行业也逐渐发展起来。

（一）烟台的缫丝业

传统手工业在出口贸易推动下也逐渐由家庭副业向大规模的近代工厂手工业转变，走向近代化。缫丝业与茧绸业就是这种转变的典型产业。山东半岛野蚕丝与织绸业具有悠久的历史，但是长期以来贸易局限于国内，贸易量不大，生产技术水平很低。自19世纪六七十年代开始进入国际市场以后，野蚕丝与茧绸贸易在烟台出口贸易中占很大的比重。在西式缫丝技术传入之前，胶东缫丝业多是以家庭为单位的个体手工业，野蚕茧缫丝采用旧法生产，每年出口大量的生丝，但是生丝质量不如西方，因此缫丝业成为外资投资的突破口。1877年德国宝兴洋行组织中外资本在烟台设立纩丝局（Crasemann Hagen Filanda），以外国机器织造茧绸，质量远胜土产，但价格昂贵，无法与土货竞争。据记载，工厂最初使用的是手摇机，产量有限，有200台织机，日产仅50斤。1881年该局进行改组，华商资本占六成，且获得专利垄断。1882年又添置机器，部分采用机器生产，改进了茧绸质量，同时增加了生丝产量，产品销路有了起色。1883年公司再次改组，1885年因资本短缺被迫停业，1886年底以3万两转让给烟台道台，成为官办企业。该公司最大的贡献在于引进西式足踏机，从事小框缫丝，替代旧式手摇缫车。1892年该缫丝厂已经有一半的缫丝车使用蒸汽动力。1895年因经营困难，租让给华商兴泰号，更名为华丰纩丝厂，全部使用蒸汽动力，并进一步扩大了生产规模，1900年共有蒸茧锅38台，法国缫丝机550台，缫丝工550人，剥茧工等杂工47人，初期日产量150斤，后日缫丝增加到250斤。1899年兴泰号又投资7万元，建设占地20亩的华泰纩丝厂，1901年5月开工，有32马力的意大利蒸汽机1台，法国制生丝纩机8台，蒸茧锅28台，缫丝机530台。[①] 烟台机器缫丝业的规模逐渐扩

① 烟台港务局档案馆藏《Decennial Reports，1892—1911》，Chefoo，p. 81；［日］峰村喜藏《清国蚕丝业大观》，1904年，第284～286页。转引自庄维民《近代山东市场经济的变迁》，中华书局2000年版，第357页。

大。但是烟台腹地的缫丝技术进步不大。1881 年乳山木匠宋生改制的脚踏缫丝车，造价低，工效高，缫丝质量好，很快普及胶东地区。这是胶东地区仍然按照传统方式缫制大框丝的重要原因。

山东地区野蚕丝产地主要集中在山东半岛的烟台、宁海、栖霞、登州等地，但到 19 世纪 70 年代以后，野蚕茧供不应求，便用民船从东北运回野蚕茧，在宁海的戏山口上岸。宁海由此成为山东最大的野蚕茧集散基地，烟台次之。栖霞较之烟台接近内地，加上自东北运回野蚕茧，丝业也比较发达。待汽船替代民船成为山东半岛到东北的主要交通工具后，烟台直接从东北运回大量野蚕茧，从而成为山东最大的野蚕茧集散中心、野蚕丝缫丝业中心。①

随着国内外生丝、丝织品贸易的发展和市场的扩大，胶东地区的柞蚕缫丝业和丝织业逐渐壮大起来，不仅成为该区域重要的手工业行业，而且受西方贸易和技术的影响，逐渐向近代机制工业过渡。1903 年烟台有手工缫丝工场 16 家，有华丰、华泰、益丰 3 家机器缫丝工厂，合计有工人 5500 余人，野蚕丝全年产量大约 8250 担。1904 年手工工场达到 18 家，1906 年达到 20 家，有缫丝工人 8500 余人，年出野蚕丝约 10546 担。②1909 年，烟台各个纩丝工场因获利丰厚，投资大增，共有手工纩丝工场 38 家，机器纩丝局 3 家，缫丝工 17000 余人。1911 年缫丝工场发展到 40 家，缫丝工人约 14000 余人，年产野蚕丝 14000 担。1912 年，烟台手工缫丝工场增加到 44 家，缫车总数 14629 台，野蚕丝年产量约 15700 担。此外，缫丝工场规模也在不断扩大。44 家缫丝工场平均每家有缫丝车 332 台，其中拥有 500—600 台缫丝车的工场有 13 家。③ 到 1924 年前后，山东与辽东的产量分布开始发生变化。据 1924 年的《烟台调查》数据，每年烟台所用

---

① 刘素芬《烟台贸易研究（一八六七——一九一九）》，台湾商务印书馆 1990 年版，第 112 页。

② 《光绪三十二年通商各关华洋贸易总册·烟台口》，1907 年。

③ 烟台港务局档案馆藏《宣统元年通商各关华洋贸易总册·烟台口》，1909 年；《1902—1911 年海关十年报告》；万葆元《山东之柞蚕》，载《农商公报》第 4 卷第 4 期，1917 年，著译门。转引自庄维民《近代山东市场经济的变迁》，中华书局 2000 年版，第 322 页。

的柞蚕茧除了山东自产的约3万斤，以关东输入为最多，其中安东约有10万担，大连约有4万担，营口约3000担。烟台此时拥有30家纩丝工坊，共有机械纩车1.3万多台。与缫丝业最盛时相比较，少了1000多台。烟台野蚕丝出口最多时可达到七八百万两。[①]“九一八”事变后，东北野蚕茧茧源受阻，烟台缫丝业受到重大打击。

（二）烟台及其周边地区的茧绸织造业

受野蚕丝和丝绸出口日盛的刺激，烟台及其周边地区的柞蚕生产和丝绸业发展较快。1881年乳山木匠宋生改制的脚踏缫丝车，造价低，工效高，缫丝质量好，很快普及胶东地区，甚至流传到辽宁、河南、安徽等地。烟台成为野蚕茧丝业中心后，茧绸丝织业并没有随着缫丝中心而转移到烟台，仍然以昌邑、宁海、栖霞为主要产地，除了原有的工场作坊，更重要的是当地优良的水质和干燥的气候最适合织造茧绸，因此茧绸丝织业仍然以传统手工生产为主。

胶东缫丝织绸工业受到柳疃的巨大影响，获得较大发展。从1912—1926年，胶东一带的纩坊和机房发展到1200余处。柳疃丝绸技工每年有七八千人赴胶东烟台一带和辽宁柞蚕区缫丝织绸，他们带去了成熟的技术和经营经验。胶东一带丝织业集中地要数栖霞县，在栖霞唐家泊村更为集中；其次是烟台，那里不仅有丝绸厂，并有数家丝绸代理店；再次是牟平、乳山、莱阳、海阳、荣成、文登等县。[②] 在贸易的推动下，野蚕缫丝业、织绸业成为胶东最具优势的产业。1917—1918年，胶东茧绸出口数量达到七八十万匹，价值千余万元，嗣后因日本起而竞争，外加各国提高关税，受到打击，特别是“九一八”事变后，辽东茧货无法进入山东，茧绸市面遂一蹶不振。截至20世纪30年代初，烟台尚有11家绸业代理店，全年销量只有18万匹。[③]

---

① 郭寿生《烟台调查》，载《向导周报》1924年第65期，第522页。

② 中国人民政治协商会议山东省昌邑县委员会文史资料研究委员会编《昌邑文史资料》第四辑，政协昌邑县文史委1989年印行，第2~8、70、110页。

③ 实业部国际贸易局编《中国实业志·山东省》，实业部国际贸易局1934年版，第64（丁）页。

据1902年刊行的《野蚕录》记载："烟台之商务，以缫丝为大宗，即沿海百余里内之市镇，亦莫不以缫丝为恒业，缫房之大者，往往安车一二百架或数十架不等，是名内軖；无业贫民及妇女之无事者，授以茧而代缫于家，是名外軖；人烟辐辏之区，车声聒耳，比比皆然。"至1920年统计，烟台及附近各县共有缫车2万余台，年产柞丝1000余吨；有丝绸厂、坊500多家，木织机4000余部，年产柞绸1000余万米，从业人员达4万人。烟台市区有纩丝坊36家，丝织厂42家，以益昌、恒兴德、汇昌泰、阜丰、隆大、同利、协昌、裕生盛、裕盛、长盛等厂比较出名。1927年之后，由于丝绸厂主只图获利而竞相掺浆，烟产丝绸在国际上失去信誉，出口锐减。"九一八"事变后，东北茧、丝来源被卡，烟台柞蚕业、丝绸业每况愈下。1936年以后，为振兴烟台丝绸业，阜丰、汇昌泰、长盛、同利等厂家倡导行业改良，一方面限制丝绸掺浆，提高产品质量，另一方面积极引进铁木织机和提花机，增加花色品种，使得奄奄一息的烟台丝绸工业恢复生机。全面抗战时期，丝绸工业凋零，但据1944年的统计，烟台全市尚有180台铁木织机，80台提花织机。另外抗日根据地乳山经纶丝绸厂有30台机动铁木织机、20台人力提花织机，栖霞大经丝绸厂有20台提花织机。① 1936年烟台丝绸业改良对于整个胶东地区的丝绸业由手工生产向机器生产转型发挥了重要作用。但在此必须指出，与大量分散的织户相比，上述企业及所用的铁木机、提花机数量是微不足道的。由此我们可以看出，茧绸织造业的转型是极为缓慢的，竟然一直拖延到1936年绸业改良，才开始全面换装铁木织机和提花机。

（三）现代化的酿酒业

烟台葡萄酒酿造业源于张裕酿酒公司。张裕酿酒公司成立于1892年，由爱国侨领张弼士创办，先后投资300万两白银，拉开了中国葡萄酒工业化的序幕。张裕酿酒公司先后克服葡萄品种选育、酿酒技术等难关，成功

① 戚长恩《建国前烟台丝绸业概况》，见中国人民政治协商会议山东省烟台市芝罘区委员会文史资料研究委员会编《芝罘文史资料》第四辑，政协烟台市芝罘区文史委1989年印行，第114～116页。

酿造出葡萄酒、白兰地等产品。1915 年，张裕的可雅白兰地、红玫瑰葡萄酒、琼瑶浆、雷司令白葡萄酒荣获巴拿马太平洋万国博览会四枚金质奖章和最优等奖状。郭寿生先生曾经在刊载于《向导周报》第 66 期的《烟台调查》中说："该（张裕酿酒）公司的创办人为张弼士，构造楼房，建筑房栈酒窖等屋，占地六十余亩；栽植葡萄园，占地数千余亩，常年雇用工人有千余人，酒窖方广有百余丈，完全用坚石拱成，出品计有十四种。现在总经理为张秩裙（张弼士之子），在东山西山建有葡萄园，厂内榨葡萄机器酒房地窖及贮酒桶等，构造奇妙。并有自己建筑的玻璃厂，自制的玻璃瓶，全部酒工及园工达百余人，为烟台最大的工厂。"①

图 6.1　张裕公司大门

除了现代化的葡萄酒酿造业，烟台啤酒酿造业也非常发达。醴泉啤酒公司设立于 1920 年，资本 20 万元，也是烟台商埠的大型机制工业。据《烟台调查》报告："该（醴泉啤酒）公司设厂于老虎眼（岩），工人四十余名，全年出品啤酒约有三四万箱，汽水万余箱，机器冰每日四吨，其厂基占地六亩，总经理为王益斋，工厂执事人为李介臣，该厂待遇工尚不

① 郭寿生《烟台调查》，载《向导周报》1924 年第 66 期，第 530 页。

恶，技艺工人每月可得工银七八十吊不等，伙食宿舍均由厂中供给。为烟台独一无二之专利事业。”① 醴泉啤酒公司的三光牌啤酒、汽水、苏打水销售甚为广泛。

图6.2　张弼士（前排右边第四位）在巴拿马万国博览会

资料来源：《炎黄世界》2016 年第 5 期。

（四）进口替代性质的工业

1. 机器卷烟业

1905 年，天津官商合办的北洋烟草工场在烟台设立分厂，使用机器生产纸烟。受其影响，此后数月间，烟台相继成立中安、隆盛、仁增盛、恒利四家机器卷烟厂。其中中安公司由同泰和行栈经理唐世鸿创办，资本 8 万元，从美国进口卷烟机 3 台、切烟机 2 台、吹雾机和干燥机各 1 台，职工 52 人，日产卷烟 20 万支。隆盛公司由商人王廷彬创办，资本 5 万两，有美制卷烟机 3 台、切烟机 1 台，职工 50 人，日产卷烟 30 万支。仁增盛烟草公司由商人孟昭颜创办，资本 3 万元，使用日本增田式卷烟机和切烟

① 郭寿生《烟台调查》，载《向导周报》1924 年第 66 期，第 530 页。

机，职工47人，日产卷烟20万支。恒利公司由商人易怀远创办，资本5万元，使用日本机器，日产卷烟5万支。上述四家卷烟厂成立初期，产销两旺，产品不仅行销于国内各商埠，而且出口国外。1906年，烟台出口卷烟价值6万两，1907年增至8.7万两，但是好景不长，由于经营欠佳，产品质量不稳定，外加国外卷烟厂竞争，各厂积压严重，被迫亏本出空，长期入不敷出，最后被迫歇业。①

2. 榨油业

自明清以来，山东半岛地区与江南、福建地区就存在大规模的豆货贸易。起初烟台有几十家大小油坊，生产规模都不大，多为几个人的小作坊。19世纪80年代以后，油坊的生产规模逐渐扩大，出现拥有4台研磨机和16台压榨机的大油坊，能够日产6000公斤豆饼和850公斤豆油。②1908年，烟台油坊从日本进口一批蒸汽榨油机，用以替代传统的榨油设备。至1911年，烟台使用蒸汽榨油机的榨油工场已经发展到12家，还有40家传统油坊。③ 后由于大连、营口等地油坊业的兴起，运往烟台的东北大豆减少，烟台榨油业和豆货贸易逐渐衰落。到20世纪30年代，烟台虽然还有二十几家油坊，但是产品主要供应当地，且被列入手工作坊工业范畴。

3. 造钟业

烟台造钟业，虽然资本不是很雄厚，但在中国近代具有重大的里程碑意义。德顺兴原名宝时造钟厂，创办于1915年，创办人李东山，资金2.5万元。宝时造钟厂堪称我国民族造钟工业的第一家，对我国钟表工业的发展和钟表技术的传播具有重要意义。宝时厂创办之初，技术设备十分简陋，经过数年筹备、摸索和反复试验，直到1920年以后才逐渐实现钟机自造，但主要原料如铜、铁板、钢丝、钟弦等仍需从日本或德国进口。从1915至1931年，德顺兴造钟厂的发展尚称顺利，生产也确有起色。从

① 庄维民《近代山东市场经济的变迁》，中华书局2000年版，第359页。

② 烟台港务局档案馆译《1883年贸易报告》。

③ 烟台港务局档案馆译《1902—1911海关十年贸易报告》。

1928 年到 1931 年，德顺兴达到鼎盛时期，共获利 10 余万元，职工从 100 多人发展到 500 余人，年产座钟、挂钟达 5.5 万只，销路畅通，生意兴隆。1927 年德顺兴分离出一部分技术人员，创立烟台第二家造钟厂——永康无限公司，后改名新德造钟厂，资金 3.6 万两白银，其中烟台义昌铁行投资较多，产品以座挂钟为主，最高年产量为 5 万多只，行销青岛、济南、厦门、汕头等地。接永康之后的是盛利（后改名胜利）造钟厂，创办人为李汉臣，由德顺兴的学徒工陈学元担任厂长兼技师，开业初期只有 15 人，到 1936 年发展至近百人。后来又有永业造钟厂兴起，创办人为李永吉，独资 5 万元，职工 100 多人，1933 年最盛时有职工 270 多人，年产座挂钟 1.7 万多只。后来该厂技师陈岐鸣又创办岐鸣造钟厂。红十字会主持创办慈业造钟厂。总之，到 20 世纪 30 年代，烟台相继创办的造钟厂多至六七家，钟表工人 1000 余人，年产座挂钟超过 16 万只，形成了一个具有相当规模的钟表工业，产品在国内享有盛誉。①

4. 其他工业

1905 年，烟台华商孙克选在烟台安设小型发电机组，1913 年生明电灯公司成立，资本达到 21 万两，向市区供电。1907 年，登州人杨滋勋、李文林自日本专门工艺科毕业后，在烟台集股创办登武公司，制造榨油机、轧棉机等多种机械，产品多为各地工艺局采用。②

表 6.6　20 世纪 30 年代烟台机制工业发展概况

业别	家数（家）	资本额（元）	年产值（元）	产品种类	销售范围
罐头食品业	4	76500	196800	肉类、鱼类、菜蔬、水果、糖食、酱菜	国内各大商埠

---

① 姜国璋口述，张河清整理《烟台德顺兴造钟厂始末》，见烟台市政协文史资料研究委员会编《烟台市文史资料》第一辑，政协烟台市文史委 1982 年印行，第132～134、137、144 页。

② 《各省工艺汇志》，载《东方杂志》第 4 卷第 12 期，1907 年，实业，第 199 页。

（续表）

业别	家数（家）	资本额（元）	年产值（元）	产品种类	销售范围
造钟业	3	80000	498750	座钟、挂钟	国内各大商埠、南洋
酿酒业	2	2292000		葡萄酒、啤酒、汽水	国内各大商埠、南洋
橡胶制品业	1	2000	15000	胶底、胶鞋	本埠
火柴业	1	50000	250000	火柴	山东、河北
面粉业	1	356000	514600	面粉、麸皮	本埠
精盐业	1	1000000		精盐、粒盐及副产品碳酸镁	全国
总计	13	3856500			

资料来源：实业部国际贸易局编《中国实业志·山东省》，实业部国际贸易局1934年版，第66（丁）页。

由上表可见，截至20世纪30年代初期，烟台机制工业主要为轻工业，具有全国影响的有造钟业、酿酒业、精盐业。这些工业立足国内市场，属于进口替代产业，受贸易的影响较小。受丝和丝绸贸易衰落的影响，已经出现机器大生产的缫丝业、织绸业却退出机制行业领域，退化成后面要提到的小工业，即手工业范畴。20世纪30年代，随着丝、丝织品贸易的衰落，烟台及胶东半岛的茧丝、茧绸业由手工作坊工业、家庭手工业向机器工业转型的进程被迫停止。

1924年前后，烟台发网、花边、抽丝品、线袜、肥皂、罐头、洋烛等小工业日渐发达。到20世纪30年代，上述工业行业成为支撑烟台城市经济和贸易发展的重要力量。具体行业的发展概况见下表。

表6.7　20世纪30年代烟台小工业发展概况

业别	家数（家）	资本额（元）	年产值（元）	出品种类	销售范围
织造刺绣业	143	740840	2293887	刺绣、花边、发网、台布	欧美
酿酒业	51	44500	134324	元酒	本埠
筐篓业	41	24050	34800	筐篓	本埠
绞绳业	30	103070	149000	船用绳索锚缆	沿海各埠
榨油业	21	205739	1882900	豆油、豆饼	福山、牟平等县
织布业	14	56950	308500	条子布、格子布	山东各县
翻砂业	12	41300	65100	生铁锅镬、火油炉等	本埠
碱业	8	14170	48460	面碱	胶东、锦州、辽宁
织绸业	6	20500	520000	绸缎	国内各大商埠、南洋、欧美
染业	5	18000	26200	染品	本埠、周村
制革业	4	8550	36000	鞋底匹	山东各县
洋烛业	3	4400	52000	洋烛	山东各县
皂业	1	80000	41000	肥皂	胶东各县、东三省
针织业	1	21000	19000	毛巾、腿带	山东各县
粉石笔制造业	1	1000	16470	粉笔、石笔	上海、东三省
汽水业	1	2000	4550	汽水	本埠
总计	342	1386069	5632191		

资料来源：实业部国际贸易局编《中国实业志·山东省》，实业部国际贸易局1934年版，第66（丁）~67（丁）页。

由上表可见，烟台与贸易相关的小工业非常发达，特别是发网、花边、刺绣等行业，甚至支撑着20世纪20年代以后烟台的贸易；也有一些进口替代性质的行业，例如皂业、洋烛业、汽水业等。在此需要指出的是，上述小工业中亦有使用机器生产的企业，只是以作坊手工业形式存在而已，属于劳动密集型的工业。这些工业同样在使用机器。这种情况恰恰也反映了烟台工业处在转型中。

第三节　近代青岛城市工商业的发展

一、青岛商业概况

（一）青岛的贸易服务业

在德国租借胶澳之前，该地域有塔埠头、女姑口、青岛口等南北贸易海口。此时胶澳应该不是像有的文献所说的“在昔不过一渔村耳”①。《胶澳志》记载：“青岛村初为渔舟聚集之所，旧有居民三四百户，大都以渔为业。今之天后宫、太平路一带乃三十年前泊舟晒网之所。章高元驻兵，而后渐成为小镇市矣。”② 在栈桥附近，庄严肃穆的天后宫早已经背山面海矗立在海边。这说明该区域南北沿海贸易的规模已经不小，而且已经有较长时间的商业行为。胶澳为德国租界后，贸易额346万两，后德国人多方经营，修筑港口和铁路以吸收货物，推动贸易发展，至1913年增至6000万两，逐渐超越烟台港成为山东第一大港及最大的贸易中心。

青岛土产贸易发达，与之相关的贸易组织也极为发达。青岛贸易的枢纽组织首推中日合办的取引所会社。各国取引所有会员组织、公司组织，有官办者，有商办者。青岛取引所会社属于公司组织。该取引所交易可以

---

① 童果顺《青岛济南商工业调查记》，载《商学季刊》第1卷第4号，1923年，调查，第3页。

② 赵琪修，袁荣叟等纂《胶澳志》卷一《沿革志一·历代设治沿革》，1928年铅印本。

分为期货与现货两种，均以调剂盈虚、调和损益为目的，虽有弊害，但其利亦甚薄。青岛取引所虽不能与上海、天津比肩，但兼营土产、证券、钱钞三种，且地居商埠，与内地自然不同。青岛取引所有物产部经纪人80余号，钱钞经纪人70余号，证券经纪人30余号。①

青岛华人商业组织资本虽少，但多另有财东，负无限责任，故财力充实，信用亦著，其为公司组织者较少。自1915年以来，日本人的商业公司组织日有增加，成功者固多，失败者亦不少。经营土产和进口贸易成绩较好的日本公司有：三井物产株式会社、峰村洋行泰利商会、铃木商店株式会社、三菱商事株式会社、汤浅贸易株式会社、日本棉花株式会社、大杉洋式、新利洋行、隆和公司、山东物产株式会社、江商株式会社、安部幸兵卫商店、伊藤忠商事会社。除了上述有信用的公司，大多数公司的营业成绩不好，股票价格多在票面以下。②

另外，德国租借胶澳后，效仿香港实施自由港制度，后改为自由地区制度，也是青岛贸易和商业发达的重要原因。1898年德国人按照既定计划宣布整个胶澳租借地为自由港，实施货物进出免费的自由贸易制度。早在进入青岛之前，德国人就已意识到，参与内地进口贸易的绝大部分将是中国人。德国人非常清楚，“将优秀的中国商人吸引到这里，似乎是繁荣青岛经济的一个很重要的前提条件。正像所有其他沿海口岸充分证明的那样，如果没有中国商人，贸易的持续繁荣是不可想象的；把他们吸引到我们这个年轻的贸易口岸来并使他们长期待下去，也是符合德国商人利益的”③。但自由港制度由于胶澳与内地关税壁垒的存在，而没有取得预期的效果。因为货物到达口岸后，不能立即脱销，需要运到胶澳与内地的边界

---

① 童果顺《青岛济南商工业调查记》，载《商学季刊》第1卷第4号，1923年，调查，第5~6页。

② 童果顺《青岛济南商工业调查记》，载《商学季刊》第1卷第4号，1923年，调查，第6页。

③ 青岛市档案馆编《青岛开埠十七年：〈胶澳发展备忘录〉全译》，中国档案出版社2007年版，第36页。

地区向海关完税后方可提货。1905 年 12 月 1 日，德国驻京大臣穆默和清政府海关总税务司赫德签订了《会订青岛设关征税修改办法》，随后又公布《青岛德境以内征税办法章程》，规定从 1906 年 1 月 1 日起，自由港免税区仅为以大港为中心的有限地区（非常类似于今天的保税区）。除了自由地区，租借地内所有货物均须向海关纳税。在陆地上，青岛自由港的面积由一条铁路路基和一道临时栅栏围住，这道栅栏可以根据以后需要，随意扩展。在自由港的入口处有胶海关大厦和查验出入货物的海关关卡。[①] 与此同时，胶澳租借地当局获得关税二成作为财政补贴。如此则青岛消除了之前干扰自由贸易区和内地间的烦琐关税壁垒，既具有外贸口岸的性质，又享有自由港体制的优势，还获得地方财政巨额补贴。1906 年新的自由地区制度实施后，德国、英国、法国在中国的多数大商行都在青岛开设分行或者代理机构，并有 7 条远洋客货航线定期到达青岛，竞相招揽出口货物和办理去欧美日港口的客运业务。[②] 由此，青岛租借地吸引了大批中外商人殖产兴业，不仅提升了贸易货物周转速度，也避免了在边界地区形

图 6.3　1898 年租借原东海关青岛分卡四幢平房办公的胶海关

资料来源：《青岛画报》。

① 青岛市档案馆编《帝国主义与胶海关》，档案出版社 1986 年版，第 108 页。
② 青岛市档案馆编《帝国主义与胶海关》，档案出版社 1986 年版，第 106 页。

成新的城镇。青岛口岸贸易进步飞速，城市工商业日益繁荣。

图6.4　1901年兰山路、中山路口西北侧的胶海关办公楼

资料来源：《青岛画报》。

图6.5　1914年位于大港附近的胶海关

资料来源：《青岛画报》。

另外，新设厘金税局的建议遭到列强的激烈反对，最后以海关代收子口半税的方式解决，即外来货物在海关完纳正税外，另外缴付正税一半的附加税（2.5%）。此后，进出货物无论由铁路还是其他交通工具运输，都不再缴税，在省内自由流通。商人也可以选择缴纳转口税，取得转口证明，以便货物出省时，不再缴纳附加税。①

胶澳德租借区特殊的制度以及后来的税收便利，在一定程度上激发了中外贸易机构进入青岛发展的热情，从而极大地推动了青岛贸易、城市工商业的发展。

（二）青岛的金融业

青岛原属于胶州，为胶州湾北部沿海海口。开埠之前，该区域经济中心尚在胶州湾西面之胶州，市面流行胶平银，势力很大。此时东部的青岛尚属于穷乡僻壤，几无金融可言，基本没有中式的钱庄、银号。

开埠以后，德国以青岛为开拓山东的根据地，为了加快港口、铁路和城市市政建设，为筹集资金并控制青岛金融，乃成立德华银行，于是才有现代金融可言。1914 年日本人强占青岛后，德华银行停止营业，日本正金银行取而代之。此时青岛的银行，除了汇丰、正金，1917 年日本成立朝鲜银行分行，1920 年又有正隆银行，1923 年增设济南银行，进出口贸易几乎全受其操纵，金融自不免为所把持。青岛只有中国银行一家华资银行，以经办税收关系，硕果仅存。此外，青岛还有一两家规模狭小的兑换庄。1922 年收回青岛，同年冬即增设山左、山东、东莱、明华四家华资银行。1923 年，交通银行在青岛设立分行，1924 年青岛地方银行成立。另外吴佩孚势力膨胀时，在青岛设立河南省银行；张宗昌势力大时，在青岛设立山东省银行，但均属昙花一现。1925 年中美合资的华懋银行在青岛设立分行，同年大陆银行在青岛设立办事处，1926 年天津致中银行在青岛设立分行，未及营业便停办。此后政局不宁，金融业没有大的进展，反而多家银行歇业。但此时外国银行反而有了进一步发展的机会，1923 年德华银行重建，1927 年麦加利银行在青岛设立分行。到 1930 年，青岛银行业迎来新契机。中央银行、中国实业银行、上海银行、金城银行等沪上各大银行纷纷在青岛设立分行。另外有大陆银行、中鲁银行、东莱银行、农工银行或

① 青岛市档案馆编《帝国主义与胶海关》，档案出版社 1986 年版，第 110 页。

设立，或重新开业。华资银行骤然增加，原因在于连年内战，导致农村经济濒临破产，现金避险纷纷流进上海。上海各大银行吸收大量存款，不得不谋划投资出路。因青岛为北方重要门户，出口土产颇多，且自1927年南京国民政府成立，南北统一，山东地方政局逐渐安定，商业因而兴盛。1930年世界经济不景气的影响尚未波及青岛，故银行业有了较大进步。据20世纪30年代初调查，青岛共有中外银行20家，计华资银行12家，日本4家，英国2家，德国1家，美俄合资1家。①

附属于银行界者，尚有中国传统金融势力银号、钱庄。在德日占领时代，青岛经济大的方面全由外国人控制。我国原有的金融组织，因为没有业务，未能成立。此时所谓钱业，不过一二兑换庄而已。1922年青岛收回后，本国银行纷纷成立，钱庄亦逐渐增多。银号到1927年始有产生，其中一部分为上海、烟台金融机构的分号，一部分由当地商人设立。20世纪30年代初，青岛有银号13家，总资本数31.2万元，存款数305万元，放款数352万元，全年汇兑额5114万元；有钱庄18家，总资本数116850元，全年营业额452.5万元。青岛银号规模比钱庄要大，二者业务完全不同。钱庄业务为兑换现洋、现金及买卖金票。银号业务则为存放款及汇兑。青岛收回后，土产贸易已经从洋商手中夺回一部分，故银钱业得以相辅发展，只是1929年以后受世界经济不景气的影响，营业已经不如往日之盛。②

齐燕会馆是青岛唯一的金融市场，凡中外银行、钱庄各业欲买卖国内汇票者皆于清晨齐集会馆。五天申票行市及从前银圆、银两兑换价格，皆在此成交。对上海电汇，则各银行派员于开市后，议价成交。又有中日合资的取引所钱钞部，则为买卖日金的市场。华商为挽回利权，于1932年成立交易所，专营花生米、花生油等物品交易。青岛货币整齐划一，票据习惯良好，处于国内领先地位，主要是因为德日占领时代发行专一，始为德

① 实业部国际贸易局编《中国实业志·山东省》，实业部国际贸易局1934年版，第58（丙）~59（丙）页。

② 实业部国际贸易局编《中国实业志·山东省》，实业部国际贸易局1934年版，第60（丙）~61（丙）页。

华继为正金银行，银铜辅币，厉行十进。青岛接收之初，仍有相沿虚本位之胶平银，但仅为贸易上使用，而青岛对外贸易及大规模工商业又多控制在日本人手中，因此实际上两种货币的调剂功能皆为外国银行所操纵。1929年华商银行渐次成立，积极推行废两改元，使用国币国钞，形成以中国银行为中心的本国金融体系，迫使外国银行向中行开户往来。昔日外资银行对华资银行不公平待遇一律取消，由此本埠金融中心由本国银行掌握。青岛金融界与全国通例相比有一特殊情形，即银号、钱庄未能获得充分发展。原因有三：一是开埠之时德华银行势力垄断一切，正金银行起而代之，钱庄根本无发展之余地；二是德日时代金融取缔制度严格，华人经营的银号、钱庄受到限制；三是中国接收青岛后，华资银行次第成立，即获商民之信用，又采取本国交易习惯，便利商业往来，故银钱业未能乘机而起。①

综上所述，随着贸易和现代银行机构的集聚，青岛金融业进步神速，不仅吸引着外国和上海、天津等其他城市的资金进入青岛，也吸引胶东地方资本入青岛淘金，由此青岛逐渐成为山东的金融中心。青岛华资金融势力精诚团结，通过废两改元、采用国币国钞改革，从国外银行手中夺回货币发行权。在此必须承认的是，青岛金融进步如此之大，银行力量能够超过银钱业的重要原因是外国占领时实行整齐划一的货币和严格的金融取缔制度。当然有一点也不可否认，民众认可银行的重要原因是采取本国交易习惯。这充分体现了经济全球化与地方化交织下的金融创新。应该说，青岛金融系统的现代转型比较成功，以中国银行为中心的华资银行成功控制了货币发行，正在逐步替代传统银钱势力、外国资本，初步实现了金融独立。

二、青岛的工业转型

青岛从渔业小镇发展成为近代中国重要的工商业城市，大体经历了30

---

① 张绚伯《青岛银行界之使命》，载《经济学季刊》第4卷第4期，1933年，第106～108页。

年的转型过程。1897年德国侵占青岛后，周边地区大量农村劳力涌入青岛，进一步促进了青岛手工业的发展。1901年前后，德国占领当局开始在电力照明、修造船、机车制造领域率先投资，拉开了青岛工业转型的序幕，与此同时，外国传教士和一些侨民也来到青岛传教和创办企业。1902年，德国天主教会在青岛修建天主教堂，教堂除了设修道院，还附设印刷所，时称天主教印刷所。1904年前后，德国人在港口、铁路、水电等市政工程领域投资的完工，使青岛区位条件发生了根本性的转变，由此商业、贸易发展迅速，并超越了1861年开埠的烟台。侨居青岛的外国侨民和民族工商业者主要关注轻工业领域，开始在青岛举办缫丝、蛋粉、啤酒、汽水、精盐、水泥、砖瓦等一些以盈利为目的的工业企业。1903年，英德商人在青岛开办了日耳曼啤酒公司青岛股份公司（青岛啤酒厂前身），生产啤酒以满足侵青德军和商人、侨民的需要。1905年，德商在青岛建立崂山晶泉汽水厂。1910年，民族资本家徐敬兴在青岛创办了经营木版南纸印刷的鸿顺公印刷所。1914年，侨居青岛湖南路的德国商人开办了前店后厂的葡萄酒生产厂，开始生产葡萄酒。德国侵占期间，德商在青岛开办的工厂就有20余家，英、美、日、俄等国的商人，也先后在青岛开办了数家工厂。中国人开办的工厂（场）数量最多，但资金和规模比外国人开办的公司（工场）要逊色一些。这些工厂（场）奠定了青岛轻工业发展的基础。1914年，日本侵占青岛并攫取了德国在青岛的特权，将德国在青岛开办的工厂全部接收。在此基础上，日本鼓励日资企业、日本移民利用日本独占青岛的政治优势，大量进入青岛投资兴业，在1919年之后形成一个新的工业投资热潮。日资首先将资本投向纺织、火柴两业，继之投向榨油、化学、烟草、面粉、制盐、漂染等行业，经过几年的发展，业已成为青岛工业的中坚力量。① 1923年后，青岛工业进入收获期，日资工厂进展不大，但是华资工厂投资增加较快，其间恒兴、双蚨面粉厂和永裕精盐厂以及小

① 青岛市史志办公室编《青岛市志·一轻工业志/建材工业志》，新华出版社2000年版，第3~4页。

规模的油坊、袜厂继之而起。[①] 青岛由此成为我国近代重要的纺织工业和化工工业基地。近代青岛各主要工业行业发展情况如下。

（一）电力照明业

1898 年德国西门子公司在青岛开设电灯房，装备 2 台 50 匹马力的柴油发电机，发电能力为 75 千瓦，供给市内局部用电。该电灯房是山东电业、电灯照明行业的第一家。德国殖民当局为加速城市建设，不顾实际用电量，强令其增资扩容，导致公司亏损，到 1901 年公司破产，厂房设备为德国官厅收买，迁至广州路，于 1903 年增加 1 台 170 千瓦的蒸汽发电机，供给全市用电。后来当局在此基础上继续添设发电机，至一战时发电总容量已经达到 800 千瓦。日本军队占领该厂后，继续扩建，至 1915 年发电总容量达到 1400 千瓦。1916 年日军将该厂交由地方递信部经营，至 1922 年回归时发电总容量达到 5000 千瓦。1923 年该厂改为中日合办的股份制有限公司，日股占 46%，中资占 54%，经双方努力经营，1930 年发电设备增至 1 万千瓦，1931 年还向济南电灯公司出售 1200 千瓦，1932 年进一步扩容至 13800 千瓦。后青岛市区用电日增，原有设备仍不敷用，1934 年乃于四方海岸建设新厂，装备 15000 千瓦发电设备一部，1935 年 12 月开始供电。1936 年，该公司又增装 15000 千瓦发电设备一部。此时新旧两厂发电总容量已经达到 43800 千瓦。全面抗战爆发后，电厂奉命破坏，但是日军在 1938 年即将破坏的部分修复。[②]

（二）机器铁工厂业

1. 机车制造

1900 年德国投资 158.7 万马克，在四方村（今四方区杭州路）占地 12.5 万平方米，兴建胶济铁路四方工厂，组装、制造和修理机车车辆。此外，外面工厂不能修理的机械或不能加工的机器零部件，该厂也代为修理加工。德占时期，该厂数度扩建，至 1914 年德国败退前，该厂共有机器设

---

① 赵琪修，袁荣叟等纂《胶澳志》卷五《食货志七・工业》，1928 年铅印本。
② 谢宜培《青岛电厂》，载《电世界》第 3 卷第 7 期，1949 年，第 285 页。

备 212 台，中国工人 270 人，德国人 11 人。日本侵占青岛后，接管四方工厂，着手组织恢复生产，于 1916 年改用日本配件和材料装配、修理机车车辆。为了制造机车车辆零部件，还先后于 1915 年和 1921 年建化铁炉和炼钢炉各一座。这是青岛最早的现代冶金设施。1922 年 12 月 10 日北洋政府统治青岛后，四方工厂收归官办。① 四方工厂分为锅炉、旋床装配铜工、锻冶铸铁模型、车台木工缝工、电工运工五个部分，另外有化学试验室，专司检验材料优劣。该厂专门为铁路制造所需要的零配件、机器，与一般工厂没有多少直接联系，但是青岛本埠遇到特种机械，为坊间所不能制造者，四方工厂也可以代为承修。② 由此可见，该厂具有较高的技术水平和生产能力。

2. 轮船修造业

1897 年德国侵占青岛后，为其侵略的需要，于 1898 年在小港附近创建水雷枪械修理所。1898 年，德国造船技师“奥私他之”在青岛湾（莱阳路）创建“奥私他之”修船所，1900 年改为官办，称之为青岛水师工务局（亦称船坞工艺厂），有工人百余名，仅修理德国海军舰船。1901 年又在大港入海口处（五号码头）另建新厂区。1905 年，工务局迁入大港，改称造船厂，并建成 16000 吨的浮船坞一座。③ 船坞可以容纳长 145 米、排水量万吨以上的船舶入港修理，船厂码头设有 150 吨的起重机。船厂内有变电站、锅炉制造、铁工、冷作、木工、模型、轮机、漆皮、电镀、造船、钳工等车间。造船厂有正式职员 123 人（其中德籍 50 人），华工 1600 余人。1906 至 1912 年，造船厂共承造货船、客船、舰艇等各种船只 22 艘。④ 为了培养熟练工人，水师工务局设立艺徒养成所，从 1902 年起招收

① 青岛市史志办公室编《青岛市志·机械冶金工业志》，新华出版社 1998 年版，第 1 ~ 2 页。

② 赵琪修，袁荣叟等纂《胶澳志》卷五《食货志七·工业》，1928 年铅印本。

③ 青岛市史志办公室编《青岛市志·机械冶金工业志》，新华出版社 1998 年版，第 1 页。

④ 逄振镐、江奔东主编《山东经济史（近代卷）》，济南出版社 1998 年版，第 108 ~ 109 页。

华工，整个德占时期先后毕业8届学徒，共1000余人，除了300余人留在船厂，其余散布于青岛和山东其他城市，成为近代山东机器制造行业的一批骨干力量。① 1914年日本侵占青岛前夕，德军将水雷枪械修理所、船厂等重要设施全部破坏。日本对青岛造船厂被德军破坏后剩余的设备进行迁并，改建为港工事务所修船厂。将水雷枪械修理所的厂址改为洋灰方块厂，为码头建设提供建筑材料。1922年12月10日青岛收回后，港工事务所修船厂收归官办。1925年洋灰方块厂改为山东第四兵工厂。②

3. 铁工厂业

青岛铁工厂业始于光绪年间。1891年青岛第一家民营铁厂——永顺铁厂在东镇瑞云路开业，后又有锦利、合顺成等民营铁工厂先后于1904年、1911年开业。当时虽是以冶铸和制作铁器、农具为主的个体手工业作坊，却是青岛民族铁工业的先声。后来，日本商人也争先来青办铁工厂，到1921年底，共设立了诸如原田铁工所、梅泽铁工厂、市河铁工所等10多家企业。与此同时，以机器修理、冶炼和金属加工为主业的华资民营铁工厂也逐步发展壮大，已有德盛荣、天永和、东益、同昌泰等工厂20多家，但设备简陋，多以手工业为主。③ 据1923年前后青岛工业调查，青岛有东益、永利、丸菱合名会社、丰盛公司、乌泪5家较大规模的铁工厂。④

20世纪30年代初，铁工厂业继续发展，尤其是使用机器的铁工厂逐渐增多。据《中国实业志》统计，青岛机器铁工业已有57家工厂，总资本达到2716790元，年产值777764元，其中以胶济铁路四方机厂规模最

---

① ［日］青岛守备军民政部编《青岛研究资料》，1919年；《德占时代的青岛》，第20～21页。转引自庄维民《近代山东市场经济的变迁》，中华书局2000年版，第374页。

② 青岛市史志办公室编《青岛市志·机械冶金工业志》，新华出版社1998年版，第1～2页。

③ 青岛市史志办公室编《青岛市志·机械冶金工业志》，新华出版社1998年版，第1～2页。

④ 童果顺《青岛济南商工业调查记》，载《商学季刊》第1卷第4号，1923年，调查，第10页。

大，设施也最为完备，可以独立制造铁路机车。① 1934 年，民营烟台义昌信商行青岛分号从日本购进 215 毫米复二式四组轧机一套，在青岛创建了第一家轧钢厂。到 1937 年，机器铁工业已增至 163 家，产品品种、生产门类日益齐全。其中东益、利生、复记等民营工厂生产的车床、刨床、火柴机、面粉机、钻床、榨油机、抽水机、锅炉等产品，均可与当时的舶来品相媲美。②

综上所述，青岛机器铁工厂业发展迅速，但是企业发展不平衡，日资企业和四方机车厂规模较大、技术水平较高，华资铁工厂技术水平有限。但该行业也孕育出青岛第一家轧钢厂和东益、利生、复记等技术水平较高、机器设备齐全的民营工厂。存在高端、低端两极分化的企业，说明该行业正处在转型之中。

（三）缫丝业

青岛缫丝业一开始就是机器缫丝，属于机制工业。1903 年，德商德华缫丝公司投资 20 万马克，在青岛沧口设立大型新式机器缫丝厂，引进德式设备和新式工艺，有工人 1000 余人，工厂建有训练班培养熟练工人，于 1904 年投产，分为缫丝和纺织两个部门，年产生丝约 300 担。到 1907 年，接受培训的工人达到 1200 人。随着熟练工人的加入，工厂生丝质地优良，在欧洲市场以高出烟台产品 40% 的价格出售，但是成本也高出烟台产品 25%，影响了生产效益和销路。1908 年，德华缫丝公司柏林总部与青岛公司经理出现分歧，在有望获利的关键时刻被迫停业。1910 年，青岛、烟台 6 名华商准备组织股份有限公司承接这家公司，由原德国经理继续经营，后因青岛突发瘟疫而打消计划。1912 年该厂又获得重生。③ 1917 年日本商

---

① 实业部国际贸易局编《中国实业志·山东省》，实业部国际贸易局 1934 年版，第 53（丙）~54（丙）页。

② 青岛市史志办公室编《青岛市志·机械冶金工业志》，新华出版社 1998 年版，第 2 ~ 3 页。

③ ［日］影山卯一郎《山东的研究》，山东研究会 1916 年版，第 150 页；青岛市档案馆编《帝国主义与胶海关》，档案出版社 1986 年版，第 129 ~ 130 页。

行在青岛台东镇设立一家配置现代设备的缫丝工厂——日华蚕丝株式会社青岛丝厂，最初资本60万元，有缫丝机200台，工人350人，年产量仅150担。1918年丝厂扩充规模，缫丝机增至520台，年产量增至1000担，每年运销黄丝600担、白丝400担到欧美市场。① 20世纪20年代，该厂规模继续扩大，资本达到250万元，有5个缫丝车间，2个烘丝车间，3个再缫车间，2个锅炉房，电气动力25马力，缫丝机总数736台，另外有回转式选茧台、中原式煮茧机等先进设备。1923年营业额370万元，1925年达到420万元。1923年日商上海制造绢丝株式会社（钟渊纱厂资本）在青岛设立公大丝厂，厂内有缫丝机200台，并安装获得日本专利的新式直缫机26台，该机每台可以同时缫制36条丝，每个丝条有自动添绪器和丝框自动制动机，是当时国内较先进的缫丝机械。②

青岛日资丝厂对于山东内地华资丝厂造成了极大的竞争压力。1919年青岛丝厂的影响已经渗透到丝业中心青州、临朐等地。除了兴业丝厂、蚕丝劝业场购进蚕茧继续缫丝，青州“其余各丝家均将新茧购妥，干燥完毕，原盘尽售于日人，而实行消极的倒闭政策”。1930年日商缫丝厂的缫丝机总数已达1332台，而华商只有760台，丝产量也仅有其一半。③

山东现代化的缫丝机除了张店铃木分厂，大多数在青岛。青岛地区起初基本没有手工缫丝业，因此不存在由传统向现代的转型，而是直接开办机器缫丝业。

（四）食品工业

近代青岛食品工业主要包括酿酒、饮料、蛋粉、榨油、制盐、烟草等行业。1903年德英商人在青岛设立山东第一家啤酒厂——日耳曼啤酒公司青岛股份公司，投资总额44万元，主要设备由德国肯尼茨厂制造，产品供

---

① 顾国达、王昭荣《日本侵华时期对中国蚕丝业的统制与资源掠夺》，浙江大学出版社2010年版，第50页。

② 庄维民《近代山东市场经济的变迁》，中华书局2000年版，第411页。

③ 刘振刚《青岛丝厂与鲁省丝业关系》，载《山东实业学会会志》1920年第3期，转引自庄维民《近代山东市场经济的变迁》，中华书局2000年版，第412页。

应青岛本市，也出口到中国各海港商埠，1911年出口数量达到3.2万加仑，1904—1913年，获利43万元。另外青岛有哥穆尔啤酒厂，生产“柏林啤酒”，出口数量较少。① 1909年德商在青岛设立哥伦比亚蛋厂，1911年出口干蛋粉4000担左右。1911年又有德商卡尔·爱培斯洋行设立一家蛋厂，可以同时生产干蛋品和湿蛋品，年产量在2400担左右。② 但从行业规模和市场范围看，青岛食品工业的主要行业是制酒业、卷烟业、机制面粉业、榨油业、精盐业。具体分述如下。

1. 制酒业

啤酒业是青岛最早的食品行业之一。1897年德国侵占青岛后，在登州路56号开了一家酒吧，经销由德国运来的啤酒。1903年8月15日，由香港盎格鲁—日耳曼啤酒公司的德、英商人（以德人为主）投资，在酒吧旁营建日耳曼啤酒公司青岛股份公司，生产设备全部由德国运来，生产原料是崂山泉水、德国产大麦和啤酒花。1904年建成投产，生产640毫升玻璃

图6.6 1903年日耳曼啤酒公司青岛股份公司

资料来源：青岛市档案馆。

---

① 青岛市档案馆编《帝国主义与胶海关》，档案出版社1986年版，第130页。

② 青岛市档案馆编《帝国主义与胶海关》，档案出版社1986年版，第130页。

瓶装12度淡色和黑色啤酒，年产能力为2000吨。产品销售以青岛为中心，并销往大连、天津、烟台和上海等沿海城市，盛夏季节部分销往北京、香港等地。1906年，啤酒产量已达1300余吨，其产品在慕尼黑博览会上展出，获得金牌奖。①

日本侵占青岛时期，日本麦酒株式会社于1916年9月16日以50万银圆收买了德国在青岛开办的日耳曼啤酒公司青岛股份公司，更名为日本麦酒株式会社青岛工场。收买后，日商略加修整，于12月开工生产，其产品为黄、黑两种啤酒，以“札晃”“太阳”“福寿”“麒麟”等商标注册。之后，日本人对工场陆续进行了扩建，并增置了部分设备，使生产规模和产量有了较大的提高。1922年，产各种牌号的啤酒达14万箱，计4300多吨。之后，由于资金不足，设备老化，原料供应不足，产量逐年下降。日本麦酒株式会社对青岛工场进行了大规模的改造和扩建，扩建了贮酒室、冷却房、前发酵室、锅炉房、制冰机室等；增置了贮酒罐、洗瓶机、装酒机、压盖机、杀菌机、商标黏贴机等；改建了糖化室、粉碎室，并换装了大机器，使产量开始逐年增加，1936年产量达到3208吨。1937年，日本麦酒株式会社青岛工场有职工186人。其中，中国人164人（包括女工12人），日本人22人。原先，酿制啤酒所用的大麦、酵母、酒花全部依靠进口，1939年工场增建制麦车间，利用山东大麦生产麦芽，制作啤酒，取得良好效果。同年，从日本引进啤酒花种，在场内划出专门用地进行试种，获得成功。1942年，生产啤酒达4663吨。1943年，生产啤酒所用的原料逐步由进口转为当地出产。1944年8月，日本人在青岛建成硝子工业株式会社，专门生产啤酒用瓶。②

青岛果酒业以生产葡萄酒为主，兼产其他果类酒。德国侵占青岛时期，德国商人从小商贩手中购得鲜葡萄，利用从德国带来的容量约600公

① 青岛市史志办公室编《青岛市志·一轻工业志/建材工业志》，新华出版社2000年版，第122页。

② 青岛市史志办公室编《青岛市志·一轻工业志/建材工业志》，新华出版社2000年版，第122~123页。

升橡木制贮酒桶，在湖南路34号酿制勾兑出葡萄酒后出售，因销路较好，又增加部分木桶酿制。数年后，德商福昌洋行老板对其投资，增添1000公升容量的酿酒桶10余个，除了自己动手，在葡萄收购季节，还临时雇用二三名工人，帮助收购、压榨葡萄。生产出售方式为前店后场，自产自销。1930年，德商美最时洋行（后称美口酒厂）出资将福昌洋行的全部制酒设备收购，并投资添置了4000公升酒桶5只，自制了冷冻机、木制葡萄压榨机等简易设备，形成了一定的生产规模。1941年，美口酒厂制作2000公升酒桶10个，使不同容量的贮酒木桶达158只，贮存量为10万公升，同时添置了葡萄水压压榨机、过滤机及风车等设备，酿制的葡萄酒产量大增。其产品除了供应青岛市场，开始在上海、天津设立代销处，每月外地销量仅300箱左右（每箱12瓶）。时有职工14人，繁忙季节雇用15人左右为临时工。主要产品有香槟酒、味美思、露酒、白兰地等各种果酒。所需主要原料葡萄均产自青岛周边的崂山和平度等地，其他原料则全部来自国外。生产的主要设备有装酒机1台、过滤机1台、洗瓶机1台、蒸馏器1台、香槟酒专用装瓶机1台。生产全部依靠手工操作，资产总值为41亿元（国币）。①

青岛啤酒、葡萄酒行业完全按照国外生产工艺流程，全部为现代公司制，因此无论从生产工艺流程还是生产组织方式看，已经与西方无异，是一个由外资控制的全新行业。

2. 卷烟业

青岛烟草经营活动起步较早，但多为外资工厂控制。1919年，英美烟公司在青岛商河路设立办事处，收购烟叶并进行加工整理和转销活动。1920年，山东烟草公司在青岛台东镇建立烟叶复烤厂，有复烤机2部，年复烤烟叶1000—1500吨，复烤后的烟叶转销外地卷烟行业。1923年，驻上海英美烟公司在青岛商河路所设办事处内建成800平方米临时厂房，开

---

① 青岛市史志办公室编《青岛市志·一轻工业志/建材工业志》，新华出版社2000年版，第141～142页。

始生产卷烟，定名为大英烟草股份有限公司青岛英美烟厂，这是山东省内建立的第一家机器卷烟厂。所用原料以胶济铁路沿线所产烟叶为主，同时从美国进口部分烟叶和辅料。时有职工300余人，卷烟机13台，日产卷烟50箱，主要商标为“老刀”“品海”“古印”和“红印”等牌。1923年底，该公司又在孟庄路和昌邑路附近租地130亩，建成3.6万平方米的车间和仓库。到1925年，有职工800人，卷烟机56台，日产卷烟100箱，主要生产“哈德门”“饭碗”“大前门”“三炮台”等牌号的香烟。此时，该厂制丝工艺已由全人工转为半机器进行大规模生产，烟叶回潮使用蒸气回潮罐，抽梗则利用抽梗机，使烟叶的回潮、配叶更加均匀，提高了烟叶的柔软均匀度和可塑性，压梗成片，便于切丝；梗片、叶片分切，再用烘丝机去掉多余水分，提高了烟丝弹性和填充能力；加料、贮丝后，所含水分更加均匀，料液被充分吸收，为下一道工序做好了充分准备，保证了卷烟质量。1930年，青岛英美烟厂已有职工4000人，卷烟机仍为56台，但增加了生产班次，日产卷烟400—500箱。1934年，英美烟公司在山东的经营活动中心由二十里堡转移到青岛，并于当年12月定名为英美青岛颐中烟草公司，1935年又改称青岛颐中烟草股份有限公司，并在山东境内设8个段销售卷烟。该公司在青岛孟庄路设有烟叶复烤厂，有复烤机2部，年复烤烟叶0.5万—1万吨。其所需卷烟纸均来自美国、英国和法国，基本能满足生产需要，其他烟厂则大部分通过买办从上海、蚌埠、徐州、天津等地购进，不但价高，而且无保障。1937年，青岛成立振兴烟叶股份有限公司，接管了颐中烟草股份有限公司烟叶部的业务。同时，二十里堡的烟叶经营机构、烤烟厂也改属青岛振兴烟叶股份有限公司。该厂有卷烟机56台，占山东省卷烟机总量的73%，职工占60%，年产卷烟13.8万箱。①

1928年，民族资本家战警堂投资10万银圆，在青岛大港二路1号创办山东烟草公司卷烟厂，有职工370人，卷烟机5台，生产“齐鲁”“四

---

① 青岛市史志办公室编《青岛市志·一轻工业志/建材工业志》，新华出版社2000年版，第149～152页。

宝”等牌香烟，年产4000箱。这是在青岛开办的第一个民族资本卷烟生产厂。1931年，山东省海阳县宫姓商人在青岛市台东镇大成路创办崂山烟厂，有卷烟机5台，组织卷烟生产。1936年，崂山烟厂转让给山东省牟平县崔氏，1938年改称崂山烟厂股份公司，卷烟机由5台增加到10台，生产“崂山”“铁马”“一品香”等牌号香烟。①

另外，由于卷烟生产投入少、收益大、见效快，1928—1937年，青岛地区还建起多家小型卷烟厂。这些卷烟厂大多厂房狭小，设备简陋，职工人数少则数十人，多则数百人不等，都属民族工业性质。②

日本侵占青岛、济南和胶济铁路沿线后，日商益都烤烟厂迁来青岛。1925年，设立于天津的日商东亚烟草工厂（隶属于日本东亚烟草株式会社）在青岛设立支店，专代各地烟厂推销烟叶和卷烟。同时，由于卷烟行业投入少、见效快、利润大，日商为迅速掠夺中国资财，大规模投资卷烟业。1938年6月，日本东亚烟草株式会社设于北京的华北东亚烟草株式会社投资6700万元伪联币，在青岛堂邑路和潍口路34号动工兴建卷烟工厂，称东亚烟草公司，所建车间与颐中烟草股份有限公司烟厂车间相当，成为青岛卷烟行业最大的企业之一。1938年，华北叶烟草株式会社（亦称华北烟草股份有限公司）在北京成立，将日商在青岛开办的南信、米星、山东、瑞叶合并组成青岛支店，资金达3000万元，共设60万股。其中，日商59.88万股，华商0.12万股。同年9月，华北烟草统制公司在青岛成立，专门经营华北叶烟草株式会社的产品，并负责库存和转运工作。日本依据其侵略军势力，强行收买烟厂，限制其他烟草厂商的经营活动。1940年，朝鲜商人林董仰仗日军势力强行盘接山东烟草公司，成为华北叶烟草株式会社青岛支店的一部分，并在青岛市市北区铁山路设立厂房，组织扩大生产，有职工1422人，卷烟机增至30台，主要生产“华一”“双猫”

---

① 青岛市史志办公室编《青岛市志·一轻工业志/建材工业志》，新华出版社2000年版，第150~151页。

② 青岛市史志办公室编《青岛市志·一轻工业志/建材工业志》，新华出版社2000年版，第151页。

等牌号香烟。另外在大港二路设立印刷厂，印制烟盒和烟标，总投资达伪币5000万元。1940年5月，华北东亚烟草株式会社在堂邑路2号兴建的卷烟厂正式投产，有职工1190人，大型卷烟机32台，总投资达伪币6700万元。除了继续生产“泰山”“双猫”牌香烟，还生产“天坛”“金枪”“三塔”和“华一”牌香烟。1940年，该株式会社强行购买了济南的东裕烟草公司、铭昌烟厂、鲁安烟厂，组成济南工厂，将势力扩展到济南，有卷烟机7台，生产“金枪”“北海”等牌号香烟。其间，为了经济上的利益，日商华北叶烟草株式会社实行烟叶统制，并入股49%于崂山烟草股份公司，使该公司卷烟机扩大到20台，职工增加到810人，生产“铁马”和“崂山”等牌号香烟，将崂山烟草股份公司控制到手。1941年12月，侵华日军接管了英美烟公司在山东的企业，青岛颐中烟草股份有限公司在山东其他地区经营的烟叶种植和收购企业与机构也包括其中，并在山东黄旗堡、坊子、二十里堡、潍县、谭家坊、益都、临朐、辛店、张店、滕县等地设立了烟草交易所，统制全山东省卷烟行业。①

由此可见，青岛卷烟业已经由人工半机器转为大规模的机器生产，组织方式也主要是公司制，已经达到了相当的规模，完全实现了转型发展，但主要是外资工厂主导，民族资本处在弱势地位。

3. 机制面粉业

山东省本为产麦、食麦的地方，但近代很长一段时期因面粉主要靠土法磨制，质量无法与洋面相比，于是洋面粉逐渐成为进口的大宗商品。青岛最早的机制面粉厂是日本人在1917年设立的青岛制粉公司，其所制鹿头牌面粉盛行于青岛本埠及胶济铁路沿线地区。其后洋面粉进口仍然不断增长。华商恒兴、双蚨接踵而起，但由于20世纪20年代中期地方不靖，内地原料、燃料接济不上，时开时停，无法与日商竞争。据《胶澳志》统计，1928年，青岛共有恒兴第二面粉厂、双蚨面粉公司、青岛制粉公司

① 青岛市史志办公室编《青岛市志·一轻工业志/建材工业志》，新华出版社2000年版，第150～153页。

（日商）、福星公司（日商）四家工厂，资本共93万元（缺福星数据），日出粉6800袋（缺福星数据），拥有制粉机、电机、煤气瓦斯机若干。此外有五家华商经营的旧式磨坊，规模较小，在附近兜售。[①] 整体而言，青岛机制面粉业规模不大，产量也不多，但基本上实现了机器生产，只有数家规模较小的旧式磨坊。这说明青岛面粉业仍然处在转型中。

4. 榨油业

明清以来山东烟台、青岛地区本为豆油的出产区，与辽东牛庄不相上下，但是山东所产的大豆质劣油少，无法与东北大豆相抗衡，因此在东北油坊业兴起后，大豆直接在东北榨油出口，导致烟台、青岛地区的传统油坊业衰落。山东地区又兴起了花生油榨油业。虽然山东花生产量无法与东北大豆规模相比，但商业前景也不可限量。近代山东花生油畅销欧美、广东。广东人主要是食用花生油，欧美则以充作制胰之原料，或者改制清油，用途较广。但当时胶东地区多为旧式油坊，不思改良，青岛虽有数十家油坊，花生油产量仍不能与日本一家机器榨油厂相竞争。日本榨油厂以经营花生油出口为主，若专门榨油也无法获利，故华商更是望而却步。据20世纪20年代中后期的统计，青岛有益合祥、玉兴诚、和昌、顺和、海丰、源茂永六家旧式油坊使用电机、压豆滚子等机器设备，但企业规模皆不大，每家只有五六名工人；另外有东洋制油公司、东和公司、蜂村洋行、三井油坊、三菱油坊五家新式油坊，资本雄厚，皆使用机器生产。[②]

由上可见，青岛榨油业正处在转型中，少量的华资油坊已经开始使用机器生产，日资背景的油坊皆为新式的机器油坊。

5. 精盐业

盐本为胶澳地方大宗土产，但利用原盐加工成精盐是民国以后才开始的新兴事业。1912年，鉴于各国食盐之进步，业界乃提倡以精盐改良民间食盐，但是行之十余年，收效甚微。全国精盐销额不及100万担。在日军

---

① 赵琪修，袁荣叟等纂《胶澳志》卷五《食货志七·工业》，1928年铅印本。

② 赵琪修，袁荣叟等纂《胶澳志》卷五《食货志七·工业》，1928年铅印本。

占领时期，胶澳地区先后设立19家日资精盐工厂，岁出口值数百万元，成为本埠出口大宗产品。青岛收回后，所有盐业工厂售归永裕公司。上述公司因为中日两国协定不成，停运四年之久。旧有盐厂除了四方毛岛仅存四壁，其他陆续坍塌。小港台西三厂虽经修复，但因为国内不靖，精盐运销屡屡受阻。1925、1926年精盐运销国内者仅仅十数万担，1928年更是只销售万余担。往岁运销日本精、洗盐八九十万担，精盐每担值三元上下，洗盐二元上下，至1928年前后，日本不再进口中国精盐，反而运回中国粗盐，自行加工。我国收回的19处盐厂产盐能力为每年精盐、洗盐各150万担以上，20世纪20年代因销路不畅，处在半停产状态，原有机器设备一概报废。小港工厂所存新式真空制盐气罐三台、洗盐机、碎盐机各十数台以及台西厂的电机已经停止运行。胶澳精盐业因日资撤走和国内销售不畅而彻底失败，而日本又在大连大规模投资精盐业以满足本国需求。①

由上可知，青岛盐业生产经历了由辉煌到衰落的过程，因为日本不再进口青岛精盐，国内市场有限，从而遭到失败。青岛精盐改良遭到失败。

（五）棉纺织业

1. 棉纺业

随着土布贸易和土布棉织业的发展，与江南地区相同，山东区域棉纱的进口逐渐增多。1868年出现在烟台贸易统计中，到1886年放量到56725担的高点，此后继续增长，1913年青岛、烟台两港进口最高至328944担，1918年之后大幅下降。这期间主要是青岛、济南以及南方棉纺业的发展产生了巨大的替代效应。

山东最早投产的机器纺纱厂是日本内外棉株式会社青岛纱厂。该纱厂于1916年动工，1917年12月投产，资本500万日元，安装纱锭1万枚。1918年产棉纱4905捆，1920年增资至1600万日元，增锭至2万枚，年产棉纱2万捆。1919年，天津华新资本集团周学熙筹集资本在青岛开办华新

① 赵琪修，袁荣叟等纂《胶澳志》卷五《食货志七・工业》，1928年铅印本。

纱厂，有14688纱锭，1920年5月开工，并从美国再购4500纱锭。1921年再次扩大规模，至此有资本额120万元，纱锭总数近32000枚。1921至1923年，青岛纺纱资本急剧扩张。1921年10月，大康纱厂开工；1922年12月，富士纱厂投产；1923年4月，隆兴纱厂和钟渊纱厂相继投产；1923年8月，宝来纱厂投产。1924年，青岛有6家日资纱厂，有纱锭21万枚，到1926年进一步增加到24.5万枚，形成规模宏大的日资集团。① 至20世纪30年代初期，青岛有内外、华新、富士、大康、隆兴、公大、宝来7家纱厂。其中日资企业资本总额达到1.6亿元以上，市场几乎全部为其所操纵。此外青岛有染织厂6家，制棉厂4家，花边厂4家，袜厂2家，规模均不大。全市共计24家棉纺织企业，总资本176213480元，为青岛重要工业之一。②

山东青岛、济南棉纺业的发展较之长江流域要晚得多。后者的棉纺业在19世纪末20世纪初就有了很大的发展，已经出现在太仓、无锡等县级城市。山东则直到民国才有棉纺业投资，且基本集中在青岛与济南两个城市。

2. 棉织与印染业

近代青岛棉纺业较为发达，“纱布二事本属相联，而毛巾、线袜、线毯、花边之类亦均附属于此”，但因为青岛“大康、钟渊两纺织厂兼织布匹，出数颇巨，故木机布厂不易成立，仅有长兴祥布厂在台西云南路，规模狭小，内容不详，原有农民副业历史所谓女世纺绩者亦已绝迹。此外织袜工厂八家，花边工厂一家，毛巾、线毯之类山东销路甚微，故无专设工厂，惟间有家内手工业由济南购一二木机试制毛巾及浴衣、寝衣之类而已。线袜本地销数逐年有增，现有袜厂虽属小本经营，尚能获利”。③ 1925年青岛掀起抵制日货运动的高潮。在实业救国思想的影响下，陈之翰投资

---

① 庄维民《近代山东市场经济的变迁》，中华书局2000年版，第381～382页。

② 实业部国际贸易局编《中国实业志·山东省》，实业部国际贸易局1934年版，第54（丙）页。

③ 赵琪修，袁荣叟等纂《胶澳志》卷五《食货志七·工业》，1928年铅印本。

建成翰成染织厂。1928年陈永昌筹建了顺德祥染织厂，1930年高见斋建成北洋染织厂，孙惠之与人合伙建立五福织布厂，1931年仲福田建立广来染织厂等。这是青岛建立的第一批私营染织厂。“九一八”事变后，东北民族工业受到日本摧残，其资本纷纷向青岛转移。1932—1937年，青岛相继建立了青一、阳本等染织厂和光华等织布厂。青岛的私营单织厂使用机器数增加到1020台，从业人员达到1800名。1938年1月日本第二次侵占青岛后，因日商九大纱厂被炸毁，华新纱厂布机内迁，在青岛经营织布业有利可盈，除了原有的布机陆续开动，又有一批商人利用日本重建厂淘汰的旧布机，新建了一些单织厂。①

青岛印染工业源于以缸、棒为主要生产工具的家庭手工业和染坊业。直到1935年，青岛才出现拥有漂、染、印、整全套设备的印染企业，即瑞丰染厂、华新纱厂印染车间、阳本染印厂。1934年10月，陈孟元投资20万元建立华北第一家动力机器印染厂——青岛阳本印染厂，1936年建成投产。1935年，青岛华新纱厂也由单一纺纱厂发展成为华北地区最大的纺纱、织布、印染联合企业。至1936年末，青岛纺织业有纱锭56.84万枚，占全国的10%以上，织机9286台，占全国的15%以上，其生产规模仅次于上海，居全国第二位。另外，青岛有德华机器染厂等小型染厂10家，聚兴等小染坊11家。1937年抗战全面爆发后，日本军队很快逼近青岛，12月18日国民党军队将日本人在青岛开办的9个纺纱厂和瑞丰染厂等企业全部炸毁。1938年1月日本侵占青岛后，从日本运进新式动力纺织机械，修复和扩建了8个日本纺纱厂（宝来纱厂未修复），还强买了青岛华新纱厂、阳本印染厂、利生铁工厂等民族纺织工业，扩建了青岛的染织工业和针织工业，垄断了青岛纺织业的生产、原料市场和销售市场。②

---

① 青岛市史志办公室编《青岛市志·纺织工业志》，新华出版社1999年版，第55~56页。

② 青岛市史志办公室编《青岛市志·纺织工业志》，新华出版社1999年版，第2、75页。

由上可见，青岛棉纺织、染织业已经采用机器大规模生产，现代化的工厂占有绝对优势，只有少量仍然使用传统木机、传统染织工艺的小厂，因此应该说棉纺织业转型已经非常成功，但是基本上被日本资本控制，殖民色彩极为浓厚。

（六）化学工业

1. 火柴业

青岛的化学工业以火柴业为主。德占时期，胶澳市面上只有瑞典火柴，嗣后日据时代才开始创设火柴厂。但青岛火柴工业发展最初源于日资。1916 年大阪磷寸株式会社在青岛华阳路投资，建立山东磷寸株式会社和东鲁磷寸工厂（后来并为一厂），拥有排梗机二三十部。1918 年日本共同磷寸株式会社的陇川仪作在青岛曹县路开设青岛磷寸株式会社，有排梗机 40 部，日产火柴 140 大箱。这两家日资企业有政治后台，它们设厂后，即呈请日本占领军当局下令，在两厂 30 华里范围内不准再设立火柴厂，日本人也不例外，因此日资福隆火柴厂只好设在沧口。① 1919 年华资胶东火柴厂在市郊城阳设立。此后，华商火柴厂也相继出现，其中以 1921 年建立的鲁东公司最为先进，其后继之而起的为振业、华北、信昌、华鲁、明华、兴业、华盛等公司。青岛市面以日本青岛火柴公司规模最大，华资中仅华北、振业尚可与之抗衡，但各种原料多购自日本，不免为日本所操纵。② 1925 年济南振业火柴厂几经交涉，在曹县路设立青岛振业火柴厂。该厂具有大企业的气概，将曹县路 29 号作为火柴厂区，其中包括管理机构、仓库和职员宿舍。曹县路 33 号为梗片厂，除了自给，还供出口。这在当时，几家日资工厂也望尘莫及。振业火柴厂于 1928 年开业，拥有排梗机 25 台，其生产设备比山东磷寸、青岛磷寸两家日本火柴厂都要齐全，日产

① 王超凡《青岛火柴工业发展史略》，见中国人民政治协商会议青岛市委员会文史资料研究委员会编《青岛文史资料》第六辑，政协青岛市文史委 1984 年印行，第 120 页。

② 实业部国际贸易局编《中国实业志·山东省》，实业部国际贸易局 1934 年版，第 54（丙）页。

量 80 大箱，每箱 42 元，鼎盛期有职工近 1000 人，产品畅销本省、河南、陕西等地区。1928 年第二家华资企业——华北火柴公司在利津路筹建，1929 年投产。该厂经理和厂长都曾经在日资火柴厂中任职。初期只有资本 4.5 万元，排梗机 7 部，不几年便发展到 36 部，产量也超过山东磷寸、青岛磷寸、振业等厂，资本也增加到 20 万元，最高日产量 140 箱，营业范围扩张至河南、河北、西北等地区。“九一八”事变后，全国各地掀起抗日风暴，提倡国货，形成抵制日货的群众运动，沉重打击了日本火柴的销路。国产火柴大受群众欢迎，销路大畅。在这种情况下，不仅原有企业增加产量，而且出现了新厂。到 1934 年，青岛先后出现明华、华鲁、鲁东、胶东等新厂。青岛市区有日商企业 4 家，民族资本企业 9 家。①

青岛火柴工业在全国占有重要地位。1933 年，全国有火柴厂 75 家，其中山东有 26 家，火柴产量接近全国的 1/3。青岛则有 10 家华商火柴厂，4 家外资火柴厂，产量占全省的 2/3，约占全国的 25%。这也是“中华全国火柴联营社”在青岛设立分社的重要原因。1928 至 1933 年是青岛火柴业的兴旺发达期。1934 年以后，由于洋货倾销，白银外流，影响物价持续下跌，火柴统税却屡屡提高，造成火柴业竞争加剧，外加产能过剩的影响，导致一些中小厂处境艰难。② 这在一定程度上提高了火柴工业的门槛。青岛火柴工业起点即为机制工业，属于进口替代性质，基本不存在由手工向机器生产转型的问题。

2. 其他化工行业

除了火柴业，青岛化工行业还有染料业、橡胶业等。1919 年，民族工商业者创建了国内第一家合成染料厂——青岛维新化学工艺社，是为青岛

---

① 王超凡《青岛火柴工业发展史略》，见中国人民政治协商会议青岛市委员会文史资料研究委员会编《青岛文史资料》第六辑，政协青岛市文史委 1984 年印行，第 121 ~ 123 页。

② 王超凡《青岛火柴工业发展史略》，见中国人民政治协商会议青岛市委员会文史资料研究委员会编《青岛文史资料》第六辑，政协青岛市文史委 1984 年印行，第 120、127 页。

化学工业之肇始。20世纪20年代中期之后，一批染料生产厂家纷纷建立，硫化染料的主要原料硫化碱生产亦随之发展起来，形成一时繁荣局面。20世纪20年代末，橡胶工业继之而兴，先后有日本资本、民族资本数家工厂建立。据《中国实业志》统计，1933年前后青岛全市有化学工业29家，除了12家火柴厂及相关的5家制杆厂、1家洋火砂子厂，尚有胶皮厂2家，纽扣厂2家，颜料厂4家，制革厂、玻璃厂、瓦斯厂各1家。此外，有肥田粉公司1家。1933年，民族资本德泰工厂建立，生产电石。1934年，中国瓦斯股份有限公司创建，为国内第一家民族制氧工厂。1935年以后，日本资本大举进入青岛市橡胶工业，相继建立桥石护谟株式会社BS制胎场、鑫和护谟株式会社等颇具规模、设备先进的橡胶制品企业，使橡胶工业成为日资在青岛仅次于纺织、机械业的第三大产业。青岛还存在华资化工厂，但基本上属于手工业作坊水平，设备简陋，技术落后，仅作为殖民经济的附庸，苟且生存。[①]

综上所述，青岛化工行业存在两极分化状态，一方面出现了一批规模较大、技术先进的采用机器生产的大工厂，另一方面一些小的华资化工厂还处在手工作坊水平。另外华资和外资企业的规模和技术水平也不对等。这充分说明该行业正处在转型之中，而且转型的动力主要靠模仿外资企业。

（七）建筑材料工业

青岛建置初期，建筑材料生产主要是砖、瓦和石灰生产。德国侵占青岛后，德国人在青岛建立了机制砖瓦厂和轮窑，开始生产红砖、红瓦。20世纪初，民族建材业得以发展。1913年，民族资本家刘明卿在青岛开办了祥利窑厂，开始生产机制砖瓦。近代楼房的兴建，促进了青岛采石业的发展，石料生产从民间个人采挖发展为建石料场加工生产，建筑用石多在沙子口附近开采，经海路运至前海沿岸。其间，青岛已开设水泥厂，开始生

---

① 实业部国际贸易局编《中国实业志·山东省》，实业部国际贸易局1934年版，第54（丙）页；青岛市史志办公室编《青岛市志·化学工业志》，五洲传播出版社2000年版，第1~2页。

产水泥。至20世纪30年代，青岛市的建材业已较兴盛，生产能力较大的私营砖瓦厂有30余家。青岛竞成石棉工厂成立，开始生产石棉制品。石材业由小型的加工生产发展为大规模的生产制造。1932年，民族资本企业中国石公司成立，因其“技术精娴，出品廉美，颇着佳誉”，曾受到青岛市政府的奖励，并享受免税和减收航运费的待遇。抗战全面爆发后，日本人在青岛相继独资或合资开办砖瓦厂、石材厂，并设立青岛窑业组合，对我国的民族建材企业强行霸占、破坏或予以控制，强迫各砖瓦厂投资组建组合会，强制砖瓦产品实行统一价格、统一销售和调配，以保证军事设施的建造。中国石公司在日本人的干扰、排斥下，经营困难，难以为继，被迫停止生产。在日本人的控制下，民族建材业日见萧条。①

综上所述，青岛城市建材工业出现了一些使用机器生产的企业，甚至出现了水泥厂、石棉厂等新生事业，转型较为成功。

三、小结

青岛工业转型最初源于殖民当局的推动和贸易的需求、居民消费需求三个方面，因长期受德国、日本控制或影响，外资工业占有绝对优势，工业转型的殖民性特征异常明显。大体而言之，青岛工业可以分为三个时期：一是德国占领当局主导的时期，主要是官方成立电力照明、造船、机车制造等工业；二是德国占领时期，中外商人也开始尝试一些轻工业为主的工业投资；三是1914年日据时代直到抗战全面爆发时期，日本工业资本大量进入青岛，带来了青岛工业经济的畸形繁荣。

至20世纪30年代，青岛已经成为华北地区重要的工业城市，市内工厂林立，大体有机器工业、化学工业、纺织品工业、饮食品工业、建筑材料工业及其他行业等六大工业门类。具体概况如下表。

---

① 青岛市史志办公室编《青岛市志·一轻工业志/建材工业志》，新华出版社2000年版，第193~194页。

表6.8　20世纪30年代初青岛工业门类发展概况

单位：元

业别	工厂数（家）	资本额（元）	年产值（元）	备注
机器工业	57	2716790	777764	有日、华资大厂各1家没有统计
化学工业	29	2407290	6593785	
纺织品工业	24	176213480	47132440	
饮食品工业	31	6288030	15597936	
建筑材料工业	9	41515500	78200	
其他工业	8	105250	399000	
总计	158	229246340	70579125	

资料来源：实业部国际贸易局编《中国实业志·山东省》，实业部国际贸易局1934年版，第53（丙）~56（丙）页。

综上所述，青岛诸工业门类中，纺织工业、食品工业较为发达，特别是纺织工业，资本雄厚，技术先进。另外，机器工业和化学工业中也有在全国都具有重要影响的行业和大型企业，其中造船和火柴在全国市场中占有较大的份额。总之，近代青岛的工业实力非常强劲，又具有一定的特色竞争优势。

从转型的进程情况看，青岛各工业行业大都直接引进、使用机器生产，多为公司制企业，转型较为彻底。这主要是因为外资在各大行业占有重要地位，换句话说，青岛工业转型完全被外资引导和操纵，其中特别是日资更是发挥了决定性的影响；相反，华资企业在各行业中普遍存在资本小、技术力量薄弱、在夹缝中生存的特点。因此，青岛的工业转型具有浓厚的殖民色彩。

第四节　近代济南城市工商业的发展

一、济南商业概况

济南地处山东省中部，位于黄河南岸，津浦、胶济铁路交汇于此，因地势与交通关系，久为山东商业枢纽。近代济南与通商口岸青岛联系密切。凡山东西部及山西、河南等省之土货，欲销往外洋者，先集中于济南，再云集于青岛，故济南为鲁晋豫三省出口土货最初集中市场，青岛为其出口商埠。洋货进口欲运入我国中部者，先集于青岛而后集于济南，故济南为中部洋货散布之商埠。济南市场可以概括为两大部分，一为省城，周围20余里；一为商埠，位于省城西关外，东起十王殿，西抵北大槐树，南沿长清大路，北以铁路为界，面积约3490余亩。商埠街道以经一路、经二路、经三路及纬四路等最为发达，银行业、钱庄业、棉花栈业、牛栈业、焦煤业、油业、蛋业、五金业及洋商商店大部分开办于此，故以济南全部而论，商埠之繁荣，乃胜于城区。①

（一）济南城镇商业、贸易发展概况

济南开埠前，其旧式商业有绸布、药材、鞋帽、首饰、典当、纸张等行业，多半为外地人经营。1904年济南开埠，其商业贸易进入一个新的发展时期。区域集散功能、贸易功能逐渐加强。外国商业资本纷纷进入济南，在晚清十数年间，欧美人在济南开设19家洋行，包括德国10家，法国和英国各3家，美国1家，俄国2家，其中规模最大的当属德国开设的礼和洋行。20世纪初，该洋行每年进口销售额约合银币150万元，出口额约100万元。日本人也在济南设有多家洋行、药房、旅馆、饮食店等。中资商行在济南经营输入、输出贸易也比较多。在清末，济南出现了一些新式公司组织，如华兴军硝有限公司、大东制帽公司、鼎裕运盐公司、信成公司、山东烟草公司、中华捷运公司等，还有周锐记、天诚、复诚、立诚、北意诚、协诚春、天祥永、公聚和、益祥、隆聚兴、源聚号、大昌号、长兴和、恒聚泰等商号，经营药材、皮货、估衣、古董的店铺更多。②

到20世纪20年代，济南工商业的地位还不是很高。据1923年前后

---

① 实业部国际贸易局编《中国实业志·山东省》，实业部国际贸易局1934年版，第38（丁）~39（丁）页。

② 王守中、郭大松《近代山东城市变迁史》，山东教育出版社2001年版，第285~290页。

《商学季刊》调查报告所载，此时济南还不是工业区，“故鲜有特种巨额之制造物，其商品价格，视上海、天津、青岛为转移，在商业上非重要之区也”。此时，“统观济南商业上，以银行营业及各股份公司为最发达，其次则为药材茶叶各行，各省遍设分号，营业灵敏，获利亦多。其他如洋货及烟卷胶皮车各行，营业亦称发达，而国民之漏卮亦甚”。但济南土产出口贸易“一切营业，尚称平允”，以棉花、花生油、花生、牛皮为大宗，草帽辫次之，面粉、牛骨又次之，但是“惟国际贸易，全依外人，营业良否，一任天命，而外人更深入内地，开设分行，采办土货，更进而分设制造厂，将来吾国商人中介之贸易，幼稚之制造品，亦渐次失堕矣”。①

至20世纪30年代，济南业已成为青岛港在西部的集散中心，辐射范围甚至远及周边各省。据20世纪30年代初的调查，山东省出品集中于济南者，农产以棉花、小麦、高粱、大豆、花生为主，畜产品以牛、驴、鸡、皮、蛋等为主，工业品则有发网、草帽辫、土布、绸缎、苇席、棉纱、面粉、料器、阿胶等，矿物中有煤炭、盐等；外省出品集中于济南者，为米、漆、桐油、茶叶、药材、兽皮、纸烟、烛皂、陶瓷、搪瓷、电料、机器、书籍、文具、针织品等。以上各种出品，棉花、花生、牛皮、鸡蛋、发网、草帽辫、料器等为山东出口货大宗，除了部分向上海输出，余皆运集青岛。土布、绸缎、苇席、棉纱、面粉、阿胶、煤、盐及省外货物，集中于济南后，由商号分销本省内外，外洋运来货物在济南推销者，布匹、木材、煤油、糖、干咸鱼、纸张、铁铜货件、棉纱、钟表、车辆、颜料、火柴材料等为大宗，其销售范围以山东西部、河南北部、河北南部、山西中部为主。② 由此可见，处于胶济铁路与津浦铁路交汇点的济南，不仅是鲁西、鲁北的集散中心，而且辐射包括河南、山西、河北在内的广大区域。

① 童果顺《青岛济南商工业调查记》，载《商学季刊》第1卷第4号，1923年，调查，第11~12页。

② 实业部国际贸易局编《中国实业志·山东省》，实业部国际贸易局1934年版，第38（丁）页。

随着辐射范围的扩大，济南土洋货集散规模也在逐渐增大。19 世纪八九十年代，济南府商人从开埠港口烟台进口价值约 200 万海关两的布匹①；胶济铁路通车后，济南经由青岛从上海输入的货物总值超过 200 万两，其中棉布 73 万余两、五金 48 万余两、棉纱 20 万两、火柴 11 万两，以及包括煤油、砂糖、染料在内的杂货约 50 万两。② 开埠以后，济南商业贸易规模增长较快，一年的集散贸易额达到 1200 万两，其中输入占 700 万两，输出占 500 万两，进口货物以日货为主，其次是德英等国所产货物。③ 到 20 世纪 20 年代中后期，济南商业贸易又到了一个新的阶段。1924 年济南市场商品输出入总额为 18618 万元，其中输出 7731 万元，输入 10887 万元，1927 年输出入总额更是达到了 21295 万元。④ 但据 1934 年出版的《中国实业志·山东省》的统计数据，济南年贸易总值达到 91352500 元。⑤ 上面两个数据差异主要是由于统计口径的不同造成的。为了与其他城市进行比较，本书选择《中国实业志》的数据。但不管哪个数据，都足以说明 20 世纪 30 年代济南是山东西部的商业中心，在省内仅次于国内外贸易发达的青岛。

（二）济南的金融业概况

近代山东金融重心首推青岛与济南。济南金融影响所及，省外以上海、天津、郑州三处为主，省内以青岛、周村、泰安、济宁、临清为主。清季济南与上海、天津、郑州间的汇兑大半是由山西钱庄经营；省内各地汇兑放款，则为山东人自营，其后银行业发达，省外汇兑业务渐以银行为

---

① 《1882—1891 十年贸易报告》（译稿），转引自边佩全主编《烟台海关史概要（1862—2004）》，山东人民出版社 2005 年版，第 19 页。

② 日本外务省通商局编《清国事情》，1907 年，第 285 ~ 286 页，转引自庄维民《近代山东市场经济的变迁》，中华书局 2000 年版，第 173 页。

③ 《济南之商工业》，载《中华实业界》第 2 卷第 5 期，1915 年，杂记，第 22 页。

④ 中国民主建国会济南市委员会、济南市工商业联合会编《济南工商史料》第一辑，1987 年版，第 54 页。

⑤ 实业部国际贸易局编《中国实业志·山东省》，实业部国际贸易局 1934 年版，第 39（丁）页。

主，山西帮钱庄渐被淘汰。济南的银行除了山东、民生、商业，总行多设在上海、天津、青岛各大商埠。①

1. 银行业

自晚清民国之交始，中国、交通、实业、边业、山东商业、懋业、东莱、工商、道生、齐鲁、通惠、上海等银行在济南相继成立，故当时市面颇为活跃，工商实业也随之快速发展。济南金融业在1912—1924年最为繁荣、稳定。到1924年，张宗昌滥发山东银行钞票及军用票等，致使纸币充斥，物价飞涨，济南金融陷于紊乱。及至1928年张宗昌战败，离开山东，又逢“五三”惨案，济南金融界遭受重大打击，倒闭歇业者接踵而至，出现从来未有的大恐慌。直到1929年北伐战争结束后，山东及华北政局稍安，工商业渐次恢复，银行、银号先后复业。至1931年大陆、山东商业、中鲁、中央、民生、平市官钱局等银行相继开办，济南金融界又开始活跃。② 银行业具体营业概况如下表。

表6.9 20世纪30年代初济南银行业营业概况

银行名	设立时间	营业种类	存款（万元）	放款（万元）	每年汇兑（万元）
中央银行	1929	代理国库、存放款、国内外汇兑			600
中国银行	1913	存放款、国内外汇兑	700	700	2000
交通银行	1910	存放款、国内外汇兑	400		1500
大陆银行	1919	存放款、汇兑、保管	200	100	700
上海银行	1915	存放款、国内外汇兑、旅行社、保管、储蓄	200	100	800

① 实业部国际贸易局编《中国实业志·山东省》，实业部国际贸易局1934年版，第48（丁）~49（丁）页。

② 实业部国际贸易局编《中国实业志·山东省》，实业部国际贸易局1934年版，第48（丁）~49（丁）页。

（续表）

银行名	设立时间	营业种类	存款（万元）	放款（万元）	每年汇兑（万元）
东莱银行	1918	存放款、汇兑		50	700
中国实业银行	1919	存放款、汇兑、有奖储蓄		30	200
中鲁银行	1931	存放款、汇兑		10	400
山东商业银行	1931	存放款、汇兑、保管		10	200
民生银行	1932	代理省库、农工贷款、存放款、汇兑、储蓄、保管		200	
平市官钱局	1931	存放款、汇兑、发行角票		30	
总计			1500	1230	7100

资料来源：实业部国际贸易局编《中国实业志·山东省》，实业部国际贸易局1934年版，第50（丁）页。

由上表可见，济南市域银行的汇兑业务最为发达，充分体现了其贸易枢纽的城市功能。从银行看，中国、交通、大陆、上海银行等外埠老牌银行最为强大，说明济南金融头寸主要来自上海、天津等外埠；从存放款、汇兑等业务看，省内银行的金融实力并不十分强大。这充分说明了近代济南的流通商业贸易性质以及与全国市场接轨的紧密程度。

2. 银号

银号是山东省重要的地方金融力量，在济南也不例外。晚清民国之交，恒大、裕茂、瑞生祥、阜丰、同升等银号纷纷扩大规模，其他小银号开设尤多，故当时市面颇为活跃。济南银号多是合伙制，股东负无限责任，有银号同业组织公会。各银号每天早晨在济南商埠中山公园后小纬四路集会，接洽交易，确定存款、放款、汇票贴现、有价证券各项行情。还有旧公会，每日有数家集会，确定存放款利息行情。在过去银号汇兑业务非常发达，自银行勃兴后，银号汇兑业务日渐式微，惟省内汇兑，尚能维持。济南当时有银号48家，资本94.4万元，存款665.8万元，放款952万元，汇兑1.25亿元。银号利率较银行为高。银行定期存款四厘至八厘，活期三厘至四厘，定期放款八厘至一分二厘，活期一分至一分五厘；至于银号，业务分为上下半年，其中定期放款上半年利率八厘至一分，下半年为一分二至二分五；活期透支，上半年利率为一分至二分，下半年为一分五至三分，定期存款全年约八厘，活期存款全年大约为三厘。①

3. 典当业

济南典当行，在民国初年有华商9家，自济南惨案发生后，全部停业，所存者只有英国、日本商人所开设的典当行，其中以日商居多。1932年，山东省政府鉴于典当于平民金融至关重要，遂于省库提出30万元，设立裕鲁典当。该典当行只当衣服，珠玉、金银、首饰、古玩等一概拒当。当价以货价折半估计，月利2分，定12个月满期。为优待平民，宽限1个月，20世纪30年代初营业旺盛，一度达40万元。②

从济南金融业发展情况看，全国性的与地方性的金融机构并存，上海、天津等省外金融资本比较强大。另据以上不完全统计，截至20世纪30年代，济南银号在汇兑业务上仍然占有优势，特别是省内汇兑更是具有竞争优势，但汇兑业务已经受到银行的侵夺，且在存放款业务上不及银行。这也说明济南金融业处在转型之中，银行业务和实力在逐渐增强。

（三）小结

从近代济南商业贸易和金融流通看，交通枢纽济南与青岛及上海、天津港口存在着密切的经济和金融往来，具有发达的土洋货集散功能，从而进一步强化了青岛港的贸易辐射功能和范围，使之由山东进一步延伸到河

---

① 实业部国际贸易局编《中国实业志·山东省》，实业部国际贸易局1934年版，第50（丁）~54（丁）页。

② 实业部国际贸易局编《中国实业志·山东省》，实业部国际贸易局1934年版，第54（丁）页。

南、山西、河北等广大地区。

二、济南的工业转型

济南是近代山东西式工业的发源地之一。中国近代各城市经济转型最先发轫于洋务运动时期，多源于军事工业等非经济的因素。近代济南城市经济的转型同样源于军事工业。1875—1876 年，山东巡抚丁宝桢在济南北郊泺口镇附近创办的山东机器局是山东最早的近代工业。山东机器局的发展虽然不是一帆风顺，但因军事需要而一直保持着较好的发展势头。① 济南城市真正意义上的机器工业投资直到 1902 年后才出现。清末新政实施，政治形势日益明朗，外加济南开埠通商、胶济铁路通车等利好，极大地刺激了西式机器工业的投资。首先，山东地方当局于 1902 年在济南创办官营的工业试验所、工艺传习所，研究织布、绣花、造胰、染织、化学、机械、洋车等工业制造技艺，培训相关人才，此后又出现了电气、铁工厂、蒸汽油坊、电话、造纸等民营新式工厂。但是在清朝末叶，济南新式工业以单一投资为主，不成行业。民国以后济南工业进入快速发展阶段②，期间虽有张宗昌祸鲁、北伐战争、“五三”惨案等波折，但基本上保持了增长势头。截至 20 世纪 30 年代初期，济南工厂约有 449 家，其中面粉、棉纺、造纸、制烟、轧布、打包、花边等 7 个行业完全使用机器生产，为机器工业；染料、制线、制革、铁工、针织、织布、织带、制帽、电器、烛皂、制碱、砖瓦、火柴、漂染、印刷、五金等 16 个行业系半用机器，半用人力；至若毛巾、锣底、玻璃、酿酒、酱园、阿胶、地毯、发网、皮箱、皮鞋、铜器、藤竹绳经等 12 个行业完全为手工业。③

---

① 庄维民《近代山东市场经济的变迁》，中华书局 2000 年版，第 351 页。

② 《济南工业之勃兴及其现状》，载《中外经济周刊》1924 年第 86 期，第 6 页。

③ 实业部国际贸易局编《中国实业志·山东省》，实业部国际贸易局 1934 年版，第 19（丁）页。

表6.10　20世纪30年代初济南工业概况

业别		家数（家）	资本（元）	出品价额（元）
机器工业	面粉	7	2910600	17853638
	棉纺	3	3406355	7639400
	造纸	1	356100	200000
	制烟	1	20000	75000
	轧布	2	4300	18080
	打包	2	480000	190400
	花边	4	14000	235000
	总计	20	7191355	26211518
半机器工业	染料	3	200000	976000
	制线	2	3500	47000
	制革	26	71000	360000
	铁工	23	107550	720755
	针织	3	1800	13800
	织布	70	51450	755950
	织带	5	9500	98000
	制帽	20	95000	150000
	电器	1	1000	5400
	烛皂	6	44000	320000
	制碱	1	5000	7700
	砖瓦	20	197500	473300
	火柴	4	500000	1057500
	漂染	11	17000	143500
	印刷	20	64800	290000
	五金	1	20000	56500
	总计	216	1389100	5475405

（续表）

业别		家数（家）	资本（元）	出品价额（元）
手工业	毛巾	4	9000	43500
	锣底	2	8000	35000
	玻璃	1	2000	21000
	酿酒	2	9000	12000
	酱园	130	139200	630400
	阿胶	15	15600	90000
	地毯	4	8700	65000
	发网	6	24400	365000
	皮箱	6	4900	13000
	皮鞋	11	12000	40000
	铜器	17	51000	20000
	藤竹绳经	21	16000	37000
	总计	219	299800	1371900
三种类型总计		455	8880255	33058823

资料来源：实业部国际贸易局编《中国实业志・山东省》，实业部国际贸易局1934年版，第19（丁）~20（丁）页。

由上表可见，近代济南机器工业虽然只有20家企业，但资本额和出品价额较之手工业都具有绝对的优势，如果把半机器工业企业资本和出品价额加入，优势将更加明显；手工业企业数量虽然较多，但资本与出品价额较小。另外，从单个行业数据看，近代济南主要的大产业是机器工业中的面粉业、棉纺业、造纸业、打包业和半机器工业的火柴业、砖瓦、铁工、染料业。另外，济南电气行业实际上也值得一提，但是上述统计没有涉及。关于济南主要工业行业发展情况具体分析如下。

（一）电力工业

电力是近代城市的重要能源动力，既体现了能源工业转型进程，又在照明和动力两个方面推动着城市其他工业的转型发展。清光绪三十一年（1905），山东沂水人刘恩驻出资27.9万银圆，购进德国西门子洋行42千瓦发电机两部，创办了济南第一家电力企业——济南电灯房。初期规模较小，所发电量仅供官府及院前、院后和西门一带的商号、居民照明用。1909年在东流水顺河街（今趵突泉北路）另设新厂。随着济南工商各业的发展，该企业原有电力供不应求，遂于1919年招股发起集资，共集资14.13万元，加原有资产共计74.13万元，更名为济南电气股份有限公司，生产经营均有发展。1934年韩复榘以股东间纠葛迭起，业务废弛，影响市政和工商业发展为由，派政府要员接管，遂结束商股经营。1937年春，该企业被交还给原商股董事会，此时装机容量已达到8120千瓦。此外，20世纪30年代济南有些厂矿先后建起自备发电厂（机），共有装机容量3552.6千瓦。1937年后，日本人控制了济南电业，初为"军管"，后改为"日中合办"，又增添3部发电机，装机总容量达到1.84万千瓦。[①] 独立电厂和工厂配套发电机组成的近代济南电力供应体系，不仅自身实现了机器生产，而且为其他行业的机器生产提供了能源与动力基础。例如1935年济南共有70台电力织布机，散布于6家织布厂坊；1936年济南的140家磨坊中有40家使用电力生产，占比超1/3；20世纪30年代济南的机器轧布厂发展到3家，每家有喷浆机和轧光机各1台，以电力驱动。[②] 以上数据充分说明近代济南电力工业为整体工业转型做出了巨大贡献。

（二）铁工厂业

济南机器铁工业发端于19世纪末的军事工业。1875—1876年，山东巡抚丁宝桢在济南北郊泺口镇附近创办的山东机器局是山东最早的使用机器生产的近代工业企业。山东机器局由著名科学家徐寿之子徐建寅任总办，薛福成之堂兄薛福辰任会办。创建伊始，机器局先生产火药——"子药"，1879年开始生产铜帽、铅丸、枪子、地雷和一些简单的器械。甲午

① 济南市史志编纂委员会编《济南市志》第三册，中华书局1997年版，第75页。

② 孟玲洲《低度工业化与城市传统手工业变迁：以近代济南为例》，载《兰州学刊》2014年第3期。

战后，机器局增置厂房、设备，到1901年，已经发展成为综合性的机器工厂，有枪厂、枪子厂、翻砂厂、熟铁厂、轧铜厂、火药厂、电料厂、水工厂8个分厂，不仅能够生产枪炮、子弹、火药等军用品，而且能制造机器、锅炉、电灯、电池等民用产品。① 除了济南山东机器局，附近德州也有军事工业。为了叙述和比较的方便，一并在此论述。1901年，袁世凯把1900年毁于八国联军战火的天津机器局的残余设备全部迁移到德州，定名“北洋机器制造局”，占地700余亩，设有火药、枪弹、炮弹、机器四个制造场。② 此外有1910年筹建、1913年建成投产的津浦铁路局济南机厂。该厂是当时济南最大的修理机车和客货车的机器厂。

1906年之后，济南民营铁工厂也逐渐发展起来。首先，1906年济南商人创办协成铁工厂，从事机器零件的修造。1907年，周庆冕集资在济南创办济合机器公司，制造各种机器、铜铁制品。该公司开办后，获得商务局保护，生产制造颇有成效。1912年，华商郎洪升在济南开设洪升铁工厂，拥有机床等设备，能够进行多种机器制造与修理。五金制品业中部分手工工场接受外来技术，也逐步发展为小型民办机器铁工厂。民国初年至20世纪20年代初，济南机器铁工业有了较快发展。在此期间先后有金启泰、兴顺福、洪升、晋太、齐鲁、陆大等几家较大的机器铁工厂开业，能够生产锅炉、引擎、柴油机、卷扬机等产品；还有义发成、郭天利、亚美公司等厂家生产织布机、农具、磅秤等产品。③ 其中1924年开业的陆大铁工厂，为济南市工厂的翘楚，拥有最多、最全的金属加工机械，技术先进，“举凡大小机件，概能承办，曾为建设所造小清河挖泥船二艘，因之名声大振，营业特佳”④。1925年以后，铁工厂业又有诚丰、华兴、同丰、春聚

---

① 逄振镐、江奔东主编《山东经济史（近代卷）》，济南出版社1998年版，第53、56、63页。

② 庄维民《近代山东市场经济的变迁》，中华书局2000年版，第351页。

③ 济南市史志编纂委员会编《济南市志》第三册，中华书局1997年版，第139页。

④ 胶济铁路管理局车务处编《胶济铁路经济调查报告》分编六《济南市》，文华印刷社1934年版，第11页。

德、新新、顺兴等厂开工。但由于外国机器在华大量倾销，济南初兴的机器铁工业受到排挤。兴顺福、金启泰等几家较大工厂于1925年先后倒闭。到1927年，济南机器铁工厂由30多家减至19家。1930年东元盛机器铁工厂开办，随后顺兴、津浦、春聚德、德利兴等铁工厂相继开业或复业。“九一八”事变后，振兴实业、提倡国货的爱国浪潮在一定程度上促进了济南机器铁工业的复苏和发展。① 据《中国实业志·山东省》调查数据，1933年前后，济南有铁工厂23家，资本107550元，全业产值720755元，其中专门制造机器的厂家为齐鲁、义发成、陆大、诚丰四家，修理机器兼造零件者有公记、春聚德、顺兴、德利兴、新新、津浦、华兴七家，专门制造铁锅的有德兴、晋泰、聚盛、同盛四家，德昌恒、利华、春聚德三家制织袜机，老亚美、真老雅美两家制造磅秤、水车、银柜等，郭天利、天兴两家以制造木机为主，丰华厂专制钢针。② 1937年抗战全面爆发前夕，济南共有机器铁工厂60余家，其中包括官办和官商合办的新诚兵工厂、津浦铁路局济南机器厂、济南车机厂、交通水利机械厂和山东工业实验所等较大企业。③

济南铁工厂业虽然面临多数企业资本较小、技术水平低、外部竞争压力大等不良发展环境，但经过30年的发展，已经成为城市工业的重要组成部分，不仅为其他机制工业维修、保养机器，提供零配件，而且部分企业可以生产机器、引擎、挖泥船、兵器等高技术产品，已经成为省会城市工业的一大亮点。该行业仍处在转型中，部分企业仍然停留在传统冶铁作坊状态。

（三）棉纺织业

近代棉纺织业是济南的第一大产业，包括棉纺、棉织、染织、针织等

---

① 济南市史志编纂委员会编《济南市志》第三册，中华书局1997年版，第139页。

② 实业部国际贸易局编《中国实业志·山东省》，实业部国际贸易局1934年版，第25（丁）~26（丁）页。

③ 济南市史志编纂委员会编《济南市志》第三册，中华书局1997年版，第139页。

环节，在其城市工业体系中占有重要地位，也是转型比较慢的行业。为堵塞洋布、洋纱漏卮，1902 年清政府在济南开设工艺局，内设毛毯、织布、毛巾等厂，并购置新机器，改良产品，提倡国货。1909 年，山东省提学司在济南建高等学堂，设织机、染色等科，培养织染人才，济南纺织工业始有兴起之势。机器纺制的粗纱适合土布织造，且劳动生产率远远高出手纺纱，因此该行业转型始于棉织环节。1909 年，济南纺织企业已有 30 余家，其中织布业 10 家，印染业 20 家，毛巾业 2 家，织带业 3 家，织袜业 1 家，毛毯业 1 家。1913 年，又有十余家工厂相继建立，皆使用铁轮机生产，有的也购置电力织布机。棉织环节对棉纱的需求，催生了棉纺环节的机器生产。1919 年，鲁丰纺织股份有限公司建成投产，始用机械纺纱，机纱供不应求。1933—1934 年，成通纱厂、仁丰纱厂先后开工投产。至 1935 年，除了鲁丰、成通、仁丰三大纱厂，济南纺织印染、针织、毛麻丝业共有 344 家。至此，济南初步形成包括棉纺织、针织、印染及毛麻丝制品等行业门类的综合纺织工业。1937 年 12 月济南沦陷后，日军对较大的纺织、印染企业实行“军管”，随之强行“中日合办”。① 由此，济南纺织业发展步入军管、统制时代。棉纺织业各环节的转型发展状况如下。

1. 织布业

20 世纪前，济南棉纺织业的纱、布等产品均为民间手工所制。纺纱工具为手摇纺纱车，织布使用木制人力织机。清光绪二十八年（1902），官办济南工艺局建于济南西关，内设织布厂，以传习工艺为宗旨。1907 年，清政府先后在济南设立教养局、习艺所，均设有织布工厂。② 济南最早使用蒸汽动力的织布工厂为岱北模范染织公司，成立于 1912 年，由官僚马官和等人集资 1 万元建立，后来发展成为拥有脚踏织布机 30 台、蒸汽机 1 台、整经纬机 1 台、动力织布机 20 台的大厂。该厂织布机中 2 台为日本丰田式，其余为山东工艺局铁工厂制造。③ 1913 年，政府官员在济南先后建

---

① 济南市史志编纂委员会编《济南市志》第三册，中华书局 1997 年版，第 314 页。
② 济南市史志编纂委员会编《济南市志》第三册，中华书局 1997 年版，第 323 页。
③ 庄维民《近代山东市场经济的变迁》，中华书局 2000 年版，第 394 页。

立第一泺利、第二泺利织布厂，后来又有辛泰西等10多家私营织布厂相继建立。各厂资金均在1000元以上，织机10台以上，规模最大者有织机50台，后因经营不善，仅存辛泰西1家。1918年又有辛泰东、公裕私营织布厂建立。1920年，山东慈善社以慈善捐款81435元创办的厚德贫民工厂建成投产。1922年后，又有元记、新民等20家私营织布厂开业。到1927年，除了鲁丰、厚德，济南已有私营织布厂23家，资金均在1000元以上，雇工8人以上，最大者有资金5000元，雇工60人。1930年以来，织布业有所起色，至1933年私营织布厂增至63家，多在镇武街、锦缠街、东流水、铜元局、三圣街一带，资本多者数千元，少者数百元。① 是时全市织布业共有资本51450元，织机900余台，每台40元，市值3.6万元，职工1820人。各厂原料以16支、20支、32支、42支棉纱为主，42支纱来自青岛，其余为济南丰年纱厂所产，每年消耗约3400件，值大洋11.4万余元。出品以中山呢、自由布、条子布、帆布、线哔叽、雨伞布为大宗，1932年，约出布244650匹，价值755950元。② 至1934年，济南织布业共有织布机1154台，其中铁轮机约600台，电动织布机约70台。③ 由此可见，济南织布业仍然处在转型中，机器生产所占比例刚刚过半，仍然有大量的传统木机存在。

清末济南曾经有花边、发网业，但多以家庭织户形式存在。随着国外市场疲敝，济南花边主要以国内市场为主。20世纪20年代中期以后，济南花边制造厂有四家，均为机器工业，其中瑞兴和创始于1924年，豫裕成立于1925年，裕升恒创立于1926年，协和恒创立于1931年。四家资本共1.4万元，有花边机664台。据1932年数据，共需人造丝约9200包，约值18万元，出产以鱼鳞辫、裙边、二道辫为主，总值23.5万元，主要行销于徐州、道口、济宁、归

① 济南市史志编纂委员会编《济南市志》第三册，中华书局1997年版，第323页。

② 实业部国际贸易局编《中国实业志·山东省》，实业部国际贸易局1934年版，第29（丁）~30（丁）页。

③ 山东省国货陈列馆编《济南染织工业》，山东省国货陈列馆1935年版，第29~40页，转引自庄维民《近代山东市场经济的变迁》，中华书局2000年版，第395页。

德、顺德、亳州、北平、大名及安徽、江苏北部，河北南部。[1]

2. 印染业

1840年后，济南私营染坊用染锅为商家和市民加工色布和线。1877年至清末，先后有义祥成、聚顺成、天合成、东宝兴、四盛公、双合恒等私营染坊和官办济南工艺、传习所设立的染厂开业。这些业户以趵突泉水之便，多设于南关、西关一带，均是资金少、设备简单的小型作坊。1912年后，染业厂家不断增多。较大的厂家多为丝绸、棉布商加工色布。1929年济南东元盛染厂从天津久兴铁工厂购进轧光机1台，立式小锅炉1台，1930年又从上海源昌机器厂购进染槽两对，筒式烘干机1台和30尺拉宽机1台，后又从日本和歌山铁工所购进烧毛机、精炼罐、水洗机、丝光机各1部，自制染槽5对、烘干机2部、拉宽机1部、精炼罐1部、两吨锅炉2台。其间，济南利民染厂、德和永染厂、中兴成织染厂也相继建立，并使用机器生产。到1935年，济南市染业共有66家（不包括染洗衣料业），其类别分染布、染绸绫、染线、印花等。染布者共53家，雇用工人978人，其中东元盛、利民、德和永、中兴成、普利等5家使用机器生产，其他统为手工染制。1937年日军侵占济南后，绝大多数工厂关门停工。[2]济南印染业自清代至1930年均为手工印染。1930年开始半机械生产，利用染槽、丝光机、烘干机等设备生产。

20世纪30年代初，济南轧布厂计有久兴、瑞生、正大三家，专门代理轧布匹、绸缎。久兴资本2000元，成立于1930年；正大资本800元，成立于1932年；瑞生资本1500元，成立于1933年。三厂各有轧光机1座、喷浆机1台，用马达转动。三厂每年轧布16.8万匹，产值1.808万元。[3]

---

① 实业部国际贸易局编《中国实业志·山东省》，实业部国际贸易局1934年版，第28（丁）~29（丁）页。

② 济南市史志编纂委员会编《济南市志》第三册，中华书局1997年版，第332页。

③ 实业部国际贸易局编《中国实业志·山东省》，实业部国际贸易局1934年版，第27（丁）页。

3. 棉纺业

近代济南棉织业的发展推动了棉纺业的投资，以鲁丰、成通、仁丰三家大型企业为主，另外有一家厚德贫民工厂。① 该行业第一家大型企业是鲁丰纱厂。此公司系1915年由潘复、周自齐、田中玉等发起，原定先在济南设立纱厂，以后逐渐扩展到临清、德州。该厂一期资本定为80万元，除了由省内外士绅认购，其余由省长公署通令山东各县知事代募。1917年股本招足50万元，开始建设厂房，申购英国纺纱机1.6万纱锭。后工厂尚未建成，资本业已告罄，不得已乃增资为120万元。经历种种困难，终于在1919年11月正式试机、投产。恰逢欧战结束，纱价大涨，获利丰厚，1920年盈利36万余元，于是又集股60万元，向英国再购买1万纱锭。1923年第二厂机件装配完成，开始试机。在此期间，津沪各厂因为棉贵纱贱，不堪赔累，或完全停工或停止夜工。但鲁丰纱厂仍然昼夜兼营，年终盈利近16万元。鲁丰纱厂营业顺利，主要优势有四：一是工厂在济南，为棉花汇聚之地，转运便利，原料充足；二是山东人力资源丰富，用工成本低廉；三是受到20年内不准在济南30里内添设纱厂的政策保护，销路畅旺；四是棉花不收落地税。该厂也有经营隐患，主要一点便是资本缺乏，资本实收183万余元，但花费已达260万余元。② 1920年，慈善总会捐款46355元，创办厚德贫民工厂，专以救济贫民为目的，备有清花机、钢丝机、粗细纱机共15架，以电力转动；摇纱机14架，全用人力。所产棉纱，供该厂织造面粉袋之用，织面粉带部分，备铁轮机60座、缝纫机3座、打轴机4座，均用人力。③ 成通纱厂成立于1932年，由桓台苗氏资本集团苗杏村、苗星垣等创办④，资本150万元，备有透平发电机1座，马力2680

① 实业部国际贸易局编《中国实业志·山东省》，实业部国际贸易局1934年版，第23（丁）页。

② 《济南工业之勃兴及其现状》，载《中外经济周刊》1924年第86期，第8～9页。

③ 实业部国际贸易局编《中国实业志·山东省》，实业部国际贸易局1934年版，第22（丁）～23（丁）页。

④ 《济南成通纱厂组织状况》，载《天津棉鉴》第3卷第11、12合期，1933年，第91页。

匹，清花机、钢丝机、棉条机、粗细纱机、摇纱机、成包机等261架，纺十支、十二支、十六支、二十支等粗支纱。上述三厂每年出产棉纱4.1万件，价值763.94万元，其中鲁丰占64%，成通占33%，厚德占3%。销售市场以山东境内为主，特别是鲁南胶东及沿津浦路一带。原料多来自临清、夏津、高唐、恩县、成武、商河、邹平、威县、清平、滨县等地，也掺杂陕西、河北、河南等地棉花。每年所需棉花约137527担，细绒每担47元，粗绒每担40元，以平均每担43元计算，共值洋5913661元。①

1932年山东工商界知名人士穆伯仁、崔景三、马伯声等人筹集资本55.8万元，创建仁丰纱厂。1933年，卢统之向英国订购细纱机30台，纱锭总数12600枚。1934年仁丰纱厂正式投产，开工不久，就赶上纱价大涨，获利丰厚。1935年纱厂陆续购进一些设备，从三井洋行购进丰田式细纱机6台共2784纱锭，从新井洋行购进阪本式织布机240台，从三菱洋行订购漂染机28台及全套印染辅助设备。② 截至1936年，仁丰纱厂成为拥有放线厂、织布厂、染色厂、发电厂、锅炉房、修机部、花栈、线栈组成的产业链，集合纺纱、织布、印染工序的全能企业。

1933年之后，济南棉纺企业发展出现两极分化。成通、仁丰两家纱厂不断完善企业管理，采取更新设备、改良工艺等手段，从而取得较强的市场竞争优势。济南最早的纱厂鲁丰却以企业管理混乱、设备老化等原因，举步维艰，从1933年起便开始连年亏损。1936年3月，成通纱厂对鲁丰实行租赁经营，仍不见起色，11月苗杏村以个人名义租赁该厂，更名为成大纱厂，恢复生产。至1937年，因日本全面侵华再次停工。③

（四）火柴工业

中国人自己生产火柴始自1879年广东的巧明火柴厂，到1903年全国

---

① 实业部国际贸易局编《中国实业志·山东省》，实业部国际贸易局1934年版，第23（丁）页。

② 济南市两会文史办公室编《解放前的仁丰纱厂》，见中国民主建国会济南市委员会、济南市工商业联合会编《济南工商史料》第三辑，1989年版，第1、6页。

③ 庄维民《近代山东市场经济的变迁》，中华书局2000年版，第387～388页。

有国人创办的火柴厂18家，但由于设备和工艺落后，无法与“洋火”竞争。国内市场上，日本火柴充斥市场，在山东也不例外。济南火柴业始于1913年开业的振业火柴有限公司。济南东顺泰大阪庄负责人丛良弼在代销过程中学习了一套关于火柴的生产工艺和经营管理经验，于1913年集资10万，成立振业火柴股份有限公司，丛良弼任总经理，工人有800人左右。生产设备有排梗机26台，卸梗机11台，理轴机2台，整梗机2台，药盘1台，油盘1台，以及马达等其他设备；生产硫化磷火柴，日产约40箱（每箱1440包），商标是三光牌、山狮牌、推磨牌。五四运动期间，提倡国货的爱国热情高涨，振业火柴公司获得较快发展。1920年振业公司筹资10万元在济宁开设第一分厂，1927年投资20万元在青岛设第二分厂，振业资本已经达到50万元。[①] 产品销售不仅遍及山东，且远销河南、江苏、陕西、山西和陇海铁路沿线，有相当的竞争力。20世纪20年代，济南除了振业公司，另有日商开设的祥阳、鲁兴两家火柴厂。30年代，济南有火柴厂17家，其中振业资本最大，为40万元；洪泰火柴厂次之，资本5万元；东源隆火柴厂资本3万元，鲁兴火柴厂2万元。1932年，洪泰经营不善而倒闭，鲁兴1931年遭火灾，1932年夏始复工。1933年前后，济南火柴产量较之以前已经减产，每年原料计652421元，出产硫化磷火柴2.35万大箱，平均每箱45元，共值105.75万元。1937年济南沦陷后，民办的洪太、东源、恒泰和日商所办祥阳、鲁兴被日本侵略军强占。恒泰、祥阳沿用旧名，东源、洪太、鲁兴并为齐鲁公司。[②]

（五）造纸工业

济南造纸工业源于清末。光绪三十四年（1908），清政府因铜圆充斥，特诏停止各省造币厂，山东铜元局亦奉旨裁撤。为使机器不至于浪费，鲁

① 山东省政协文史资料委员会编《山东工商经济史料集萃》第二辑，山东人民出版社1989年版，第243页。

② 实业部国际贸易局编《中国实业志·山东省》，实业部国际贸易局1934年版，第31（丁）～32（丁）页；济南市史志编纂委员会编《济南市志》第三册，中华书局1997年版，第383页。

绅丁道津、魏乐锐、孟继笙等发起泺源造纸公司，官商合办，资本库平银26万两，系山东第一家机制纸厂，也是全国最早的机制纸厂之一。该厂聘德国人为技师，委托济南礼和洋行订购德国兰慈厂造纸机械，其中有长网和圆网造纸机各1台，总动力为300马力。开始生产还好，最高年产量达600吨，所产粉连纸、连史纸、包装纸和毛头纸畅销山东、河北、河南和山西等省，产品质优价廉，受到用户欢迎。后来由于国外纸产品大量输入，市场竞争激烈，导致产品滞销，于1914年被迫停业。①

1917年，山东督军马良出资7万元买下因亏损而被迫停业的泺源造纸厂，改称成业造纸厂。该厂购买土地，修建厂房，稍经治理充实后，很快恢复到最佳生产状况，年产量又达600吨，但仅维持一年半，又因资金不足，于1919年售出。何宗莲等人筹资接办，易名华兴公司，资本356100元，有除尘机、剪布机、蒸料机、打浆机、包装机等18台，有300匹马力的蒸汽机一座，以破布、麻袋等为原料，制造连史纸、包皮纸、棉纱纸、有光纸、日历纸等。1919年4月正式开机生产，时有从事生产的工人约百人，7月济南掀起抵制日货运动，使该厂产品畅销，当月就盈利万余元。受此鼓舞，华兴公司于1921年又购买土地、设备，并兼办起印刷厂，机械设备日趋完备。1929、1930年间，每年使用原料979吨，共计出纸640吨。其后几年，日货倾销，充斥市场，华兴公司无力与之抗衡，被迫减产，每年平均出纸530吨，主要销往山东、河北、河南、山西、东北等地区，年产值为20余万元。1931年"九一八"事变后，抵制日货运动再次席卷济南，华兴公司的经营才稍有回升，但好景不长，至"七七"事变前，几乎每年赔累1.5万多元。1939年，该厂被日本人开办的造纸厂控制。②

---

① 《济南工业之勃兴及其现状》，载《中外经济周刊》1924年第86期，第14页；济南市史志编纂委员会编《济南市志》第三册，中华书局1997年版，第371页。

② 实业部国际贸易局编《中国实业志·山东省》，实业部国际贸易局1934年版，第23（丁）页；济南市史志编纂委员会编《济南市志》第三册，中华书局1997年版，第371页。

（六）粮油加工业

1. 榨油业

清末，济南榨油工业大多分布在城郊。1904 年济南开辟商埠后，榨油工业开始转入市区。此时济南榨油行业均为小手工作坊，榨油方式为传统的土制木榨，经营方式为自产自销。1909 年寿光商人张采丞集资 15 万元，在济南商埠区开设兴顺福油坊，为济南第一家机器榨油企业，有蒸汽机 1 台，转轮机 2 台，螺旋式压榨机 35 台，通常日加工大豆 60 石（2400 斤），出油约 2000 斤，豆饼 800 个，产品一半销于内地，一半出口到德国、日本等国。① 1921 年合盛祥油坊开业，资金 3 万元，职工 30 人。1922 年同丰泰油坊开业，资金 4 万元，职工 32 人。1924 年东裕隆油坊开业，资金 10 万元，职工 26 人。榨油原料为大豆、花生两种，主要在泺口、商埠两处收买，每年在此集散的大豆达 2000 多吨。另外 20 世纪 20 年代初，济南旧式油坊不下 20 家，油、饼在本地销售有限，大都运到南京、上海、广东、大连、青岛、烟台等处。到 1927 年全市有油坊 31 家，其中榨油厂 4 家，资金 28.4 万元，职工 160 人。1936 年同兴油坊开业，资金 3 万元。②

2. 面粉业

民国后，济南机制面粉业逐渐发展起来，成为该城市主要的机制工业。1913 年，兴顺福机器面粉公司在纬三路建成，为济南第一家机器面粉厂，开办之初，资本 5 万元。1915 年丰年面粉公司成立，资本 10 万元，出品质量高，销路较好。济南面粉业开始有起色。1919 年茂新、惠丰面粉厂相继建立。1921 年民安、正利厚、恒兴、成丰、华庆等五厂先后建立，济南面粉业进入黄金时代。但 1921 年以后，正利厚、兴顺福两厂因经营不善，相继停业，民安、恒兴两厂因受济南“五三”惨案打击，金融周转不灵，无法维持，民安遂出售于成记，恒兴也改组为宝丰。1924 至 1928 年，军阀混战导致济南各业大受打击，面粉行业亦不例外。1930 至 1932 年，

---

① 庄维民《近代山东市场经济的变迁》，中华书局 2000 年版，第 361 页。

② 《济南工业之勃兴及其现状（续）》，载《中外经济周刊》1924 年第 88 期，第 8 页；济南市史志编纂委员会编《济南市志》第三册，中华书局 1997 年版，第 432 页。

各厂尚能够盈利，但是 1933 年后，面粉价格大跌，销路又受到阻滞，丰年、茂新、惠丰、华庆、成丰、宝丰、成记七家面粉厂生产时开时停，经营颇为困难。1933 年前后，上述七厂原定资本 355.87 万元，实收资本 291.06 万元，厂房、厂基约值 82 万元，各厂备有风扇、麦筛、打麦机、钢磨、圆筛、清粉机、麦皮机、吸灰机、引擎、锅炉等设备，约值 97 万元，每年从山东各县、江苏、河南、安徽北部等地买进小麦约 38306.67 万斤，约值 1723.8 万元。全行业每年生产 579.326 万包，每包 49 磅，均价 3 元，约值 1737.0978 万元；出产麦麸 2681 余万斤，每百斤 1.8 元，约值 48.266 万元。济南面粉主要销售山东各县及黄河、小清河流域，津浦、胶济铁路沿线及天津、徐州等市场。交易分为定货与现货两种，以现货为主。在济南七家面粉厂中，成丰产量最大，年出面粉 200 万包，惠丰、华庆次之，每年各出产 100 余万包，丰年、茂新、宝丰、成记又次之，每年出产大约 50 万包至 80 万包。面粉业全业工人大约 920 人。[①] 1938 年，面粉厂被日军“军管”。

三、小结

从济南各主要行业向机械化、机器化生产过渡的情况看，机制面粉业、棉纺业、花边业、造纸业、火柴业、电力工业都已经实现了机器化大规模生产；榨油业、棉织业、印染业、铁工厂业等只有部分实现了机器化生产，大量的手工作坊生产仍然存在。这充分说明近代济南一些工业行业仍然处在转型中。

从济南各工业企业的规模看，棉纺织业、面粉业、火柴业、铁工厂业具有一定的规模和技术实力，尤其是前两者在区域市场甚至全国市场都具有一定的竞争力。

从产业独立性看，很多机器都是来自国外，国内铁工厂只能模仿制造

① 实业部国际贸易局编《中国实业志·山东省》，实业部国际贸易局 1934 年版，第 21（丁）~22（丁）页。

一部分，且基础原材料工业仍然空白，钢铁等完全需要从外部进口。但济南外资工业势力不是很大，主要以华资工厂为主。1937 年随着济南城市被日军占领，大多数工业企业都被日军以“军管”或“合办”的名义强行占领或限制发展，从而彻底失去了独立性。

第五节　周村、潍县城市近代工商业的发展

一、周村（包括淄川、博山）

（一）周村及周围城镇商业、贸易发展概况

周村地处鲁中山地北缘，是泰沂山区和华北平原的交界处，自古就是临淄、青州等平原地区出青石关至莱芜、泰安、江苏、安徽的“长峪道”的交通节点，也是鲁中山地东西大道的重要节点。北方平原的车载货物在周村换骡马或肩挑进入山区，山区货物在周村换装大车进入平原。周村由此出现大批收受南北货物的坐地商人。至咸丰年间，以周村为中心筑起南北东西交通的八条大道，“西至省垣，东至烟台，俱属通衢，交通较他处为便”①。据《1892—1901 年海关十年报告》记载，柳疃、青州、周村是山东重要的产丝区。周村出口的蚕丝用箱子包装，经过陆路运到烟台后再分级挑选，其中一级蚕丝供应出口，二级蚕丝运到上海供织丝绸，三级蚕丝运销广东供制造丝线、丝带等用。周村当地也生产大量的丝绸、丝线、丝带和毡帽、鞋子、帽子、铜器等供应国内市场。周村是山东北部国内外货物的最大集散地。集散中转的货物来自经小清河河口羊角沟运入的烟台货，其中有布匹、棉纱、生铁、火柴、煤油等。周村每年贸易额共约 1500 万海关两。②

---

① 胶济铁路管理局车务处编《胶济铁路经济调查报告》分编五《长山县》，文华印刷社 1934 年版，第 7 页。

② 青岛市档案馆编《帝国主义与胶海关》，档案出版社 1986 年版，第 55 ~ 56 页。

另外，清末周村周边城镇发展也各有特色，其中博山有发达的陶瓷业，淄川有发达的煤炭业，青州有发达的丝绸业。李希霍芬曾见证过博山的矿业发展水平，并在日记里称之为“烟囱镇”，他在路上遇到“长长的推车队伍，装载着煤、焦炭、铁器、陶器、烟草、谷物和一些包裹严实的货物（看来是玻璃）”，“一小时内就有 65 辆装烟煤的车经过”。[①] 周边城镇经济的发展在一定程度上也推动了周村商业的发展。此时的周村是鲁中的商业中心。胶济铁路通车前，“周村非独为全境商业中心，亦附近若干县镇之中心市场。工商两业鼎盛时期，驾乎省垣而上之”[②]。

1904 年胶济铁路通车后，周村又作为济南分埠对外通商，商业日益鼎盛，“鲁省经济发达，民阜物殷，交易极盛。惟时省内商业中心为烟台、胶

图 6.7　胶济铁路通车仪式上中外军政要员合影

① ［德］费迪南德·冯·李希霍芬著，李岩、王彦会译《李希霍芬中国旅行日记》上册，商务印书馆 2016 年版，第 141 ~ 142 页。

② 胶济铁路管理局车务处编《胶济铁路经济调查报告》分编五《长山县》，文华印刷社 1934 年版，第 7 页。

州、周村、潍县四处”①。20世纪二三十年代，周村商业贸易也获得长足的发展。据1920年出版的《山东各县乡土调查录》数据，此时周村商业繁盛，百货云集，各项商号500余家。到20世纪30年代初，计有1766家商号，除了工业企业，另有商号727家，固定资本1691835元，营业额为13573970元。②

但是胶济铁路修通后，尤其是张博支线通车后，情况发生了变化。交通便利也给博山、张店带来了发展机会。胶济铁路通车后，周村周边张店、博山商业发展迅速，一定程度上分割了周村的商业贸易份额。周村南面的博山，自1904年胶济铁路支线开通后，煤矿获得更大发展，百业并举。鲁南各县货物皆向博山集中，而不必转运周村，1930年前后博山年贸易总值达到2000万元。胶济铁路开通后，周村之东部张店亦不过三等车站，仍是个冷落小镇，但张博支线开通后商业发展迅速，张店成为小清河流域产棉区的集散地，其中五成棉花来自滨县、蒲台、利津，三成来自高苑、博兴、广饶，二成来自邹平、章丘和齐东。1920年前后集散棉花13万至15万担，20世纪30年代增至20万担，有大小商号90多家，有日商商号20余家，1930年贸易总值540万元。③

周村还是外资机构和资本的集中地。在周村东门至火车站一带的商埠区和外国人居留地，外商机构林立，先是德国设立德华银行分号于此，稍后德圆油栈、亚细亚石油公司、美孚石油公司在此设立分公司。日商先后开设小林、铃木、寺村、大富、酒井等10余家洋行，其中以铃木洋行最大，资本达到20万元，每年收丝、鲜茧约9万斤，贩卖洋纱约5000件，贩卖麻丝150箱，合计约值119.75万元。④ 截至20世纪30年代，周村有

① 胶济铁路管理局车务处编《胶济铁路经济调查报告总编·商业》下，文华印刷社1934年版，第1页。

② 实业部国际贸易局编《中国实业志·山东省》，实业部国际贸易局1934年版，第151（丁）~152（丁）页。

③ 胶济铁路管理局车务处编《胶济铁路经济调查报告》分编五《桓台县》，文华印刷社1934年版；庄维民《近代山东市场经济的变迁》，中华书局2000年版，第156~157页。

④ 胶济铁路管理局车务处编《胶济铁路经济调查报告》分编五《长山县》，文华印刷社1934年版，第17~18页。

40 多家外国机构或公司进驻，有力地推动了其全球化进程。

由此可见，由于胶济铁路与张博支线的十字交叉，传统商业中心周村已经分化出淄川、张店、博山等三个次中心，已经形成了以煤炭、玻璃、丝织品交易为主的“一主三次”的“大淄博”商业圈。这为后来的“大淄博”都市圈的形成奠定了坚实的商业基础。

（二）周村的工业转型

20 世纪 30 年代初出版的《中国实业志・山东省》一书曾经总体评价过周村工业，认为周村是山东重要的工业区，但自 1928 年人造丝进入，丝价暴跌，机器缫丝工厂相继歇业，导致大规模机器工业企业减少。统计显示，20 世纪 30 年代占周村商埠重要地位的机器工业仅有榨油、面粉、漂染、电气等，手工业则有丝麻织业、棉带业、铜锡业、皮胶业、酿酒业、鞋帽业、冶铁业、烛皂业等，统计各业每年产值 5145300 元，其中丝麻织业占比最大，几乎占到 75%。[①] 在此要纠正此处的一个错误观点，即把所有丝麻织行业的企业列入手工业。事实上，该行业也不乏一定数量的机器工业。还有，铁木提花机已经不同于工具范畴的木机，属于机器。另外，1930 年后出现的拥有电机的机坊也被错误地归于手工业。出现上述统计的原因主要在于 1928 年以后纺织原料由真丝变成了人造丝、麻等原料。关于各行业转型概况陈述如下。

1. 周村缫丝业

缫丝业是周村历史悠久之产业，近代开始由工场手工业向机制工厂转型。中华人民共和国成立后，于洪谋先生根据恒兴德会计孟公南，恒兴德工人徐长海，裕厚堂职员沈广君、孟凡鲁，同丰公司工人王志丰，源丰工人王志玉等口述整理成《建国前周村的制丝业》一文，详细记述了近代周村制丝业的转型过程、技术改进环节，真实可靠。具体过程详述如下。

周村开埠后，随着生丝贸易的发展，缫丝业开始使用机器缫丝，丝织

① 实业部国际贸易局编《中国实业志・山东省》，实业部国际贸易局 1934 年版，第 145（丁）页。

业逐渐改良生产工具，大量使用铁木机，并向电力机过渡，掀起了改造旧有手工工场、建设新式工厂运动。机器缫丝是周村出现的最早的机器工业。1908 年，李敬义创办鸿裕缫丝厂，安装半机械化的缫框 48 只，有工人 200 人。大型的缫丝厂引起地方实业人士的高度关注，丝绸商、银钱业商人、杂货商纷纷投资建新厂，或改良作坊设备。1909 年李敬义与徐芳洲、马紫封集股 4 万两成立裕厚堂丝厂，该厂于 1911 年率先安装蒸汽机，这不仅开周村机器缫丝之先河，也是山东机器缫丝之嚆矢。1917 年孙子山投资 4 万两建立恒兴德丝厂，于 1924 年再投资 8 万两，扩张厂房，安装单气缸 24 马力蒸汽机一部，引进意大利式座缫机 160 台。1919 年张相南、孟希文、李华峰集股创办同丰缫丝厂，安装 60 千瓦发电机一套，实现周村缫丝以电力为动力的跨越。1924 年，周村张敏斋投资 1 万元创办源丰丝厂，一开工就使用蒸汽动力。此后，周村又有新纪机器缫丝厂成立。周村成为山东蒸汽缫丝厂的集聚点，进入丝业鼎盛时期，最高年产丝 20 万斤，其中机制厂丝 10 万斤。此外，中国人在博山开办了福春恒丝厂。日本人于 1923 年在张店开设铃木丝厂，实力雄厚，有缫车 400 台，年产丝 810 担，远远超过华商六家之和，以至于能够操纵山东丝价。20 世纪 20 年代末 30 年代初，西方遭遇经济危机，蚕丝出口骤减，同时日本、英国人造丝大量输入山东，造成生丝国内外销路不畅，丝价暴跌。20 世纪 30 年代周村一带蚕桑业也出现严重的衰退情况，蚕桑业蚕茧输出从 100 万斤下降到 20 万斤，1931 年产厂丝 900 箱，1932 年下降到 600 箱，1933 年再降至 400 箱左右。1934 年周村有四个缫丝厂停业整顿。此后丝价稍有回升，裕厚堂和恒兴德复产。裕厚堂后分为新记和华成，恒兴德分为安昌和公记。1931—1937 年，周村有丝厂（场）6 家，缫丝车 260 台，职工 750 人，最高年产丝 500 担。① 1937 年之后，缫丝业萎缩，且为日本丝厂控制，在此不做赘述。

---

① 于洪谋《建国前周村的制丝业》，见山东省政协文史资料委员会、淄博市周村区政协文史资料委员会编《周村商埠》，山东人民出版社 1990 年版，第 143 ~ 145 页。

周村缫丝生产大体分为手工缫丝、人力机缫丝和蒸汽机缫丝三种。手工缫丝即我国传统缫丝方式，设备简单，仅有大缸数个，用来腌茧；大锅一口，用来煮茧；大框一个，用来框丝。按照传统工艺，收来茧后，先放在大缸中，用盐腌，以防止出蛾。缫丝时，将大框和煮茧的锅安置院中，由二人操作。一人把腌过的茧放在大锅中煮沸，搅拌均匀，待煮成褐色，用竹刷轻轻在茧上摩擦，使茧尽挂于竹刷之上，经过整理，交与另一人。另一人将丝头十余个过铁制集绪器，上下成交搭在缫车上缫之。缫车安放于煮茧锅左边，操作者左手摇动丝框回转，右手添绪。每次添绪自一二颗至七八颗不等。添绪多采用卷添法，不结头，也不留绪。丝缕配合没有定数，一般需要30颗茧。缫丝时不换汤，因而丝的色泽不鲜，纤度不均，条分粗，丝缕乱，名大框丝。缫完即行整理，包括裁框、绞丝和打捆，通常以120两为一捆，不打包，不装箱。大框丝每箱（100斤）成本约380元，售价500元左右。人力机所缫之丝称为小框丝。缫丝装置是六七口排成一排的缫丝锅，左端安置煮茧灶，锅下管道通煮茧灶。每口缫丝锅边有一丝框，周长约四尺半，下有管道，用以传递热气，烘烤丝片使之干燥。操作时，一人煮茧，将煮过的茧分送缫丝锅。每只丝框前有一人缫丝，一边索绪集绪，一边用足踏机械，令丝框旋转，将丝绕于框上。缫完后，经过翻摇将丝转缫于较大的框上。这种缫丝法所缫之丝，丝缕配有定数，洁白光亮，类似厂丝。其生产程序为烘茧、煮茧、缫丝、落框、检查、整理、过磅打包。机器缫丝是指以蒸汽机和电力作为动力缫丝。缫车有座缫车、立缫车和自动缫车之分。周村四个机器缫丝厂均使用蒸汽机带动座缫车缫丝。工人摆脱了笨重的体力劳动，提高了生产效率，但缫成之丝品位不高，较之以电力作为动力的立缫车和自动缫车仍然落后。缫丝工序为混茧、剥茧、选茧、煮茧、缫丝、复摇和整理。小框丝和厂丝每制成一箱用鲜茧1400斤，茧本420元，缫丝费用和运输费用250元，合计成本650元左右，主要运往上海货栈，再经洋行转销美国和欧洲。1931年以前每箱丝约1500元，利润900元左右，1932年以后，价格急剧下跌，降至500余元，1934 年更降至 370 余元。[①]

从缫丝业大体发展历程看，以 20 世纪 20 年代末 30 年代初的世界经济危机为节点，出现了两个发展期：危机前，周村缫丝行业处在扩张状态，转型发展顺利，机制生丝已经过半；危机后，世界贸易低迷，外加 1925 年以后成本较低的人造丝进入周村，制丝业持续低迷，行业陷于停滞。但是张店的外资丝厂由于资本大，技术先进，尚有较好的发展。

2. 周村的丝织业

雷雨忱、刘鸣九、宋鑫儒三人在中华人民共和国成立前长期供职于机坊和麻葛庄，亲身经历了周村丝织业的发展和演变。他们根据回忆并参考资料整理形成了《建国前周村丝织业的发展和演变》一文，详述丝织业转型过程和技术改进环节，真实可信。具体过程转述如下。

周村素为丝织业发达地区。清朝初年，周村之线春、湖绉等丝织品口碑良好，销路不愁。[②] 但直到 19 世纪 70 年代，周村都没有出现手工工场，丝织业生产多为农村个体户所为。约在 1870 年，章丘县龙山的三合永机坊为就近购买原料，销售产品，迁来周村。此后又有裕太祥迁来。两个机坊产品销路极好，获利丰厚，于是许多丝绸商开始投资建机坊，周村遂大肆扩充，雇佣工人，常年织造。烟台开埠后，周村地区的机坊不断增加，1899 年有机坊二三十户，每户少则 4 台，多则倍之，共有 100 多台。1900 年发展到五六十户，有织机二三百台。产品质量也得到较大提高，分量加重，绸面加宽，改名为“洋绉”。[③]

1904 年后，周村被辟为商埠，又有胶济铁路之便利，缫丝与丝织业进入快速发展时期。各丝织厂纷纷增加设备，开办分厂。有些大的丝绸商

① 于洪谋《建国前周村的制丝业》，见山东省政协文史资料委员会、淄博市周村区政协文史资料委员会编《周村商埠》，山东人民出版社 1990 年版，第 146 ~ 148 页。

② 赵占元《周村丝麻织业调查》，载《工商半月刊》第 6 卷第 9 号，1934 年，调查，第 67 页。

③ 雷雨忱、刘鸣九、宋鑫儒《建国前周村丝织业的发展和演变》，见山东省政协文史资料委员会、淄博市周村区政协文史资料委员会编《周村商埠》，山东人民出版社 1990 年版，第 152 ~ 153 页。

号、银钱业商人设立数个机坊分厂，冠以统一名号，形成小集团式生产。1916年周村拥有丝织机1500余台，有技工、学徒七八千人。其中广盛永丝绸庄、丰字号丝绸庄、庆和永麻葛庄、聚太昌丝绸庄、万聚号丝绸庄、合记钱庄、三合恒杂货庄等16家丝织小集团，拥有82家机坊分厂，备有丝织机600余台，是周村丝织业的巨擘。该时期，散布在周边的个体户也拥有300多台织机。①

周村丝织业机器改良始自1920年底自天津引进的铁木提花机，1930年后开始出现电力织机，但普及有限。1920年周村合记丝织厂从天津引进4台铁木提花织机代替原来的木制织机，生产效率提高一倍。原织绸所用的木制洋绉机必须两个人操作，一人在三公尺高的机楼上用手拉花，一人在半公尺深的机坑里用手打梭和推框，拉一把花打两梭纬线。两人必须配合默契，8小时仅织八公尺，每人折合四公尺。产品仅能织大洋绉、小洋绉、腰巾子、小方巾等，全部是平纹和斜纹暗花。自改用铁木提花机后，织绸可由一人操作，用脚踏踏板以传动，用来开纹、拉花、卷绸等；再用一手拉梭，拉一下踏一下，节约人力，每人每小时生产一公尺。产品质量也有提高，能生产严平纹亮花及其他花纹。产品最先是花丝葛，后是线春、湖绉等。②

此后，瑞华、宝丰、裕丰等厂纷纷引进铁木提花织机，掀起机器改良的高潮。1922年，“因各种华丝葛、线春等织品，流行市面，花样奇新，木机提花，不能适用，遂改用日本佐佐木工厂铁木合制机。提花美丽，出品精良，此项事业，因以大振。继起者颇多”③。1924年周村有

---

① 雷雨忱、刘鸣九、宋鑫儒《建国前周村丝织业的发展和演变》，见山东省政协文史资料委员会、淄博市周村区政协文史资料委员会编《周村商埠》，山东人民出版社1990年版，第153～154页。

② 高良恭《我了解的周村丝织业发展概况》，见山东省政协文史资料委员会、淄博市周村区政协文史资料委员会编《周村商埠》，山东人民出版社1990年版，第121～123页。

③ 吴英若《周村一带丝织业调查报告》，载《山东省建设月刊》第4卷第1期，1934年，报告，第18页。

新式织机85台，主要生产华丝葛，与湖州所产相同。① 1926年后，由于上海大成机械厂、天津久记铁工厂自制的机件问世，周村铁木提花织机剧增，发展到6000余台，有技工、学徒3万多人，年产量100万匹，可谓盛况空前，出现"桑植满田园，户户皆养蚕，步步闻机声，家家织绸缎"的兴盛局面。铁木提花机不同于传统木机的工具范畴，它已经属于机器范畴，不仅在机坊普及，而且在手工业者和小机坊中广泛应用。1930年后，周村丝织业生产向电动化转变，至1935年全行业拥有电力织机62台，其中永记电力机坊20台，顺兴成机坊10台，华中织绸厂26台，裕记织绸厂6台。② 电力织机的应用，使周村丝织品质量得到巨大提升，出现名优产品。

另外，丝织业的原料蚕丝也出现了替代品——人造丝，新材料省工易织，从某种意义上说，这也是一种技术改良。自1925年始，意大利、英国、法国人造丝（麻丝）相继进入我国，价格比蚕丝低60%以上，而且省工易织。同时发明了适用于人造丝的人力络丝机，大大提高了工效。原来每人每天织0.8匹华丝葛需要辅助工6名，改织四磅麻葛后，每人每天能织1匹多，仅需辅助工1.5人。麻葛织品成本降低，销路大增，利润丰厚，因此织麻织品者日多。至1927年，大多数织场都放弃采用蚕丝而织麻货，产品有麻葛、缎背绉、线春、麻绒等。因以麻葛为原料，称为织麻葛阶段。1928年，日本人造丝进入中国，与西方人造丝展开竞争，因日货线条细而均，织时易于掌握质量，价格又低，很快独占我国市场。周村、长山、桓台、淄川农村中，出现了大量利用人造丝织造丝绸的个体手工业者和拥有数台织机的小机坊。1930—1931年，周村丝织机猛增至14000台，络丝工、络麻工、经丝麻工及织造工共计5万人，产品品种多达30个，年

---

① 蔡受百《中国丝织业发展史》，载《总商会月报》第4卷第7号，1924年，第15页。

② 雷雨忱、刘鸣九、宋鑫儒《建国前周村丝织业的发展和演变》，见山东省政协文史资料委员会、淄博市周村区政协文史资料委员会编《周村商埠》，山东人民出版社1990年版，第155～158页。

产量 300 万匹，每年用麻丝 9 万箱，合 180 万市斤。① 1931 年后，行业规模逐渐萎缩。据《中国实业志·山东省》记载，1933 年前后周村连同附近机户已不足千家，入同业公会者，只 261 家，资本共 31.9 万元，织机 1166 部，职工 5376 人，络丝女工约 5 万人，城乡总计出品 41.5 万匹，价值 415 万元。②

从生产组织方式看，周村出现了一些大机坊，但规模较大的机坊还是寥若晨星，大部分为分散生产的个体织户和拥有一两台织机的小作坊，10 台织机以上的机坊只占很小的分量。织机超过 10 台的机坊具体情况如下表。

表 6.11　20 世纪 30 年代周村丝织业主要机坊概况

场名	建立时间（年）	资本（元）	工人（人）	机数（台）	年产额（匹）
顺兴成	1916	1000	224	56	10000
华中	1933		200	50	
文叙成	1933	5000	80	20	4000
永记	1933		80	22	
庆和恒	1926	3000	48	12	2400
复升恒	1933	3000	48	12	2400
益记	1933	3000	50	12	2400
瑞华	1927	2500	40	10	2000
茂盛恒	1923	2500	40	10	2000

① 雷雨忱、刘鸣九、宋鑫儒《建国前周村丝织业的发展和演变》，见山东省政协文史资料委员会、淄博市周村区政协文史资料委员会编《周村商埠》，山东人民出版社 1990 年版，第 156 ~ 157 页。

② 实业部国际贸易局编《中国实业志·山东省》，实业部国际贸易局 1934 年版，第 147（丁）页。

（续表）

场名	建立时间（年）	资本（元）	工人（人）	机数（台）	年产额（匹）
三太恒	1926	2500	40	10	2000
德记	1927	2500	40	10	2000
德隆太	1929	2500	40	10	2000
庆和堂	1925	2500	40	10	2000

资料来源：雷雨忱、刘鸣九、宋鑫儒《建国前周村丝织业的发展和演变》，见山东省政协文史资料委员会、淄博市周村区政协文史资料委员会编《周村商埠》，山东人民出版社1990年版，第157~158页。

说明：上表机器部分也包括公司拥有的电机。

总之，从机器看，周村丝织业由人力的木机向人力铁木机的转型比较成功。人力铁木机基本淘汰了传统木机，但是向电力织机转型还仅仅局限于几家大型工厂，且数目极少；从原料看，周村丝织业多了人造丝、麻等纺织材料，提高了工作效率，增加了产品种类；从生产组织方式和规模看，丝织业还有很长的路要走，大部分为个体手工业者和小机坊，4台以上的中型机坊和10台以上的大型机坊还比较少。

3. 周村漂染业

周村是近代山东麻葛绸绫纺织业发达地区，作为产业链延伸的漂染业自然十分发达。在1929年，周村有60余家漂染厂，1933年前后大约只剩30余家，散布于周村周围，资本额为72600元，其中完全使用机器的厂家有东和益、人和、丽新、华新、新民、东和等6家。①

4. 淄川的采矿业

1902年胶济铁路张博支线开工之时，山东矿务公司开始勘测淄川洪山煤矿。1904年6月，胶济铁路及张博支线通车，矿务公司开凿了洪山第一

① 实业部国际贸易局编《中国实业志·山东省》，实业部国际贸易局1934年版，第146（丁）页。

口竖井，即淄川竖井，1906 年开始出煤，当年即出煤 1.4 万吨。1910 年 6 月，矿务公司又在矿区开凿海特尔井。由于淄川煤矿储量颇丰，煤炭质量可与英国优质加地夫煤一较高下，矿务公司遂决定重点开发淄川煤矿。1911 年淄川洪山动工开凿第三井，又将坊子煤矿安尼竖井的全套设备搬到洪山，以扩大煤矿生产。如此，淄川煤矿在规模和设备上超过坊子煤矿。井上井下机器设备以蒸汽作为动力，井上安装一部 400 千瓦的发电机，供全矿照明。为加快煤炭经青岛外运，淄川煤矿修筑了通往淄川车站的铁路专线。1910 年淄川煤矿的产量超过坊子煤矿，1913 年达到 41.4 万吨，比同期坊子煤矿多一倍。[①]

5. 周村电力工业

1919 年周村同丰公司缫丝厂安装第一台 60 千瓦发电机，1932 年增加一台 300 千瓦发电机，更名为周村电气股份有限公司，1935 年又增加一台 500 千瓦发电机，年发电 180 万度。[②] 近代周村电力工业的发展最初只是附属于缫丝主业，后来主要是供应城市照明，1919 年缫丝主业开始使用电力带动缫丝设备，1930 年前后丝织业出现电力织机。由此可见，电力工业的发展为周村主导产业丝织业的转型提供了动力条件。

6. 周村食品工业

20 世纪 20 年代，周村榨油业和面粉业开始使用机器生产。1924 年，振兴恒油坊首次使用机器磨豆油，其他油坊争相仿效。但周村榨油业目的在于用油饼肥田，不在油，主要是季节性生产，规模有限，大体每年出油 126000 余斤，出饼 104800 余个，共值洋 88000 余元。面粉厂只有张孟于 1929 年设立的福春恒一家，1932 年改组为民丰面粉厂，备有 32 马力蒸汽机一部、转动钢磨 2 部，生产“仙桃”牌面粉，每年出 1 万包面粉，值洋 24000 元。1935 年更名大有，增添英国泰隆洋行 24 寸钢磨 3 部，购置 92

---

① 逄振镐、江奔东主编《山东经济史（近代卷）》，济南出版社 1998 年版，第 106 ~ 107 页。

② 孔令仁、李德征主编《周村开埠与山东近代化》，山东大学出版社 1996 年版，第 147 页。

千瓦电机一台，改用电动力，日产面粉 1200 袋，成为新式工厂。①

7. 博山陶瓷玻璃工业

博山是明清以来著名的玻璃工业中心，产品闻名全国。几个世纪以来，在博山附近就有许多小型玻璃工厂，以制造玻璃器皿为业，产品有小鼻烟壶、灯盏、灯罩、烟嘴、玩具、有孔念珠、手镯、脚镯等。20 世纪初，每年经由青岛出口约 7000 担。1907 年，华商在博山成立一家机械制造玻璃的工厂，额定资本 100 万元，其中政府投资 10 万，但是实际资本只有 50 万元。资金主要用在厂房和设备上，流动资金不多。1909 年该厂有一条生产门窗平板玻璃的作业线，原设计年产量为 5 万箱，但是实际产能只有 5000 箱，后来这个部门的生产也停了，只能生产一些酒杯、汽水瓶一类的东西，财务状况不好。②

博山也是陶瓷业中心。该地区有许多陶器工厂，20 世纪初，博山陶瓷业的生产规模大约 16 万担。③ 清末新政后，政治气氛宽松，地方督抚开始大胆推动地方特色工业的发展，曾经设法改进博山陶瓷业。1905 年，山东工艺传习所总办黄华委王子久来下河设博山工艺传习所，研究改良瓷器。半用土法，半用新法，制造出白釉碗瓶和茶色陶器，质量不亚于进口货。④河下窑业公司是山东第一家新式陶瓷工厂，建厂原意是希望运用西方新式技术，改良产品，增加产量，培养新式工人，但由于技术缺乏和营业龃龉，年年亏本。1914 年后，改为商办，不久歇业。公司培养的工人散布于博山各地，将烧制瓷器的新技术带到了其他陶瓷厂。⑤

---

① 实业部国际贸易局编《中国实业志·山东省》，实业部国际贸易局 1934 年版，第 146（丁）页；马环桥、王仁轩《回忆大有面粉厂发展概况》，见山东省政协文史资料委员会、淄博市周村区政协文史资料委员会编《周村商埠》，山东人民出版社 1990 年版，第 283 页。

② 青岛市档案馆编《帝国主义与胶海关》，档案出版社 1986 年版，第 127 ~ 128 页。

③ 青岛市档案馆编《帝国主义与胶海关》，档案出版社 1986 年版，第 128 页。

④ 王荫桂等修，张新会等纂《民国续修博山县志》卷七《实业志·工业》，1937 年铅印本。

⑤ 白眉初编《鲁豫晋三省志·山东省志》，北京师范大学史地系 1925 年版，第 294 页；庄维民《近代山东市场经济的变迁》，中华书局 2000 年版，第 351 ~ 352 页。

综上所述，周村工业转型的情况较好。首先，就主导产业看，缫丝业转型比较彻底，基本过渡到小框丝阶段；丝织业的转型也比较好，基本上普及了铁木提花机，并向电力机过渡，唯有生产组织方式还主要以小规模的机坊和个体户为主，拥有4台以上的机坊占比较低，还未过渡到大规模工厂阶段。其次，面粉、电气、榨油工业转型也比较彻底；另外淄川采煤业、博山陶瓷业都有了很大发展，处在全省最高水平，机械化程度或技术含量很高，从主要的公司看基本完成转型，但不否认还存在大量依靠人力的民窑。

近代周村转型成功的原因除了前面所讲的开埠通商、通火车，现代通讯事业的发展也为城市与区域经济的繁荣发挥了重要的推动作用。例如，1885年周村建立电报房，开办有线电报业务，1914年周村设立二等邮局，为电报通达局。1920年周村电话分公司成立，开办电话业务，有电话线路2条，备有200门交换机，东通张店、青岛，西通济南。1934年周村设立电报支局，备有电报线路285.1公里，其中周村至张店17.7公里，周村至济南90.3公里，周村至章丘52.7公里，周村至博山50.1公里，周村至青州74.3公里。[①]清末民国时期的行业改良、推广和人才培养也发挥了重要作用。例如，该时期初等、中等、高等蚕业教育体系在山东基本形成，为新式蚕业技术的推广培养了一批专业人才。同时期各地出现了蚕业研究机构，引进科学栽桑、制种、养蚕、缫丝等先进技术，并推广于乡村，逐渐改变了当地数千年不变的传统生产方式。此外，这一时期出现的负有推广、监督管理责任的工艺传习所、农工商局、农会、商会、合作社等官方机构和民间组织也做了大量的工作，对于改变传统一家一户闭塞的、因循守旧的生产经营方式，推动近代山东蚕桑业、陶瓷业、丝织业等行业的发展发挥了至关重要的作用。

二、潍县（包括昌邑）

（一）商业概况

潍县向为山东商业枢纽，自1904年胶济铁路通车、潍县开埠通商以

① 孔令仁、李德征主编《周村开埠与山东现代化》，山东大学出版社1996年版，第147页。

来，交通便利，商业地位更显重要。潍县成为华洋商埠后，青岛、烟台来的洋货和内地出口的猪鬃、烟叶、草帽辫等土货在此集中，成为集散中心。① 潍县商业主要包括外货内销和土产外运。外货内销包括外县、外省及外国商货之进口，以棉纱、煤油、铁为大宗，土产外运则系潍县之出口土货，以土布、烟叶、豆油等为主。除了商业贸易，潍县还有承担金融周转业务的银行、钱庄和线庄，也发挥着重要作用。② 潍县主要商业可以归类为布业、普通商业、金融、运输业，其中以布业和金融为主。昌邑商业以柳疃的茧丝绸运销为主。

1. 布业

布业分为洋布、土布两种。洋布业仅有零星商店。土布业是潍县各行业的中心，也是商业的中心。基本上棉纱业、金融、运输、印染等行业都以土布业为服务对象。土布贸易主要由布庄操纵，多设于东关、坝崖、眉村、坊子等处。上述各地布庄多开设于民国初年，其中资本较多的有2万银圆，少者2000银圆。每年营业额达到10万元的布庄，拥有的资本也不过此数。布庄的布匹来源主要有两个，一是放机所织的布匹，一般有固定的机户为之织造；一是从集市上收买散户的布匹。各庄每年营业多在2万元以下，尤以5000元以下者为多。据潍县营业税局统计，全县有布庄257家，全年营业额共银圆307.3万余元，但是若据布机数量计算，应该不止此数。③ 据《中国实业志·山东省》数据，1932年潍县土布经由火车运出者达到3600公吨，经由邮局运出者在十二三万件，销路遍及全国，其中以河南为最多。④

2. 金融业

---

① 黄泽苍编《山东》（分省地志），中华书局1935年版，第88页。

② 常之英修，刘祖干纂《民国潍县志稿》卷二十四《实业·商业》，1941年排印本。

③ 常之英修，刘祖干纂《民国潍县志稿》卷二十四《实业·商业》，1941年排印本。

④ 实业部国际贸易局编《中国实业志·山东省》，实业部国际贸易局1934年版，第102（丁）页。

潍县金融业以银行、钱庄、线庄、典当为主，其中前三者对产业发展至关紧要，具体营业状况分述如下。

（1）银行

潍县银行业始于清光绪三十一年（1905）的官银号。1914 年中国银行在潍县设立办事处，1916 年停办。1925 年交通银行来此设立支行。1930 年中国银行复设办事处。平市官钱局开办三家，均在东关。各行存款分定期、活期两种，以活期为主，基本是布商的往来存款，定期则寥寥无几。除了官钱局无存款，交通银行、中国银行两行共存款 115 万余元。放款分为抵押、信用两种，其中以抵押放款为主，信用贷款为辅。放款对象以布业为最多，棉纱业、钱业、猪鬃、土产及烟草等次之，染织工厂又次之。中国银行、交通银行、官钱局以布匹抵押为多，同业放款多是信用保证性质。1933 年全年放款总额 75 万余元，交通银行最多，中国银行次之，官钱局又次之。各银行汇兑总额 499 万余元，可以采用信汇、电汇、票汇等方式至各通商口岸。①

（2）钱庄

潍县钱庄在 1916 年前，以发行京钱票、博取拆息为目的。1916 年该业务开始收缩，京钱票业务日渐衰败。潍县土布业发展起来以后，钱业随之转向以存放款为主，大都以月息一分收储，一分二厘放款。潍县钱业的金融来源多仰给于昌邑、柳疃、黄县、沙河镇等地，青岛、烟台、济南等地则比较少。但是自 1931 年后，原来流向大连的烟台资金多转向山东省，潍县每年大约 100 万元，这是潍县金融来源的最大部分。20 世纪 30 年代，潍县有钱庄 25 家，资本最大者 2.5 万元，以资本 0.5 万元左右的钱庄为最多。钱业资本总额约 11.28 万元，总存款大约 106.5 万元，放款总额约 117.7 万元。钱庄放款的最大对象是布商及猪鬃商。后来因为潍县商业凋敝，各钱庄开始收紧放款额度。钱庄也兼营汇兑业务，但与银行汇兑业务

① 常之英修，刘祖干纂《民国潍县志稿》卷二十四《实业・商业》，1941 年排印本。

不同，系代上海、青岛、天津、济南、烟台等通商口岸的连号收换汇票。①

（3）线庄

线庄本来以棉纱经销为主要业务。1931 年后，棉纱业为他人操纵，各庄乃改营钱业，因为素与土布业交易，因此较之钱业更胜一筹，不啻为布业之金融机关。20 世纪 30 年代，潍县共有线庄 24 家，存款额、放款额、资本额均超过钱业，因此营业范围也较钱业为大。线庄资本多来自昌邑柳疃，其存款主要来源于潍县四乡布贩、布商，放款也多以布商为主。放款方式以支单过账，并不提现，极为便利。汇兑也是为布商代办。各庄以合资为主，独资的很少。线庄业资本总额约 42.6 万元。1933 年，线庄存款总额 164 万余元，放款 210 万余元，汇兑总额 84 万余元。②

3. 运输业

潍县运输业以布匹运输为主，洋布、棉纱、铁货及杂货次之。从事运输业的多是转运公司，亦名商栈，兼有旅店性质，外县客商驻潍县交易多以商栈为居所。商栈转运布匹分邮运、路运两种。潍县从事该业务的商栈大约有十余家，其中协和、义德栈、昌兴、同丰、悦来兴等规模较大。③

4. 昌邑柳疃绸业

昌邑城北柳疃一带，不仅为茧绸织造业中心，亦是本县商业及金融中心。1845 年，瓦城赵连运首先来柳疃开设了“福盛店”茧庄（复兴店前身）。龙池齐恩明也开设“广盛店”。时隔不久，又有十几处丝绸商号相继开设营业。到 19 世纪末，当地人改进缫丝环节，大量使用脚踏缫丝机，从而大大提高了丝的质量与产量。由此，柳疃丝绸商号如雨后春笋般发展起来，至道光末年有丝绸商号 100 余家。《野蚕录》中载：今之茧绸，以莱

① 常之英修，刘祖干纂《民国潍县志稿》卷二十四《实业·商业》，1941 年排印本。

② 常之英修，刘祖干纂《民国潍县志稿》卷二十四《实业·商业》，1941 年排印本。

③ 常之英修，刘祖干纂《民国潍县志稿》卷二十四《实业·商业》，1941 年排印本。

为盛，莱之昌邑柳疃集，为丝业荟萃之区，机户如林，商贾骈坒，茧绸之名，溢于四远，除各直省外，至于新疆……裨贩络绎，不绝于道，镳车之来，十数里衔尾相接，其银价，比邻境恒低至一二百文，邻境之购银者，无不惟柳疃之是趋，以区区一市镇，而有炉房八家，其输入者可知矣。[①]

到清末民初，柳疃柞丝绸业发展到了鼎盛时期。以柳疃为中心的数百个村庄，几乎家家从事织绸业，织机总数不下两万，从事织绸和丝绸贸易的人在十万左右，年出口柞绸 60 万匹，产值 400 万元。运出之货，由潍县转运 80%，由烟台转运 20%。商号中较大者为锦成玉、天源永、瑞升公、源记、义和堂、三义堂等数家。由于胶济铁路沟通内陆与沿海港口，柳疃成为繁荣的丝绸商埠，出现了绸庄、货栈、炼坊、染坊等绸业产业链。柳疃无野蚕茧，原来靠胶东、辽东等地。据 1914 年日本方面调查，柞丝绸的原料，粗品使用辽东半岛的安东、宽甸、凤凰城、岫岩、怀仁等地的柞蚕丝，精品使用山东省内胶东和鲁中南的柞蚕丝，其价低廉，富有持久性。此时柳疃柞丝绸年交易额约 1000 万两，从前主要出口印度，后来也出口英国、美国、日本，主要作为服装面料，也在飞艇、汽车上使用。据《胶济铁路经济调查报告》记载，从 1916 年起，柳疃绸业开始衰退，主要是人造丝输入和国外提高关税的缘故，后来是由于织绸技术不改良，施浆太重，弄虚作假，质量下降所致。[②] 除了以上原因，笔者认为主要在于柳疃偏居内地，原料运输不便，而胶东各县本身即原料产地；另外，柳疃丝织技工大量涌入胶东各地从事织绸，也是一个重要原因。当时每年大约有七八千柳疃技工进入胶东烟台一带和辽宁的织绸工坊工作，后者茧绸织造业逐渐兴旺发达起来。

由上可见，土布、柞丝绸等土产的集散是潍县商业的核心内容。潍县商业活动、金融活动、运输活动都是围绕土布、丝绸等土产的原料采购、

---

① 〔清〕王元绶辑《野蚕录》卷四《织绸》，清宣统元年同文官印书馆本。

② 陈光宗《柳疃丝绸今昔》，见中国人民政治协商会议山东省潍坊市委员会文史资料研究委员会编《潍坊文史资料选辑》第六辑，政协潍坊市文史委 1990 年印行，第 233～240 页。

产品织造、集散等环节展开的。由此可见土布业对潍县、柞丝绸对昌邑经济活动的重要意义。

（二）潍县的工业转型

潍县机制工业大都开始于1901年新政之后。1906年邱天锦等当地富商集资5万元，创办济和烟草公司，厂内技师2名，职工四五十人，日产纸烟20万—25万支。1907年，潍县士绅集资3万两，创办保群制造厂，开工后，先试造火柴，后试造面粉、肥皂、纺织等。[①] 1906年8月，潍县坊子煤矿建成机械洗煤厂，12月建成炼焦厂，到1908年煤矿建设大致完成，井上建起洗煤厂2座，每小时选洗煤80吨，炼焦厂的炼焦能力达到每小时15吨。煤井还安装了二重卷扬机、蒸汽锅炉、空气压缩机、发电机、水泵等机械设备。井底也铺设了轨道，用马匹牵引，煤车载重500公斤，出煤速度大幅提高。1908年全部设备安装完成后，当年完成出煤25万吨，是1904年出煤量的2.5倍。但是，由于各井仍采用残柱式采煤方法，依靠体力劳动采煤，效率较低，每个矿工平均每日出煤0.4吨。[②] 最初这两个领域出现的工业投资都是填补空白的，但也具有一定的盲目性。围绕潍县土布的工业投资大规模出现才是该城市工业转型的开始。

随着潍县土布业的迅速发展，围绕土布加工诸环节形成了几个机制工业行业，主要包括铁工厂业、铸铁业、颜料厂、染织厂、轧布厂等行业，分工细致而明确。具体各业发展分述如下。

1. 铁工厂和铸铁业

民国之后，潍县铁木机织布作坊获利丰厚，掀起换铁机的浪潮。铁工厂业随着土布业的推广而突进。1920年滕虎忱创办华丰机器厂，就是看准了换机热潮。此后，永聚、洪丰、天丰相继成立于1923至1926年。1926至1931年又有7家相继成立。铁工厂高速发展的这个阶段实际上也是潍县土布业迅猛发展的时期。潍县铁工厂以华丰机器厂最早、最大，各厂基本

① 逄振镐、江奔东主编《山东经济史（近代卷）》，济南出版社1998年版，第188页。

② 庄维民《近代山东市场经济的变迁》，中华书局2000年版，第370～371页。

上以脚踏织布机为主要产品，在1933年前后，每年共生产7400台，占其全部生产总值的73%，其余水车、弹花机为附带产品，柴油机引擎只有华丰一家可以制造，销量极为有限。潍县各家铁工厂的制造范围也有所不同。其中华丰可以制造布机的全部，还可以做车床、翻砂等产品，有时也会把翻砂、木工等工作包给翻砂厂及木工铺，自己只做车床、钳床及锻工等部分工作。铁工厂的原材料为熟铁和生铁，都购买自青岛。每台布机重110公斤，生铁占2/3，熟铁占1/3。①

与铁工厂相配套的产业是铸铁厂业。潍县铸铁厂设备有冶炉、风车、发电机、动力机等。较大的厂家如同盛、晋鲁，备有冶炉、风车各两套，较小的厂家则仅各有一套。潍县铁工厂发展最好的时期为1930至1932年，这是因为这段时间潍县铁工厂成立较多。铸铁厂原料为生铁，悉购自青岛，年需715吨。②

潍县换铁机织布浪潮席卷全县，蔓延到昌邑、安丘一带，随着生产工具的改进，生产组织方式也出现了革新。潍城里也出现了以工厂命名的织布厂家，较大者有德信亨、考振苦、聚祥永和县办平民织布厂。③

2. 颜料厂、染织厂、轧布厂等辅助行业

土布需要染色，故有颜料厂。关于颜料，我国自古产有土靛，自国外化学工业和化学颜料传入后，土靛生产日渐低迷，外国化学颜料大量进口，其中德国货居多。随着我国化学人才培养的展开和行业发展的需要，化工企业逐渐增多。1922—1923年，山东建成三家颜料厂，分别是济南裕兴、青岛维新、潍县裕鲁。后来青岛、济南又增加四五家企业，但是潍县仍然只有裕鲁一家。裕鲁设立于1923年，资本10万元，有石缸8只，大

① 实业部国际贸易局编《中国实业志·山东省》，实业部国际贸易局1934年版，第87（丁）页。

② 实业部国际贸易局编《中国实业志·山东省》，实业部国际贸易局1934年版，第88（丁）页。

③ 王俊卿、栾云洲《潍县纺织业发展史话》，见山东省政协文史资料委员会编《山东文史集萃》（工商经济卷），山东人民出版社1993年版，第123页。

锅18只，每年出产颜料总值45万元，行销遍及山东、河南、江苏、河北、山西、湖北各省，大商埠设有分销处，偏僻之地则有经售处，运输以胶济铁路、陇海铁路、津浦铁路为主。所用原料中，除了硫化曹达为本国产，石炭酸来自日本，硫黄、硝酸、硫酸等来自西洋。①

潍县染织厂是为机器漂染整理的工厂，主要从事布匹的染整，不从事织造，其织造部分皆出自家庭手工织布业。20世纪30年代初，潍县有大华、元聚两厂。大华设立于1930年，是山东第一家机器漂染工厂，是潍县继大华铁工厂之后崛起的另一家新型工厂工业。该厂当年即获利颇丰，产品蜚声省内外。元聚设立于1932年。这两家企业虽然设立不久，但是因为土布是潍县主要出产商品，因此营业利润是机制工业中最好的。② 短短三年间，这种大型的漂染厂在潍县就发展到了7家，无论产品数量还是质量，都跃居华北之冠。③

轧布厂为潍县家庭织布业的配套行业，专门从事布匹整理，不做漂染。轧布厂所用轧布机多购自天津，也有少数购自日本，每部约值千元，以蒸汽机及柴油机引擎为原动力，每机1小时可以轧布70匹（每匹50尺），每日以10小时计，可出700匹，估计各个轧布厂年轧布数176万余匹。轧布厂全年营业，只有麦收和秋获季节清闲，主要是因为机户为家庭手工业者，农忙时出布较少。④

还有以作坊工业形式存在的染坊。因为织布业发达，潍县各处染坊颇多，至20世纪30年代初已经有三十多家，但规模较大者都在县城东关。1926年之前，县城内只有6家染坊，之后布业逐渐发达，于是染坊亦应需

---

① 实业部国际贸易局编《中国实业志·山东省》，实业部国际贸易局1934年版，第89（丁）~90（丁）页。

② 实业部国际贸易局编《中国实业志·山东省》，实业部国际贸易局1934年版，第91（丁）~92（丁）页。

③ 王俊卿、栾云洲《潍县纺织业发展史话》，见山东省政协文史资料委员会编《山东文史集萃》（工商经济卷），山东人民出版社1993年版，第129页。

④ 实业部国际贸易局编《中国实业志·山东省》，实业部国际贸易局1934年版，第92（丁）~93（丁）页。

要而增多，自1926至1933年，相继成立24家染坊。据同业报告，手工作坊状态的染坊资本规模普遍不大，最高者洪兴号8000元，其余千元以上五千元以下者16家，150元至1000元者13家。染坊设备有染缸、染锅两种，资本多，设备自然多。①

除了与土布相关的产业，潍县还有电灯厂、面粉厂、火柴厂、印刷厂等机制工业，除了电灯厂，都开设得比较晚。潍县电灯厂有两家，一在县城，一在坊子。坊子电灯厂创立于民国初年，资本3万元，为德国人所设立，1918年才归华人主持。潍县电灯厂创立于1921年，资本20万元，因营业不佳，1927年由中国实业银行经营。② 潍县面粉厂只有华东面粉厂一家，成立于1932年，是合资企业，有钢磨5台、石磨1台，净麦机1部，20马力柴油引擎1部，每年磨麦三十七八万斤，每年出粉8000余袋，主要供应当地消费。潍县粉厂之外，还有旧式磨坊，散布乡间，规模虽小，但家数颇多，其每年磨粉总量要远远超过机器粉厂。③ 潍县仅有惠丰1家火柴厂，规模不大，开设于1931年，每年开工11个月，可出火柴3000箱左右，行销潍县、周村、昌乐等地，所需火柴杆、硫化磷、火柴盒片等原料全部来源于青岛。④ 潍县有和记、聚兴两家印刷厂。其中聚兴开设于1922年，有石印机5部，铅印机3部。和记成立于1932年，有石印机5部，铅印机5部。印刷品以布庄商标为主，其他均不多。⑤

截至20世纪30年代，潍县工业体系大体可以分为机制工厂工业、作坊工业、家庭手工业、店铺手工业四个层次。其中机制工厂工业，系指采

---

① 实业部国际贸易局编《中国实业志·山东省》，实业部国际贸易局1934年版，第94（丁）~95（丁）页。

② 实业部国际贸易局编《中国实业志·山东省》，实业部国际贸易局1934年版，第93（丁）页。

③ 实业部国际贸易局编《中国实业志·山东省》，实业部国际贸易局1934年版，第88（丁）~89（丁）页。

④ 实业部国际贸易局编《中国实业志·山东省》，实业部国际贸易局1934年版，第90（丁）~91（丁）页。

⑤ 实业部国际贸易局编《中国实业志·山东省》，实业部国际贸易局1934年版，第93（丁）页。

用电力及汽力为原动力，以大规模的工厂为生产中心的现代工业。计有铁工厂、铸铁厂、面粉厂、颜料厂、火柴厂、染织厂、轧布厂、印刷厂、电灯厂凡九种。作坊工业主要是指虽有工场，但仍然采取旧法制造，且全用人力，并无机器出现的工业门类，诸如油坊、酒坊、机坊、染坊、洋瓦厂、色纸业、鞭炮业、毡帽业等。家庭手工业为作坊手工业和工厂工业的前身，以家庭为生产单位，并无工场组织形式。例如潍县之土布业、猪鬃业、皮革业、绣货业、发网业等。店铺手工业与作坊手工业略微不同。作坊手工业是以生产为主，销售为副，或者另有销售其产品之商人或商号。店铺手工业则以销售为主，生产为副，实际上是产销联合体，规模也较小，主要包括酱园业、铜首饰业等。① 前两者的发展最能体现转型状态。关于20世纪30年代潍县机制工厂工业统计概况如下表所示。

表6.12　20世纪30年代潍县机制工厂工业概况

业别	家数（家）	资本总额（元）	职工数（人）	年产值（元）
铁工厂	11	277400	495	602880
铸铁厂	3	39950	109	91400
面粉厂	1	8500	10	23500
颜料厂	1	100000	65	450000
火柴厂	1	40000	72	120000
染织厂	2	230500	151	773000
轧布厂	7	34200	210	52000
印刷厂	2	33500	97	23000
电灯厂	2	230000	34	57552
总计	30	994050	1243	2193332

资料来源：实业部国际贸易局编《中国实业志·山东省》，实业部国际贸易局1934年版，第86（丁）~87（丁）页。

① 常之英修，刘祖干纂《民国潍县志稿》卷二十四《实业·工业》，1941年排印本。

由上表可见，潍县工业基本上是围绕土布加工展开的，其他行业都比较弱小。但是棉纺织环节不是所谓的“机制工业”，而是基本上处在家庭手工业阶段。

土布织造行业虽然没有完全实现机器化生产，但是在生产工具方面也有较大的进展，即铁木机完全取代传统木机，极大提高了土布质量和产量。铁木机已经不是简单的生产工具，而具有了机器的性质。土布织造业是我国最重要的家庭工业。潍县所产土布，有“小布”“丈五弦子”等名称，后因为洋布大量输入山东，当地手工棉纺纱织造的土布逐渐被淘汰。民国初年，潍县东乡有人从天津购买织机数架，回乡推广传习技术，改良土布产品，获利丰厚。不久，潍河沿岸各村庄如穆村、邓村、石埠子、驸马营、桑园、眉村等地，无不以织布为业。织布所用布机是铁轮木机，由当地华丰、洪丰、天丰等铁工厂制造，可以织造白粗布、斜纹布、蚊帐布、线呢、哔叽及各种条布、白细布等，最宽幅为二尺六寸，每日10小时织布100市尺。铁木机使用之法极为简单，一人用脚踏动，全机即工作自如，每架铁木机价值七八十元。据调查，当时各铁工厂近十年中卖出七八万架该型布机，主要在当地使用。民国四五年间，潍县约有布机500架，1923年间又从东乡传入南乡、北乡乃至西乡，遍及全县，到20世纪30年代初布机数增至5万以上，且超出县境，进入昌邑、安丘、寿光等地，每年出产土布达到千万匹以上，销路遍及全国。织布的棉纱自十六支、二十支、三十二支、四十支、四十二支皆有，其中以二十至四十二支为最多，所用十六支粗纱数量最少。潍县土布织造所用棉纱，国纱只占1/5，其余悉为青岛日纱。①

由此可见，虽然关系潍县及其周边地区经济命脉的土布织造业的原料、染整环节都实现了机器生产，但是到20世纪30年代，织造环节仍然没有实现大机器生产，仍然局限于分散生产或作坊生产状态，唯一的进步在于铁木机的广泛普及。土布织造的转型是由市场需要决定的，市场决定

---

① 实业部国际贸易局编《中国实业志·山东省》，实业部国际贸易局1934年版，第101（丁）~102（丁）页。

着生产技术、组织方式的变革，并不是技术越先进越好，而是要适合市场需求，还要考虑国计民生。山东劳动力资源过剩是影响潍县土布工业转型的重要因素。人工成本低廉、资本规模小是土布业散户—布商商业模式形成的重要原因。布商集中收购土布后，再交由规模化的染整工厂进行整理。这种商业模式又推动了染整环节实现规模化的机器生产。

3. 茧丝绸手工作坊工业（昌邑柳疃）

昌邑县工业主要是柳疃茧丝绸织造产业。柳疃茧丝绸在近代虽然盛极一时，但是大部分是工场作坊或家庭织户的产品，其演进主要体现在使用铁木提花机方面，但是进展很慢。1930 年出版的《初中本国地理》关于昌邑茧丝曾有如下描述：绸门面尺码短，又重用浆粉，导致了其在国外滞销。由此，我们可以看出，此时织户的织造工具还没有用能织宽幅绸布的铁木机。相反，日本人借此良机，在昌邑等处购买小框丝，用铁木提花机织造，美其名曰“改良山东铁机白府绸”，运销欧美，大受欢迎。[①] 可见，柳疃茧丝绸虽然产量巨大，但织造技术转型比较缓慢。与之相隔不远的周村地区丝绸织户基本普及了铁木提花机，柳疃丝织业的进步却体现在缫丝环节大量使用了操作便捷的脚踏缫丝机。

柳疃茧绸织造主要依靠个体农户或机匠。机匠受雇于机户，出卖劳力，机户则根据丝店的来料和要求，加工出需要的丝绸产品。拥有较多资本的丝店，则通过放料取货，从事商业运营。这种产销相连的商业经营方式始终支配着柳疃丝织业生产，而且基本没有什么太大的变化。柳疃没有出现现代意义的丝绸织造公司，始终是商业资本控制下的松散的生产方式。

第六节　威海、龙口城市近代工商业的发展

一、威海卫

（一）商业概况

威海卫在 1896 年之前，基本上还是一个小渔村，沿海一带全为渔民居

① 董文、张国维编《初中本国地理》，世界书局 1930 年版，第 155～156 页。

住，内地为农民所居。威海卫军港主要在刘公岛，对威海城市发展作用不大。甲午战后，威海卫更加萧条。在英国设立“爱德华”租界后，威海一带人口逐渐增多。据英公署调查，1911 年威海卫租借地内有中国人 146840 人，1921 年有人口 154416 人，1930 年收回后，据管理公署调查，1931 年有 189801 人，1932 年有 195630 人，平均每方英里人口密度 750 人。外国人鲜有超过 100 人以上者（海军及避暑人士不在其内）。[①]

近代的威海卫工商业不发达，从人口分布就可以看出：在 20 万人口中，农业人口 9 万人，无业者 7 万人（15 岁以下不能独立者也归于此类），工商业人口共有 2 万人。威海卫交通尚称便利，有往返津沪两地的招商、太古、怡和三个轮船公司的班轮过往，亦有青岛、大连班轮过往。[②]

在英管时代，威海金融紊乱，尚无正式金融机关调剂市面。仅汇丰、麦加利两银行各设代理店一处，发行不兑现的纸币，且每百元需贴水 5 元。商业交易由是有缺货币流通之困。当地商人为周转便利起见，商定一时权益办法，经商会盖戳，循环担保，互相牵制，自由发行纸币，数量竟达 104 家，最多时竟有 100 多万元。1930 年收回后，管理公署曾召集商会和钱业筹商办法，一面禁止滥发，一面限期收回。1930—1933 年，交通银行、中国实业银行、中国银行在威海相继设立分行，并发行纸币。威海银行头寸多仰给于烟台，烟台仰给于青岛，青岛仰给于上海。威海卫离烟台水程 120 里，陆程 180 里，汽车轮船每日可通，故自工商两业立场而论，威海实际上是烟台的附庸。威海卫无汇兑庄，汇兑为银行所独占。汇兑地点以国内为主。这是威海土产不丰、工商不振导致的。放款以本地土产的花生业为最。[③]

---

① 实业部国际贸易局编《中国实业志·山东省》，实业部国际贸易局 1934 年版，第 64（丙）页。

② 实业部国际贸易局编《中国实业志·山东省》，实业部国际贸易局 1934 年版，第 65（丙）~66（丙）页。

③ 实业部国际贸易局编《中国实业志·山东省》，实业部国际贸易局 1934 年版，第 67（丙）~69（丙）页。

（二）威海的工业转型

威海卫工业极其不发达。就机器工业而言，威海仅有中威橡皮厂、裕威火锯制材厂、顺记汽水厂3家；手工业仅有铁工厂10家，城乡花边刺绣业30余家，织布业2家，榨油业、肥皂业及火柴业各1家。中威橡皮厂创办于1929年，资本4万元，到20世纪30年代初有男工、学徒各30人，女工240人，75匹马力蒸汽引擎1座，各种作业机56架，多来自日本。原料每年需用新加坡橡胶50吨，天津来的碳酸镁、碳酸钙及糊粉各约3万斤，上海棉纱100件。每年可出产橡胶皮鞋20万双，价值15万元，行销胶东及华北一带，营业尚可。裕威火锯制材厂设立于1933年，资本1万元，至20世纪30年代初有男工30人，学徒工2人，15匹马力柴油机引擎1座，带子锯、圆锯各1部，小圆锯2部。木材原料来自安东，每年需要20万寸，价值7000元。所出建材及货箱皆行销本埠。顺记汽水厂设立于1933年，资本3000元，所用苏打每日约50斤，系来自天津，计用3匹马力小发动机1座，作业机1座，每日可出产汽水20打，每打1元，仅仅于夏季3个月营业，主要在当地销售。德威盛记火柴厂设立于1932年，由旧德威火柴厂改组而来，资本4万元，男工38人，女工105人，童工15人。火柴杆来自安东，药料来自上海，行销文登、牟平、荣成及本埠各处。三民皂厂资本1500元，工人15名，所用原料中椰子油来自南洋，牛油及盐来自本地，每年出产6万箱，行销文登、牟平、荣成及本埠各处。①

从威海卫工业发展情况看，橡胶、木材加工、汽水、火柴、肥皂等行业实现了转型，进入机器生产时代，利用的机器和现代技术比较多，其他行业则处在手工工场工业时代。

二、龙口

（一）商业与贸易概况

龙口本为黄县之一市，在昔本属渔村，并无工商可言。当1914年欧战

---

① 实业部国际贸易局编《中国实业志·山东省》，实业部国际贸易局1934年版，第73（丙）~74（丙）页。

爆发之时，英国首先表示援助比法，向德宣战。日本因与英有同盟关系，受英国请求，牵制远东德国人势力。1914 年 8 月 15 日，日本向德致最后通牒，要求德国军队及其军舰退出远东。德政府置之不理，于是日本于 8 月 23 日正式对德宣战，9 月 3 日不待中国同意，便派遣海军突然在龙口登陆，然后经过莱州、昌邑、平度、潍县、高密等处，到达青岛。11 月 8 日，日本人占领青岛，战事告一段落。自此以后，龙口之地位日益重要。为防止外人觊觎，1915 年我国乃自动开放为商埠口岸。①

开埠通商后，龙口城镇工商业初具规模。1919 年 8 月，突堤码头建好后，水深、水上作业有所改善，往来船舶增多，贸易远胜以前。龙口市街东西长而南北短，邮局、电报局及渔行等夹杂其间。来往商人以黄县为主，亦有来自掖县者。以职业别之，则有杂货业百家，煤业 15 家，行栈业 4 家，船票业 2 家，帆船业 2 家，其他木业、旅店业等各四五家。龙口市面之繁荣，全部依靠向关外务工的流动人口。②

龙口与黄县的关系犹如烟台之于福山，同为县属之一市镇，是其门户港口。龙口名义上行政隶属于县府，实际则因市面较县城为繁复，为了管理的便利，不得不另设机关，故龙口和黄县两地皆设有特种公安局。此种公安局，除了征收田赋，其地位及权力，实与县府相等。但自地理和行政区划上言之，龙口仍为黄县的一部分。所以沿海工商繁盛之区的行政皆由公安局管辖，此外则隶属于县政府。龙口向无人口统计，据估计，约有 1 万人。但这个估计并不完全准确，因为龙口为山东人口向东北移动的中心港，“九一八”事变前，每年有 10 万人由此到西伯利亚及东三省做苦力。这些苦力不全部是移民，大多数为季节性工人。大部分人农闲时节去东北或西伯利亚开垦农荒，或者从事小本商业活动，等农忙时节，则又相率归

---

① 实业部国际贸易局编《中国实业志·山东省》，实业部国际贸易局 1934 年版，第 71（丁）页。

② 实业部国际贸易局编《中国实业志·山东省》，实业部国际贸易局 1934 年版，第 77（丁）~78（丁）页。

来，惟归来者往往仅有十分之八。因此，只有十分之二左右的人成为移民。①

龙口背靠金融业发达的黄县，金融业也有其地方特色。龙口金融业务主要有二：一是黄县帮的钱业业务往来，二是东北苦力的汇款。龙口市面向以东三省为命脉，不但当地人口群赴东三省为苦工或做小本经营，即当地商号，亦多恃对东北贸易以维持生计，故其金融业自然也以东北贸易之盛衰为转移。到20世纪30年代，龙口现代金融机构不多，只有交通银行一家，发行龙口通用钞票25万元，吸收存款7.5万元，汇兑70万元，势力比较弱小。执龙口金融业牛耳者，当推银钱业。龙口共计有银号8家，钱庄16家，此外尚有兼营粮业者1家，总计25家，资本总数共56万元，附本总数53万元，存款总数124万元，放款总数88万元，汇兑总数250万元。上述25家银钱业中，以振隆资本最大，连附本共计9万元，增泰昌次之，计8万元，通泉成又次之，计7万元。其余资本、附本合计不过二三万及四五万之间。总体看来，总计资本、附本在2万元者3家，3万元者2家，4万元者11家，4.5万元者1家，5万元者1家，5.5万元者1家，6万、7万、8万、9万元者各1家。由此可见，龙口钱庄势力雄厚。②

钱庄业务主要有存款、放款、汇兑三种。龙口钱庄存款来源多为当地商号，但东三省鲁人汇来存入者，亦不在少数。“九一八”事变之前，龙口商业繁盛，存款来源涌旺，但是自1931年后大受影响，存款有所减退，在25家银钱业中，存款最多之永兴德不过15万元，次之振隆及益顺德亦不过各10万元，其余多者七八万，少者二三万，总计存款在2万元者4家，3万元者8家，4万元者2家，5万元者4家，8万元者4家，10万元者2家，15万元者1家。关于龙口银钱业放款去路，往年除了内地周村、潍县及渤海湾西部地方，向以烟台为最大出路。“九一八”事变后，山东

① 实业部国际贸易局编《中国实业志·山东省》，实业部国际贸易局1934年版，第72（丁）页。

② 实业部国际贸易局编《中国实业志·山东省》，实业部国际贸易局1934年版，第75（丁）~76（丁）页。

人在东三省的事业受到很大的影响，很多商家和移民相继拿着现款回到山东。另外，以往向东三省办货的商家也相继停止了相关业务。受此影响，龙口出现了现款过剩的奇怪现象。现款既多，不得不谋放贷生利。于是大量龙口资本输往华洋商埠烟台，烟台又大量输向青岛。青岛商人鉴于现款充足，拆借利息又低，莫不大量进货，青岛市面因此出现繁荣现象。但是，青岛和省内人民购买力有限，无法消纳大量的存货。青岛此种兴盛现象不久即归消灭。于是，龙口银钱业遂无法收回放款，此后非信用素著者，一概不放，故放款数大量减少。25 家放款总数仅有 88 万元。其中除了永兴德、振隆、益顺德各计 8 万，其余自一二万至五六万而已。总计放款在 1 万元者 3 家，2 万元者 9 家，3 万元者 3 家，4 万元者 3 家，5 万元者 1 家，6 万元者 3 家，8 万元者亦 3 家。龙口银钱业的汇兑也在 20 世纪 30 年代初期出现了严重困难。山东人口移往东北，对于龙口经济的资金融通具有重大意义。龙口银钱业汇兑业务主要依靠做东北苦力的生意。往年经龙口往东北者，约 10 万人，以每人每年平均汇归 50 元计，至少当在 500 万元。1931 年后，不但山东外移人口锐减，即向在东北经商者，亦多携眷归来，因此龙口汇款业务大减。龙口钱庄向不经营汇兑，惟银号则以此为大宗营业。除了交通银行经汇 70 万元，永兴德及协信昌各计 50 万元，增顺义、同德福、振隆各计 40 万元，元兴和 30 万元，共计 320 万元，仅仅相当于以前三分之二的规模。①

（二）龙口的工业转型

与山东其他通商口岸相比，龙口现代工业比较落后。前面已经说明，龙口市面全赖出关工人。龙口工业从 20 世纪 20 年代开始起步，截至 20 世纪 30 年代，能称得上现代工业的工厂，只有电灯厂 1 家，铁工厂 2 家，火柴厂 1 家，发展比较缓慢。②

① 实业部国际贸易局编《中国实业志・山东省》，实业部国际贸易局 1934 年版，第 75（丁）~77（丁）页。

② 实业部国际贸易局编《中国实业志・山东省》，实业部国际贸易局 1934 年版，第 79（丁）页。

龙口电灯股份有限公司设于北海滨，资本 10 万元，民国十三年（1924）成立，民国十九年（1930）曾一度改组，计有职员 10 人，工人 11 人。该公司备有西门子蒸汽引擎 1 架，110 千瓦发电机 1 座，每月用煤约 1000 吨。煤炭均来自开滦煤矿。电费每度计洋三角二分四厘，若以灯计算，则每灯十支烛光每月收费九角。每年营业收入约计 1.92 万元。龙口当地偷电之风极盛，公司亏本不少。①

龙口铁工业有永源、震隆两厂。永源厂成立于民国十六年（1927），资本 5000 元，职员 2 人，工人 9 人。该厂配有三匹马力柴油引擎 1 架，旋床及钻床各 1 架，皆由日本购来。所用原料钢铁铜等类，皆购自烟台，用轮船或烟潍路汽车运至龙口，每年共约用 2 万斤。钢铁每百斤价 8 元左右，铜每百斤价 15 元左右。该厂营业，除了修理各种钢铁器具，又制造水车及切面机。水车年产 40 部，每部价 80 元，总值 3200 元；切面机年产 60 部，每部价 40 元，总值 2400 元。全年制造收入计 5600 元，修理方面收入计 1400 元。震隆工厂成立于民国二十年（1931），资本 2000 元，职员 3 人，工人 25 人，出品种类及数量与永源相仿。该两厂出品多行销掖县、黄县、招远一带。②

龙口火柴业只有炽昌厚一家火柴厂，成立于民国二十二年（1933），资本 3 万元，职员 12 人，工人 60 人。各种火柴原料皆来自青岛，总计约 5 万元。所出“炽记”及“犬首”两个品牌的硫化磷火柴，每年计 1200 大箱，每箱价 50 元，值 6 万元，行销蓬莱、黄县、掖县、招远及龙口一带。③

从仅有的 4 家工业企业而言，虽然龙口企业不多，但能够满足地方对电力、机器、火柴等方面的需要，甚至有一部分产品可以输出到周边各

---

① 实业部国际贸易局编《中国实业志·山东省》，实业部国际贸易局 1934 年版，第 79（丁）页。

② 实业部国际贸易局编《中国实业志·山东省》，实业部国际贸易局 1934 年版，第 79（丁）~80（丁）页。

③ 实业部国际贸易局编《中国实业志·山东省》，实业部国际贸易局 1934 年版，第 80（丁）页。

县。应该说龙口在电力、机械、化工方面有所突破，虽然工业企业所用的发电机、机械旋床、制作火柴的化工原料、钢铁材料都需要运进，但是至少在企业组织形式、生产方式方面有了很大进步。龙口在电力、机械、火柴方面的转型是成功的。

第七节　海州、济宁城市近代工商业的发展

一、海州

近代海州地区在行政上归属江苏省，民国时期分为东海、灌云、连云市三个行政单元。该区域因为距离上海江海关太远，所以一直作为山东胶海关的内港存在，直到1905年大浦开埠，设立大浦分关为止。海州开埠后，民国政府为了控制连云港，不使之落于列强控制之下，仍然禁止外轮直接靠泊贸易。因此，海州只有国内贸易，不能参与对外贸易。外轮要靠泊到青岛。另外，海州门户港初期为大浦港，后为连云港。港口虽然为江苏所有，但是港口腹地大半在山东。例如，山东枣庄地区的煤炭、临沂地区的粮食都是海州湾诸港的主要交易货物。出于这些考虑，笔者把连云港也放在山东区域来研究。

海州湾从清朝康熙末年到嘉庆初年海岸线变迁剧烈，又牵扯国家盐政、财政大局，且又自开商埠，故倍受学术界关注。地理学、水文学学者多依据文献资料和钻孔取样、考古实物研究海州湾海岸线的形成过程及其动力机制。相关学者在20世纪80年代就基本复原了苏北海岸线演变过程，也揭示了海岸线变迁的原因。① 历史学、区域经济学、人文地理学学者多研究自清康熙四十年（1701）以来海州湾海岸线剧变后海州经济、港口与城市的发展。海州开埠后江北名流创办地方实业，后又有陇海铁路通车、

① 张忍顺《苏北黄河三角洲及滨海平原的成陆过程》，载《地理学报》1984年第2期；凌申《黄河南徙与苏北海岸线的变迁》，载《海洋科学》1988年第5期；耿秀山等《苏北海岸带的演变过程及苏北浅滩动态模式的初步探讨》，载《海洋学报》1983年第1期；中国科学院《中国自然地理》编辑委员会编《中国自然地理》（历史自然地理），科学出版社1982年版。

连云建港等重大事件发生，学术界对海州发展更为关注。[①] 大多数实证研究成果经得起推敲，但关于海州地区城市空间、城市格局方面的课题需要深入研究，尤其是把近代海州城市空间格局阐述为“一市两城”或者“一城两市”的格局是不科学的，夸大了近代连云市的发展成就，抹杀了第一大城市板浦的发展成就。另外，当下许多学者从港城关系角度，得出连云港经济发展滞后的原因主要在于港城分离的结论。笔者认为这个结论也需要经过进一步的考证。至于详细理由，笔者在文中会结合相关文献详细说明。值得一提的是，连云港港口航运界学者和地方志工作者在港口史和地方沿革等方面做了大量的研究工作。

（一）云台山内附及其影响

据《嘉庆海州直隶州志》记载，清初海禁时期，人民内迁，孤悬海中的云台山被弃置。康熙十六年（1677）朝廷才接受漕运总督复云台山为内地的建议。此时云台山仍在海中，“南距板浦、中正两场仅隔一渡，渡名对口溜，风涛险恶，以西通恬风渡，东通大岛口，每潮涨时，两潮相对，激而为溜也”。云台山与大陆之间的海域被称为“黑风口”，又称为“恬风渡”。因为海流过急，视为畏途。康熙四十年（1701）后海涨沙淤，渡口渐塞，至康熙五十年（1711）渐为陆地，直抵云台山下。[②] 1804 年海州知

① 张文凤《东陇海铁路与近代连云港城市发展作用探析——兼论清末民初“江北名流”沈云霈》，载《经济与社会发展》2007 年第 11 期；张文凤《东陇海铁路与近代连云港市的崛起》，载《重庆科技学院学报（社会科学版）》2009 年第 11 期；阎建宁《海州自开商埠的历史考察》，载《重庆科技学院学报（社会科学版）》2009 年第 7 期；张大强《沈云沛与连云港近现代经济》，载《淮海工学院学报（社会科学版）》2010 年第 3 期；张莉《连云港：城市形态演变与空间发展战略》，载《城市开发》2001 年第 10 期；张雷、沙薇《一城两市：近代海州城市格局变迁研究（1855—1938）》，载《中国历史地理论丛》2008 年第 4 期；徐德济主编《连云港港史》（古、近代部分），人民交通出版社 1987 年版；韩世泳《新浦口·新浦庄·新浦镇》，见政协连云港市新浦区委员会学习文史资料研究委员会编《新浦文史资料》第五辑，政协连云港市新浦区文史委 1997 年印行，第 91 ~93 页。

② 〔清〕唐仲冕等修，〔清〕汪梅鼎等纂《嘉庆海州直隶州志》卷二十《海防三》，清嘉庆十六年刊本。

州唐仲冕在《甲子河记》中说："此州十年已来，潮渐北徙。故恬风渡最险恶，已成平陆，朐山以东，郁洲以西，得沙田数千顷，更涉一纪，地尽可耕。"① 可见从1701年开始，云台山与大陆之间的海溜自南往北，逐渐淤塞成陆，基本上在乾隆后期到嘉庆九年（1804）期间，黑风口海域才真正成为陆地。至此，云台山与大陆相连，海州湾水体往东北退却。

在云台山孤悬海外时期，海州湾南北长度和水体面积远超今日。乾嘉之际，大陆与云台山之间的水体消失后，海岸线就到了鹰游门海峡，大陆外凸，与同样外凸的山东日照海岸形成海湾，即今日海州湾形势。

云台山内附和海州湾海岸线东移在两个方面产生了连锁效应。首先，在板浦与云台山之间形成大片荒滩。荒滩为海盐生产创造了条件。清道光名臣陶澍票盐改革时期，淮北盐场获得较快发展，新增的盐滩主要分布在成陆的恬风渡附近。再者，海州湾港口和城市由于海陆态势和交通条件的变化也出现兴替。由于下游入海河道淤塞，兴盛了一百余年的新坝港衰落下去，被运盐河边的板浦所取代。同时，运盐河卞家浦以下由于海岸东徙而淤塞。嘉庆三年（1798）淮北盐商捐资疏浚朐山河作为新的海盐转运口，新浦由此逐渐兴盛。关于近代海州湾的港口和城市的兴替详情，下文将做专门论述。

（二）海州湾的港口与城市

1. 对渡与自行开放政策下的青口港

乾隆年间，朝廷仍然禁止江苏沿海私自出海贸易。在170公里的海岸线上，朝廷只准赣榆青口（今连云港赣榆区）出口一县黄豆到太仓浏河口交换南路杂货，其余货物流通都要经过运河沿线的淮安关。后来，海州、沭阳黄豆也违规集中到赣榆由青口对渡浏河粜卖，而且其余豆油、豆饼、腌腊、杂货并竹木、纸张、布匹等类货物也通过海运交易。淮安关监督数次上书朝廷要求查禁。由于地方保护，收效甚微。青口市肆逐渐繁盛，商

① 〔清〕唐仲冕等修，〔清〕汪梅鼎等纂《嘉庆海州直隶州志》卷十二《水利》，清嘉庆十六年刊本。

贾辐辏，成为巡检驻地，为海州精华之区。时人认为“青口与墟沟、高公岛同为海州门户，市面之盛为江苏省北海岸之最”。清同治年间，临洪口（蔷薇河入海口）又称大浦，也私自向江南输出海州三县的豆货、杂粮土产①，成为沿海重要的贸易口岸。因为临洪口当蔷薇河下游，海船可直达新浦，运输便于偏居北隅的青口，逐渐超过后者而成为海州沿海贸易中心港。1905年地方士绅向两江总督周馥呈请海州自开商埠时，曾经对两口进行比较，并最终建议开放更具区位优势的新浦外港临洪口（大浦）。② 民国时，青口仍然为赣榆县商业中心，人口1.4万人，出口以豆油、豆饼为大宗③，但从人口和工商业规模看，边缘化的青口已经不及运盐河和蔷薇河交汇之处的新浦。

2. 门户港城新浦与大浦港的兴衰

（1）新浦的兴起：从新浦口到新浦镇

清乾嘉年间云台山内附后，大海已经向东北方退至海州城东孔望山的东北角，原来作为运盐河入海口的卞河口淤塞，失去了海盐转运功能。运盐河追逐大海，在孔望山东北处入海，形成一段新的入海通道——新浦。河靠朐山，当地人称之为朐山河。嘉庆三年（1798），淮北盐商捐资疏浚拓宽此河道，并将其入海口称为新浦口。新浦口成为海盐转运口后，逐渐建立坨地和码头。嘉庆九年（1804），海州知州唐仲冕为保证海州城内粮草供应，率众从海州东门外至新浦口开挖甲子河。④《嘉庆海州直隶州志》记载：“（海州）城阻山海，商贾不通，薪米皆取给于东南诸镇，远者百余

---

① 〔明〕马麟修，〔清〕杜琳等重修，〔清〕李如枚等续修，荀德麟等点校《续纂淮关统志》卷十一《文告·严禁青口货载出入》，方志出版社2006年版，第356~357页；〔清〕朱正元辑《江苏沿海图说》，清光绪二十五年刊本。

② 〔清〕朱寿朋编，张静庐等校点《光绪朝东华录》第五册，中华书局1958年版，第5423页。

③ 李长傅编《江苏省地志》，1936年铅印本。

④ 韩世泳《新浦口·新浦庄·新浦镇》，见政协连云港市新浦区委员会学习文史资料研究委员会编《新浦文史资料》第五辑，政协连云港市新浦区文史委1997年印行，第91~92页。

里，近者亦五六十里，丰稔之岁，担驮入市价已倍于他乡，一遇荒歉则坐困矣。近开甲子河，直达板浦，稍为流通。"① 甲子河的开挖，不仅便利了海州从板浦进口粮食、柴薪等物资，也为新浦口的发展带来了新的机遇。新浦口由此成为盐粮转运的综合性枢纽。

受泥沙沉积影响，新浦口附近海岸线仍在不停向东北退却。大片海滩被盐民开发成盐滩，时称新滩。晒盐人增多，聚居为村庄，便有新浦庄的称谓。新浦庄位于蔷薇河下游南岸，运盐河入海口，水运便利，又靠近政治、文化中心海州城。优越的区位吸引了各路商贾来到新浦。到光绪初年，虽然海岸更加退后，但由于新浦庄为河流环绕，潮河（蔷薇河下游，因随海涨潮，故称潮河）、盐河中已是民船聚集，除了运盐，小麦、杂粮等商贸活动开始活跃，代理土产行已有十多家。光绪十八年（1892），商人集资在新浦创建天后宫，新浦商业凝聚力和辐射力进一步增强。②《创建新浦天后宫记》记载："新浦据蔷薇河下游南岸，上沿沭河，为运河尾闾，河流所及之，土货泛而至焉。渤海商舶，因是翔集，而交易成然。余童年至此，茅屋星星，帆樯环之。而庙东则更荒冢累累，于蒿莱一望间而已。至是庙落成后，商业日兴，经营乃有今日间。诸父老言，新浦之兴自天后宫始，其或然欤?"③ 可见，天后宫的修建是新浦兴盛阶段的开始。1900年，新浦海州士绅领袖沈云霈在新浦投资创办甡泉槽坊、甡泰油坊、甡茂杂货店商业，到光绪三十一年（1905），新浦已成为"商业日兴"的集镇。

1905 年，两江总督周馥奏请海州自开商埠，新浦及其外港大浦自行开放。外务部和户部责成两江总督参考各处自开口岸章程开办，所需费用由本省筹垫，但不准借外债。大浦开放后，设立胶海关海州厘金所，其他口

① 〔清〕唐仲冕等修，〔清〕汪梅鼎等纂《嘉庆海州直隶州志》卷十四《建置考三·保甲》，清嘉庆十六年刊本。

② 韩世泳《新浦口·新浦庄·新浦镇》，见政协连云港市新浦区委员会学习文史资料研究委员会编《新浦文史资料》第五辑，政协连云港市新浦区文史委 1997 年印行，第 92 ~ 93 页。

③ 刘振殿《创建新浦天后宫记》，见政协江苏省连云港市委员会文史资料委员会编《连云港市文史资料》第七辑，政协连云港市文史委 1989 年印行，第 46 页。

岸设立分卡。① 由于没有足够的建设费用，海州商埠区建设被迫推迟，但毕竟可以合法开展沿海贸易。

海州开埠后，新浦近代产业投资逐渐增多。1905 年 11 月，许鼎霖主导的海丰面粉公司建成投产。其产品优良，曾获得 1915 年巴拿马国际博览会银质奖章。后来采用新式机器生产的赣丰饼油公司也建成投产，当时出产的豆油供苏北当地食用，豆饼则全部运销到山东、江南各城市销售。宣统年间，赣丰公司尚能正常生产，民国初年歇业，后来一直没有开工。1922 年沈云霈儿子沈仲常集股设立新浦新东电灯公司，筹建初期只有一座小型柴油发电机，发电量只有二百马力。当时的供电范围，只有老大街各家商号及新市街的浴池与饭馆，除此以外，还有民主路、建国路和新市街的路灯。每月路灯电费由东海县商会支付。1925 年，公司在原有 5 万元股本的基础上，新添股本 2.5 万，拥有发电机两部、蒸汽机两部。②

1925 年，陇海铁路的徐海段通车到新浦。新浦成为海州城、大浦的货物集散地，工业和贸易皆有起色。时人感叹说：自上年（1925）六月陇海车通至新浦，汽笛一声，举数千年偏僻之区化为通商之埠，远近人士咸深注目该埠。但新浦现代工业薄弱，仅有新式机器油坊五六家，机器面粉厂一家。金融业仅有新海、鼎康两家钱庄，有中国和交通两家银行的分支结构。商号原以本帮与鲁帮居多，通车之后，交通便利，镇扬、宁沪资本家渐来新浦投资。车站附近地皮至此已十倍其值。③ 新浦贸易尤以杂粮、海货贸易最发达。新浦大约有十八九家零售杂粮行和三十余家批发杂粮行，全年杂粮贸易价值四五千万元，其中以黄豆、花生和高粱为主。每年深秋，杂粮行的大宗生意是代理油草生意。油草是油坊用来包豆的，主要来

① 〔清〕朱寿朋编，张静庐等校点《光绪朝东华录》第五册，中华书局 1958 年版，第 5423～5424 页。

② 高巽《江北名流与连云港的早期工业》，见政协连云港市委员会学习文史资料委员会编《连云港近现代人物——连云港文史资料》第十七辑，政协连云港市文史委 2004 年印行，第 89～90 页。

③ 周鹤生《新浦通车后之商况调查》，载《钱业月报》第 6 卷第 2 号，1926 年，第 9～10 页。

自沭阳、宿迁一带。新浦每年输出油草价值三四百万元。①

20 世纪 30 年代，新浦新式工业虽有一定程度的发展，但机器工业唯有面粉业和油坊业初具规模；棉织业虽有进步，但每家工厂平均拥有 5 名工人，规模较小。② 如表 6.13 所示。

表 6.13　1933 年新浦各行业发展概况

业别	家数（家）	资本数（元）	年产值（元）
面粉业	1	200000	1420000
油坊业	7	30000	312700
酒坊业	13	35000	102820
棉织业	66	21000	120000
酱园业	13	18100	
染坊业	8	2870	
电灯业	1	75000	

资料来源：南京图书馆特藏部、江苏省社会科学院经济史课题组编《江苏省工业调查统计资料（1927—1937）》，南京工学院出版社 1987 年版，第 555 ~ 557 页。

1933 年以后，孙家山临时码头和老窑码头建成投入运营后，陇海局组织海铁联运，海州地区迎来贸易的高峰期，海州发展前景也受到外界高度关注。外地公司沿新浦到连云港铁路沿线购地，准备投资。但此后不久战争爆发，港口被炸，海州发展进程也被打断。1948 年 11 月，连云港地区全面解放，新浦经济仍然以粮油贸易为主，现代工业进步不大。据新海连特区在 1949 年 1 月所写的《两个月工作总结》记载，新浦有门面字号的私营企业 400 余户，其中山东帮 80 余户，先后在此经商的有 2000 余人，以经营粮油、布庄、饭庄为主。其中烟台、青岛商人主要开土产行，经营

① 《东海县之经济近况》，载《中外经济周刊》1926 年第 197 期，第 29 ~ 31 页。

② 南京图书馆特藏部、江苏省社会科学院经济史课题组编《江苏省工业调查统计资料（1927—1937）》，南京工学院出版社 1987 年版，第 555 ~ 557 页。

大宗粮油；潍县人有织布传统，主要经营布庄；临沂客商以饭庄为主。河北帮有20余户，先后在此经商的有近千人，主要经营百货、五金、电器、绸缎等几个行业。其他商帮只有两三家。客商对于新浦商业的发展起到了至关重要的作用。民国前后，新浦本地人有刘、王、李、赵四姓经营小粮行，后来大都把地皮和房屋出租经营。海州城内殷、葛、沈、杨、谢五大家族虽然来新浦建房产、开大店，但其子女轻商重学，以读书做官为尚。①

20世纪30年代，老城海州和新浦的差距已经很明显。据《江苏省地志》记载，东海县城所在的海州城因偏居一隅，交通不便，市街寂寞，工商业远不如新浦兴盛。但是海州城仍是东海县城所在，是地方政治、文化中心，有人口3.6万。新浦位于运盐河与蔷薇河之会点，通轮船、火车，繁荣胜过县城。② 新浦与海州仅相隔七里，水路联系方便。新浦是海州老城的出海门户，也可以说新浦是老城海州沿河发展的新区。笔者认为，海州、新浦两城虽然相距七里，但水路连成一体，可以视为一个城市，只是城市功能分区有差别而已。新浦城工商业发达，经济集散功能强大；海州老城区地方行政管理和文化功能较强。今日新浦城市发展态势也说明新浦、海州城市一体化、城市沿河向东发展的趋势。新浦离海渐远，大浦又代替新浦成为海州、新浦的外港。大浦港航道淤塞而不能持久，中心城市的门户港又被海港连云港所取代。新浦位于该区域的中心位置，是水陆交通中枢，与处于边缘的海港相得益彰，经济中心的地位得以维持。

（2）大浦港的兴衰

大浦为蔷薇河入海口，中居海州湾，东临中正、板浦两盐场，西与临兴场（今青口盐场）隔河相望，南经蔷薇河、运盐河与苏北诸县沟通，北接黄海，通达天津、青岛、大连、上海等港埠，为苏北、鲁南货物集散地。据1905年外务部答复两江总督周馥奏请海州自开商埠折，开埠后，预

---

① 张学裕、阎宗辰《新浦客商商帮》，见政协江苏省连云港市委员会文史资料委员会编《连云港市文史资料》第七辑，政协连云港市文史委1989年印行，第30、33页。

② 李长傅编《江苏省地志》，1936年铅印本。

估临洪口每年出口的土货可达五六百万两，进口洋货尚难于预计。依据内港行轮章程，海州开埠后，小轮船亦可进出。[①] 1905 年，作为海州、新浦外港的临洪口（大浦）自行开埠后，商贸日益兴盛，大浦商户和流动人口骤增。

1926 年大浦通火车，港口发展加快。1927 年，陇海局为了应付铁路业务的需要，修建了三个木质构造码头，连云港码头修筑之前，陇海铁路大部分进出货物均由此经过。1929 年、1930 年海州绅商杨景衢和上海大振航业公司又相继在大浦修建裕兴永和大振码头。大浦港的兴起，促进了盐业、粮食集散的发展。1926 年，自新公司、公益公司建成大浦盐坨之后，福泰、聚安、大陆、聚兴等制盐公司先后进入新浦和大浦附近。与此同时，徐州、蚌埠等地的粮食贸易商在此设立几十家土产转运公司。1928 年前后，大宗花生、黄豆、豆饼、棉花、粮食、糖以及“帮猪”等也在大浦装船转运青岛和上海等地。大浦码头和仓库内货物堆积如山，呈现一派兴旺景象。[②]

从 1926 年到 1933 年，大浦人口急剧增加，除了大批流动人口，固定住户有千户之多。1930 年夏天以后，中兴公司与陇海局达成运煤到大浦装船出海的协议，又租海州绅商杨景衢裕兴永码头及其货栈，并在大浦设立分厂。此后，中兴公司煤炭源源不断运抵大浦。后来临洪河口淤塞逐渐严重，中兴公司将大浦煤炭分厂裁撤，着手筹建连云分厂，并寄希望于老窑新港。随着 1934 年孙家山临时码头和老窑部分码头的使用，再加上官方另建猴嘴盐坨取代大浦盐坨，大浦港逐渐没落。[③]

3. 淮北盐都板浦城的兴盛

---

① 《外务部等议覆署两江总督周奏请海州开埠折》，载《东方杂志》第 3 卷第 3 期，1906 年，商务，第 2 ~ 3 页。

② 徐德济主编《连云港港史》（古、近代部分），人民交通出版社 1987 年版，第 60 ~ 61 页。

③ 徐德济主编《连云港港史》（古、近代部分），人民交通出版社 1987 年版，第 61 ~ 66 页。

乾隆末年嘉庆初年，大海北徙，运盐河的出海口板浦口以下淤塞难行，疏浚后，板浦通过运盐河与海州、新浦沟通。道光年间，陶澍剔除旧弊，大力扩建、振兴淮北盐务，扩建的盐滩就在板浦附近。光绪三十四年（1908），两江总督兼盐政大臣端方集资在灌河北岸海州乐丰镇（今灌云洋桥）新铺滩地40份，产盐接济南销，故名为济南盐场。济南盐场创建后，吸引了大批商人、资本家。宣统年间，南通张謇招股增铺池滩80份，定名为大阜公司。此后大德、公济、大有晋、大源、庆日新、裕通等公司争相在灌河两岸的乐丰镇、陈家港、燕尾港、小蟒牛、堆沟附近铺新滩，称为济南盐场七公司。济南盐场七公司成立以后，淮北盐产量大大增加，一跃超过淮南盐场，平均产量占淮盐（淮北、淮南所产盐称“淮盐”）产量的70%左右，其中民国十三年（1924）淮北盐产量竟达全国产盐量的1/5。[①] 板浦城靠近淮北盐业巨擘板浦场和济南场，“岁产百万金”，为运盐、稽核枢纽，成为商贾辐辏之地。

民国以后，省直管县。海州原有东海、赣榆二县，1912年4月，江苏省议会决议将东海县划分为二，从全县50个镇中划出板浦、大伊、湖坊、东路、西路、莞北、莞渎、莞南、新安、张店、铁牛11个镇建立新县。因南有灌河，北有云台山，各取首字，得名灌云，县治设板浦镇。[②] 这就是所谓的海灌分治。与此同时，淮北盐业稽核、运销管理结构也逐渐在靠近济南盐场的板浦固定下来。民国初元为了改革清末的票盐制度，在旧海州设立总场长，1913年改称淮北总场长，1914年改设淮北场务局，旋复裁撤，另设淮北运副，辅助两淮运使掌管淮北场产运销事宜，驻板浦。1913年依据善后借款合同在扬州成立两淮盐务稽核分所，由分所在西坝设立淮北办事处，1914年改为海州稽核分所，移驻海州，旋又移设板浦，改称淮

---

① 徐德济主编《连云港港史》（古、近代部分），人民交通出版社1987年版，第53～54页。

② 江苏省灌云县地方志编纂委员会编《灌云县志》，方志出版社1999年版，第1073页。

北稽核分所。[1] 1928 年至 1937 年，淮北盐场空前发展，板浦场盐课司、济南七公司驻朐办事处、湘鄂赣皖四岸公所等其他机构也进驻板浦。1931 年，两淮盐运使公署从扬州迁至板浦。由于板浦镇到处都是盐务机关，加之板浦、中正两场垣商多居于此，因此三街六巷市井分外繁华。盐业生产、运销需要融通资金，自然也促进了金融业的发达。中国、中央、上海、商业、江苏、交通诸银行在此广设分所，开业钱庄有十五家之多。盐业古镇一时名扬苏北、鲁南、皖东。《江苏省地志》云："灌云县治在板浦镇，沿运盐河，为淮北盐业中心，人口七万三千，市廛颇盛，省立海州中学设此。"[2] 省立海州中学设在板浦，人口超过新浦城一倍，足见其繁盛程度。从人口看，板浦为海州第一大城市。灌云设县是海属小区域经济空间分割的标志性事件。海灌分治后，板浦城依靠盐业实力大增，得以凌驾海州城之上。可见在灌云迁治之前，板浦城为海州南部的经济中心。但是中华人民共和国成立后，由于灌云县治迁到伊山镇，板浦城就此衰落下去。1956 年设在新安镇的灌南县也在一定程度上分散了板浦的实力。

（三）老窑建港和筹划中的连云市

大浦港淤塞影响了航运安全。1931 年底，陇海局就开始筹备陇海路延伸到老窑和老窑建海港的准备工作。新浦到老窑整个路段预计于 1934 年底完工。由于码头建设承包方荷兰治港公司对于淤泥质海岸港口建设的难度估计不足，先期地质调查过于粗枝大叶，老窑港口一号、二号码头建设可谓一波三折。由于受到码头沉陷和横向漂移等难题的困扰，施工进程严重滞后。1936 年 1 月，一号码头建成交付，二号码头一直拖到 1936 年 5 月才完工。海港码头投产后，优势立刻显示出来。1934 年到 1937 年上半年老窑港经历了短暂的兴旺时期，从连云港出口货物 1120773 吨，进口货物为 288602 吨，总计 1409375 吨。[3] 1933 年，陇海局又与轮船招商局签订水

---

① 盐务署盐务稽核总所编《中国盐政实录》，文海出版社 1933 年版，第 53 页。

② 李长傅编《江苏省地志》，1936 年铅印本。

③ 徐德济主编《连云港港史》（古、近代部分），人民交通出版社 1987 年版，第 71～82、107～109 页。

陆联运合同，并获得免征轮船原装未卸货物转口税的政策优惠。由于水陆联运手续简便、费用低廉，商人踊跃参加，极大地推动了陇海货运的发展。

看到临时码头的出色表现，社会各界对海港和海州经济发展前景十分乐观。国立中央大学地理系教授李旭旦先生曾经跟随地理系主任胡焕庸先生到两淮调查盐务和水利。他认为：“未来之连云市，当为一工业都市，陇海沿线煤炭、小麦、棉花、皮革、羊毛，出产甚多，本市附近又饶渔盐之利，故工业方面，当以精盐公司、渔业公司、煤栈、面粉厂、纱厂、制革厂、呢绒厂为最适合，如能上下一心，并力建设，则数年之后，此一片不毛卤地，必一变为烟囱林立之大都会矣。而连云市之发荣孳大，必转足以促进大连云港计划之实现也。”①

正是预见到连云港发展的前景，1935 年江苏省政府会议提出了《省政府决议规划连云港埠市政案》，并提请行政院批准，提议在东部海滨建立一个普通市——连云市。但是连云人口在 10 万左右，税收也不多，基本没有城市建成区，尚未达到设市的标准。后行政院交内政部、军政部、财政部及江苏省政府会商该提案，考虑到其为上海与青岛之间为国家控制的海滨重镇，港埠市政规划刻不容缓，遂于 1935 年 8 月 1 日准予筹备设市，同年 12 月行政院批准设市。1936 年 7 月 7 日，连云市政府成立，为省辖市。连云市市区范围为临洪口以南，烧香河以北，东至东西连岛，西沿临洪河、新浦、板浦以东的区域。②

连云市筹备机构很快出台了以墟沟为核心的包括城市功能分区、城市交通在内的新区建设规划。不久抗日战争全面爆发，连云市建设不了了之。第一届连云市政府解体。1946 年，江苏省政府指令恢复连云市，但此后再次处于战争状态。1948 年 11 月 7 日海州全境解放，新海连特区专员

① 李旭旦《连云港述略》，见胡焕庸编著《两淮水利》附录，正中书局 1947 年版，第 91 页。

② 钱端升等《民国政制史》下册，上海书店 1944 年版，第 424 页；李长傅编《江苏省地志》，1936 年铅印本。

公署成立。1949 年 11 月，设立新海连市。1961 年 10 月 1 日，新海连市更名为连云港市，市政府驻新浦。由此可见，连云市所辖区域在中华人民共和国成立前后的相当长的时间内，只是港口功能分区，城市建设在中华人民共和国成立前基本没有展开。该地域的真正转机在于 1984 年连云港市作为沿海城市对外开放，在此设立国家级经济技术开发区。

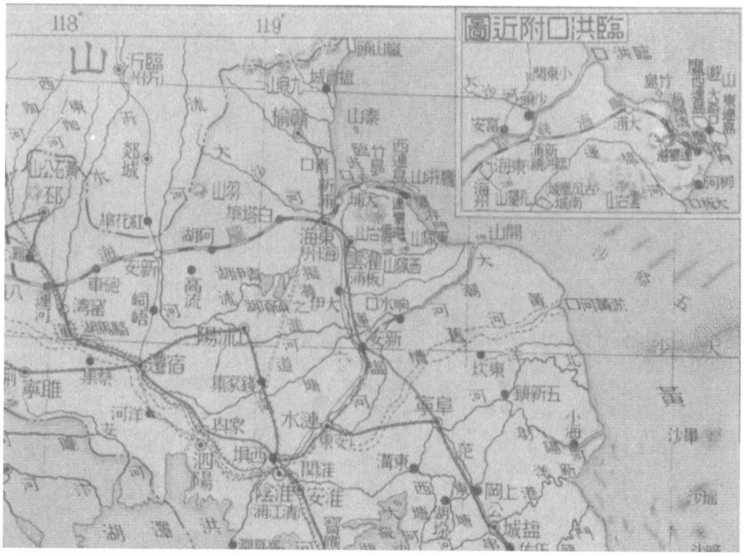

图 6.8　近代海州形势图

资料来源：屠思聪《中华最新形势图》，世界舆地学社，1938 年增订，第八图局部。

说明：海州区域为青岛、上海港交叉辐射区域，海州以上海港为主，但是也受到青岛港辐射，尤其是海州进出口贸易受胶海关管辖。

（四）结论

泥沙沉积引发云台山内附、海州湾水体北移及其导致的水运条件变化，是近代海州港口和城市变迁的主导因素。海州城市门户港口从卞河口、新浦口、临洪口（大浦）一直向海州湾延伸，并最终转向老窑海港。城市扩张也被迫追逐港口，沿河发展。从单个城市来讲，海州一直是该区域的政治和文化中心，新浦是新兴的工商业城市。两城相隔七里，交通方便，功能互补，同城效应非常明显，形成新海城市综合体。在海灌分治后，依托盐业运销与稽核形成的盐业中心板浦已经具备了与海州、新浦分庭抗礼的人口和经济实力，成为海州南部的经济中心。从人口意义上讲，板浦是第一大城市，但是缺点在于过于专业化，工业远不如新浦。老窑在港口和铁路基础设施完成后具备了区域门户港口的物流转运功能，但是门户城市连云市和临港工业还处在规划中。连云市基本上没有建成区。

从城市空间看，海州新浦城市综合体、连云市和板浦成为近代海州地区的三大城市。但是连云市很长时间内只是地域型政区，不是城市型政区，还不能算城市。新海城市综合体和板浦双城对峙是近代海州地区的城市格局。因此近代海州城市发展中所谓新浦与连云市“一市两城”城市空间的说法是错误的。如果非要给海州归纳一个完整城市空间，那应该是“三城鼎立”格局。从经济空间演化看，海州门户港由河口港过渡为海港后，与相隔 35 公里的内陆中心城市新海枢纽构成双核结构，成为区域经济地理横轴。

另外，从近代海州城市经济发展历程中，我们可以看出，海州经济滞后主要表现在近代工业发展滞后，只有面粉业转型成功，其他行业都处在手工作坊工业时代。滞后的原因主要有三：首先是近代工业投资不足，缺乏长足发展，不能形成一定规模。地方经济仍然以传统特色产业盐业、粮油加工业为主。其次，由于国家控制的影响，海州开放政策不明朗、不彻底，自开商埠、间接贸易严重影响了外来资本和海外贸易进入海州。最后，国内外战争严重影响铁路、港口基础设施建设和腹地拓展，影响了海州进出口贸易和地方近代工业的发展，使得海州错过了抗战前的发展时机。不可否认，港城分离的格局的确在一定程度上影响了近代海州的发展，但这不是主要原因。因为便捷的铁路和内河运输在一定程度上破解了港城分离带来的困境。

二、济宁

济宁位于山东西南部，为近代青岛港与上海、镇江港的交叉腹地，总体而言受青岛、济南影响更大。济宁为运河沿线重要的商业城市，清朝时为直隶州，属于山东省，民初改为县，属于山东济宁道，1927年，废除道制，设立济宁县，仍归山东管辖。民国时期的济宁全县面积为5600平方公里，人口418279人。在运河时代，济宁地处沟通南北之要道，上溯津沽，下达余杭，百货辐辏，商贾云集，在铁路未通车前，东自沂州，西自汴梁，北自济南，南自徐州，莫不以济宁为货物转运中心，商业之盛，甲于全省。1908年开建的津浦铁路不过济宁，这引起济宁士绅的不满，他们以济宁商业繁盛系南北水陆转运枢纽为由，要求将津浦铁路改经济宁。后经地方士绅争取，才有增建济宁至兖州支线的折中方案。1909年，济宁至兖州线开始购买土地，1911年10月铁路开始施工，1912年6月竣工，同年11月全线通车。兖济支线全长32.18公里，耗资160万两白银。1912年津浦铁路通车后，四方商贩多半改用火车运载，济宁的贸易中心地位逐渐为徐州、济南所夺。济宁到兖州铁路支线修通后，济宁商业地位虽得以维持，但是“不复如昔之蒸蒸日上矣”。①

（一）济宁商业贸易概况

济宁物产以杂粮为大宗，此外花生、瓜子、大蒜、瓜果、蔬菜、药材等类亦多有出产。进出口贸易以杂粮为首位，其次为煤炭、铁、布匹、棉纱、杂货等。济宁金融业比较弱小，仅有1930年设立的中国银行、上海银行的办事处。中国银行存款10万元，放款20万元，每年汇兑款项约200万元；上海银行存款8万元，放款25万元，每年汇兑300万元左右。金融主要来自青岛分行的调拨。此外，济宁有济源、乾兴、同泰、协记等四家钱庄，总资本2.5万元，其中仅济源一家有存放款项，计零存3000元，往来透支约5000元，每年四钱庄汇兑约50万元。② 金融汇兑业务主要服务

---

① 实业部国际贸易局编《中国实业志·山东省》，实业部国际贸易局1934年版，第222（丁）~223（丁）、226（丁）页；山东省地方史志编纂委员会编《山东省志·铁路志》，山东人民出版社1993年版，第70页。

② 实业部国际贸易局编《中国实业志·山东省》，实业部国际贸易局1934年版，第226（丁）~228（丁）页。

于两地间的贸易，因此基本可以反映济宁每年的贸易额。由银行和钱庄的汇兑业务估算，济宁每年的贸易额应该在550万元左右。

（二）济宁的工业转型

近代济宁工业与企业主要包括交通通讯业、电气业、榨油业、面粉业、火柴业、蛋厂业、翻砂业等。济宁经济转型发端于近代交通通讯业。1881年，盛宣怀聘请外国人建设天津到上海的电报线路，并于沿线设立7处电报分局。济宁分局即其中之一，也是山东境内第一家电报局，有局长、报务员及电报营业、领班、送报、线路维护共13人。济宁电报分局是济宁现代化开端的标志。1882年电报总局改为商办，济宁电报分局也因为亏损而改为商办。1885年，山东境内自济宁经济南、青州、莱州、登州到烟台铺设电线，1886年，又从济宁沿线延至河南开封。至1908年济宁已成功嵌入北到天津、北京，南至镇江、上海，东至烟台、青岛、兖州，西至曹县、巨野、曹州（菏泽）、开封、郑州、汉口的电报网络。①

裕华实业有限公司是济宁第一家现代机器工业公司，1907年由济宁富商吕庆圻、吕庆埴兄弟招股银69.9万元设立，除了用机器榨油，还生产火柴。②

1916年，济宁当地巨商刘韵樵首倡创办济丰面粉股份有限公司，主要股东有吕仲符、刘子玉、靳云鹏、潘复、张勋、褚玉璞、许佩丞、王慕周等，其中靳、潘、褚皆为得势军政要人，刘韵樵、刘子玉、吕仲符、王慕周号称济宁“四大金刚”，为地方上风云人物。济丰面粉股份有限公司资本20万元，由上海阜丰面粉厂提供全套外国设备，有美国爱礼斯厂1904年制造的钢磨12部，打麦机2台，刷麸机和扒砂机各1台，精粉机4台，漂粉机3台，250马力蒸汽机1台以及打包车、缝口机等。该公司由上海营造公司负责设计施工和安装调试，于1918年夏天建成投产，日产宝塔牌

① 于景莲《济宁城市现代化研究（1840—1938）》，山东大学硕士学位论文，2002年，第11~12页。

② 于景莲《济宁城市现代化研究（1840—1938）》，山东大学硕士学位论文，2002年，第14页。

面粉2100袋，因质优价廉，除了在本地畅销，还运销天津，开工一年多即获利20万元。1920年工厂添置新磨10部、500马力蒸汽机1台，资本增至40万元，日产面粉4000袋。后由于经营不善以及军阀战争的影响，每况愈下。1931年与徐州宝兴面粉厂签订租用合同，改组为济丰宝记面粉公司，每年出产面粉50万袋，产值125万元，销售济宁本地及津浦、陇海沿线地区，营业状况良好。①

1918年，济南人马官敬首倡创办济宁电灯股份有限公司，总资本额20.21万元，主要股东为靳云鹏、潘复、熊炳琦、张怀芝、张树元等显要人物和济宁本地"四大金刚"。1919年底，公司两台68千瓦蒸汽发电机正式发电。济宁电灯公司是继青岛、济南、烟台之后成立的全省第四家电灯公司，像面粉公司一样，起初营业甚佳，经济效益可观，拥有照明灯1.36万盏，年收入电费5.85万元，至1923年按原定5年分红之约，每1000元分得红利200元，可见其利润之丰。随后，军阀张宗昌于1924年入据山东，翌年出任山东督办，所属许琨部大肆掠夺民财，制造混乱，造成工厂、商户倒闭，电灯公司损失银币8000余元，发电机零部件和电杆、电线等物质大部被掠夺，从此经营渐趋混乱，一蹶不振。至1931年前后，私灯数竟达在册灯数的3倍之多，公司连年亏损，债务重重，于1934年廉价售于省建设厅。②

振业火柴公司是济南振业火柴公司的分厂，筹建于1919年，资本30万元，拥有厂房、仓库、宿舍等共700余间，职员近600人，1921年正式开工生产。火柴注册商标为"童旗""推磨""吉星"，当年生产火柴5552大箱，总产值22.28万元，纯利1.64万元。此后历年经营，向称顺利。至

① 仲跻忠、王鲁元《济丰面粉公司今昔谈》，见山东省政协文史资料委员会编《山东工商经济史料集萃》第一辑，山东人民出版社1989年版，第272~273页；于景莲《济宁城市现代化研究（1840—1938）》，山东大学硕士学位论文，2002年，第15页。

② 王守中、郭大松《近代山东城市变迁史》，山东教育出版社2001年版，第595~596页；于景莲《济宁城市现代化研究（1840—1938）》，山东大学硕士学位论文，2002年，第16页；实业部国际贸易局编《中国实业志·山东省》，实业部国际贸易局1934年版，第224（丁）页。

1929—1930 年，“工潮勃兴，费用增加，产量减少，复因同业激增，竞争日烈”，销数不免逊色，但该公司制度完整，管理严格，质量信誉均有保证，因而在 20 世纪 30 年代初火柴业不景气的情况下，仍可年产 1.5 万大箱，产值 61.5 万元。①

1933 年，济宁制蛋业机器工厂有以下两家：一是天成蛋厂，设立于 1916 年，后经过数次改组，至 1933 年有资本 1 万元，职员 4 人，工人 100 人，厂内设备有德国制造的冷气机 1 座，6 马力柴油引擎 1 具，自造风车 1 具。所产干蛋白、干蛋黄系为青岛鲁麟洋行代制，不自行销售，年产值 12.6 万元。二是同兴祥蛋厂，开设于 1923 年，至 1933 年有资本 20 万元，职员 15 人，工人 300 人，全部产品皆运销上海，年产值 14 万元。②

翻砂业计有泰顺、永顺、合盛公、聚泰、万源、成兴共六家，资本总额为 10.68 万元，全年总产值约 8.5 万元，产品以铁锅等日用品为大宗，销售本地及鲁西各县。③

济宁手工业以磨坊业最盛，榨油业、酱园业、印刷业、铜锡器业等次之，其他各业则仅寥寥数家，点缀而已。④

由上可见，近代济宁工业企业在电报业、榨油业、面粉业、火柴业、蛋厂业、翻砂业实现了机器生产，虽然机器多由外国生产，但毕竟实现了进口替代，因此济宁在上述行业类型上转型比较成功。但济宁仍然存在大量的手工业，整体经济转型的压力很大。尤其是在传统磨坊、榨油业上没有进展，这几类行业仍然处在手工生产阶段。

---

① 实业部国际贸易局编《中国实业志·山东省》，实业部国际贸易局 1934 年版，第 224（丁）页；王守中、郭大松《近代山东城市变迁史》，山东教育出版社 2001 年版，第 596 页。

② 实业部国际贸易局编《中国实业志·山东省》，实业部国际贸易局 1934 年版，第 224（丁）、412（辛）页；王守中、郭大松《近代山东城市变迁史》，山东教育出版社 2001 年版，第 596 页。

③ 实业部国际贸易局编《中国实业志·山东省》，实业部国际贸易局 1934 年版，第 224（丁）~225（丁）页。

④ 实业部国际贸易局编《中国实业志·山东省》，实业部国际贸易局 1934 年版，第 225（丁）页。

第七章 结 论

第一节 近代港口·城市·腹地互动关系改变了山东的经济格局

1861年烟台港的正式对外开放，标志着近代山东正式开始建立与全球市场的联系。此后，青岛港、威海港、济南、周村、潍县先后对外开放，使得这种变化发生的空间范围进一步扩大，程度进一步深入，影响更为广泛。由此山东逐渐形成了内外结合的商埠开放体系。就在这种特定的环境中，山东及其相邻的地区，开始走出传统经济，步入近代化。山东及其邻近省份的出口物资，通过烟台、青岛等港口源源不断输往中国的沿海地区以及世界各地，而中国沿海地区以及世界各地的物资，通过这些港口不断输入山东及其相邻地区。进出口贸易刺激了工业生产，使山东及其相邻地区的农业种植结构、农作物品种与质量、手工业生产都发生了重大的变化，特别是推动了手工业向近代工业的转型。近代工业的兴起使城市成为区域经济的明日之星，与此同时，城市面貌、交通道路、人们的思想意识、社会风俗，也都发生了深刻的变化。开埠通商是山东及其邻近地区近代化的开始，开埠通商日渐扩大的过程就是山东及其邻近地区近代化不断扩大的过程，而进出口贸易和与之相关的生产则是近代化过程的主要内容之一。因此，考察近代山东与世界市场相联系的港口—腹地关系，是理解山东近代化进程及相关问题的钥匙。

山东开放商埠的分布很不平衡，七个商埠中，两个主要港埠青岛、烟台和两个次要港埠威海、龙口都在山东半岛东半部，济南、潍县、周村三个内地商埠都在胶济铁路沿线的山东北半部。近代以前，山东内部的物流方向以依靠大运河的南北流动为主，经济重心在西部。近代以来，受港口开放和商埠分布的影响，山东内部的物流方向发生巨大变化，除了西部部分地区依靠运河和津浦线南北流动，其余的广大地区都以东西向流动为主。这一格局直到今天仍无明显的改变。而且，随着改革开放步伐的加快和山东内部东西部经济差别的增大，以及中西部发展对外贸易的需要，东西向物流在未来山东的物流总量中仍将占有较大的比重。

山东港口的腹地主要在山东境内，但是各时期的港口腹地状况区别颇大。近代山东港口的开放，大致可分为烟台一口通商和烟台、青岛两口通商这样两个时期。在一口通商时代，烟台拥有包括山东北部从烟台到济南的大道沿线地区和小清河、黄河下游地区在内的广大腹地，甚至可以沿着黄河进一步上溯河南、山西部分地区。在两口通商时期，尤其是1904年胶济铁路通车后，沿线地区的货物进出口很快转向青岛，烟台腹地被压缩到登州府属县。当龙口港和威海港从烟台港独立出来以后，烟台腹地被再次分割，20世纪30年代烟台在胶东的腹地变得很小，只有烟台特别市以及福山、牟平、栖霞、蓬莱四县，周围的招远、黄县、掖县、文登、荣成则成为烟台和其他港口的腹地交叉地区。显然，在影响港口腹地的诸因素中，港口的分布密度、港口与内地的交通通畅程度以及港口距离发达经济区的远近，都是重要的因素。青岛港之所以拥有远远大于烟台的腹地，主要原因显然是其比烟台更靠近山东主要的经济区，胶济铁路使其与内地交通方便，而且周围没有其他的开放港口可以平分秋色。就此而言，可以预言在一个相当长的时期中，青岛仍将是山东的第一大港，且是具有全国意义的重要港口，而烟台只是胶东的区域性港口，二者的地位不可相提并论。

进出口物资在腹地和港口间流动过程中，形成了以烟台、青岛等港口为龙头，以交通线为龙身，包括各级集散市场在内的外向型市场体系。在这一体系中，各级集散系统都发挥了自己的作用。事实上，除了某些货物是直接在港口和腹地间（一般是靠近港口的地方）进行流动，大部分货物的流动都通过一级一级的集散系统，各类市场是集散系统的结点。作为港口终点市场和产地或销售地初级市场之间的中级市场，对港口和腹地的联系具有重要意义。最值得我们注意的是，济南作为省会和山东最重要的商品集散中心，在青岛港腹地扩张中所起到的重要作用。位于胶济铁路、津浦铁路连接点的济南，尽管也是天津、上海等城市的商业争夺范围，但就主要吞吐货物来看，大体上仍属于青岛港的腹地。由于济南执山东西部和中部货物集散体系之牛耳，青岛港的腹地得以在西部迅速扩大。济南泺口以下黄河沿岸武定府部分县，泺口以上黄河沿岸济南府、泰安府、兖州府、曹州府的州县，都成为青岛港的腹地。通过济南的作用，青岛港的巨大影响还达到东昌府、临清州、德州、武定府等地，并把一些原来受天津控制的州县纳入自己的腹地范围，使得上海和天津经由津浦铁路运到山东的洋货基本上被阻滞在济宁以南、临清以北的地区。甚至在济宁以南到徐州、临清以北到天津的运河沿岸地区，也形成青岛港与天津港、青岛港与上海港或镇江港的腹地交叉区域。近代青岛港的辐射范围进一步扩大，已经延伸到河南、山西、陕西、河北等地区。

总之，在近代口岸贸易的引导下，港口腹地范围内形成了以烟台为中心的胶东外向型经济体系和以青岛、济南为中心，以铁路为纽带的青岛外向型经济体系。这两大体系成为影响近代山东经济布局的主导因素。由于贸易结构的不同，这两大经济体系存在一些差别。烟台港的出口贸易以工艺品为主，所以胶东体系是山东劳动密集型手工业的中心，也是近代工场手工业比较发达的地区。青岛出口贸易以原料出口为主，只有生丝、丝绸、草帽辫等有限的工艺品，所以青岛贸易体系之土货集散功能比较发达，当然胶济铁路沿线地区也是近代手工业的发达地区。贸易差别导致了腹地内部经济发展的不平衡性。在两大体系中，胶东地区、胶济铁路沿线地区特别是几个集散中心，是山东工农业经济最发达的地区，广大的西部、南部地区基本上是原料产地。

第二节　全球化与地方化的交织催生了山东近代时期的市场经济制度

自近代以来，山东区域一直处在全球化浪潮的直接冲击之下，是中国东部沿海地区开发、开放的先行地带。至20世纪30年代，山东已经是近代中国工业转型成就最大的区域之一。近代山东的经济转型取得较大的进展。笔者主要从市场体制、工业转型、独立性等方面来加以阐释。

首先，在商埠制度、开明专制和民国法律体系下，近代市场经济制度已经建立起来。从官方看，山东地方政府主动出击，不是消极被动地保护主权、利权，而是采取主动开放、主动应对的策略，逐渐形成了“相维相制，而因以观摩受益”的开明政策。这一点在袁世凯、周馥担任山东巡抚期间表现得最为明显。山东不仅一下子自主开放了胶济铁路沿线的三个口岸，而且为了改良地方土产工艺，积极采取措施推动土产出口和洋货进口替代，在地方产业发展的技术人才培训方面也投入大量的人力和财力，自上而下地建立了数量众多的工艺传习所、贫民工厂、商会等推动和实施机构，极大地推动了省内新式产业的投资和传统手工业向机器工业的转型。《中外经济周刊》评价济南工业发展情况时，曾经有言：“自宣统二年（1910），山东省当局于济南、青州、博山创办工艺传习所，分设毛毯、绣花、织布、木器、造胰、洋车（以上济南）、织染（青州）、陶器（博山）等科，招徒授工，历有年所，此等毕业工徒，无虑千数，分布各地，类能实行其所学说者，谓今日山东工业之发达实基于此。”① 从商界和投资者看，山东地方有许多原来身居要职的在乡、在职官员，他们积极投资近代新式工业，在烟台、济南、济宁等地形成了新的工业投资中心。官员、士绅经商和奖励工商，一扫千年贱商之陋习，形成了有利于实业投资的全新

① 《济南工业之勃兴及其现状（续）》，载《中外经济周刊》1924年第87期，第12页。

的政治意识形态。清末新政后的官员经商在一定程度上引领、推动了社会风气的持续开放，打破了商界在新式工业方面附股外国资本、单独投资逡巡不前的局面。随着中外贸易的大发展，传统手工业产品出口日增，大量当地土产商人开始投资缫丝、丝织、棉纺织等相关工业领域，引进西方先进的机器或技术、技艺和新产品，为挽回利权、推动山东工业经济的转型发展发挥了关键作用。

另外，随着晚清、民国商法、公司法的颁布与实施，以及业已形成的商埠开放制度，山东地方特别是沿海地区、内部商埠区域，逐渐形成了保护自由投资的市场经济体制以及自由贸易体制。这些意识形态的转变和制度建设一方面反映了转型的进展，也为商业贸易发展、实业投资创造了良好的发展环境。

当然，近代政府和地方当局的政策也有极大的局限性。首先，军阀割据混战是经济发展的重大障碍。20 世纪 20 年代中后期的张宗昌祸鲁以及其他军阀混战都在不同程度上阻碍了工商业的发展。其次，“有国无防”、外侮连连，同样严重阻碍了工业转型的发展。尤其是“五三”惨案、抗战全面爆发、全省沦陷后，各大城市工业企业普遍遭遇日军“军管”“合办”等野蛮的大掠夺，损失惨重，严重阻碍了羽翼未丰的工商业经济的正常发展，应该说，日本全面侵华打断了近代山东工业的转型进程。近代山东区域工业转型的惨痛教训再一次说明，没有国家的独立，就没有成功的工业转型。因此，一个国家工业转型的成功需要一个能够抵御外侮的强有力政府的保障。

第三节 以机器生产为目标的工业转型获得重大进展

关于近代山东工业企业转型的具体进程，因为产业众多而表现繁杂，需要分行业进行评价。从转型角度看，近代的山东工业企业大体可以分为以下几类：一是全新的西式工业企业门类，例如现代兵器工业、现代修造船业、机车修造业、电力照明业、电报业、钟表业、火柴业和啤酒、葡萄酒、罐头等西式食品业；二是存在中西竞争、西式技术占绝对优势的行业，例如机器面粉业、钢铁业、棉纺织业、机器制造业、化工工业；三是外贸需求导向的产业，例如山东的丝织业（又分为家蚕丝织业和野蚕丝织业）、榨油业、发网业、花边业。

（一）全新产业门类的转型突飞猛进

该类型产业主要是指现代兵器工业、现代修造船业、机车修造业、电力照明业、电报业、钟表业、火柴业和啤酒、葡萄酒、罐头等西式食品业。由于是全新的工业门类，对国内经济和行业的冲击不大，其发展基本没有阻力，因此转型是以直接引进为主，属于填补空白性质。从山东具体情况看，该类转型工业由于市场和要素的不同，转型的进程又有所不同。其中现代修造船业、机车修造业有外国政府或外资企业背景，具有资本规模大、起点高、技术密集的特点，一般是直接嫁接西式企业。电力、电报、啤酒、葡萄酒等填补国内空白的行业，其转型的主要困难在于资本和企业经营的问题。山东此类工业的转型比较成功，不仅实现了进口替代，而且有的行业甚至形成了具有国际影响力的品牌，成为重要的出口商品。例如青岛和烟台的啤酒、葡萄酒产业就是重要的代表。

（二）存在中西竞争、西式技术占绝对优势的行业转型参差不齐

该类型产业主要包括机器面粉业、钢铁业、棉纺织业、机器制造业、化工工业。就山东各城市而言，机器面粉业、棉纺业由手工作坊生产向机器生产工业的转型比较顺利，但上述情况仅仅局限于城市，在乡村仍然存在大量使用传统生产方式的磨坊和手工纺纱户。山东钢铁业、化工工业转型比较复杂。首先，钢铁企业只出现在青岛，且为日资企业，钢铁主要依靠进口或来自日资控制的东北地区。化工行业实现机器转型或者采用先进技术的企业多是直接通过外国或天津、上海进口原料投入成品生产。钢铁、化工基础原材工业投资很少，近代的火柴、染料、机械制造所用原料大多是直接进口。

棉织业转型也比较复杂。山东潍县至济南的胶济铁路沿线地区是土布

生产的重要区域。其中尤以潍县土布织造业最为发达，与宝坻、高阳并称为北方三大土布业中心。该区域的土布织造大体经历了洋纱替代土纱、铁木机替代手拉机两个过程，但是生产组织方式仍然以个体织户或作坊为主，只有少部分的织布厂或染织厂，主要使用铁轮织布机。围绕土布贸易，潍县形成了包括织布、铁木机修造、染料、染织、轧布在内的产业链条，而且除了土布织造环节，其他行业都因大量的土布需要加工而实现了规模化的机器生产或者采用了先进的技术工艺。手工织布因采用铁木机也提高了产量和质量，能够生产适合市场需求的布匹，且具有一定的市场竞争力。土布织造自民国初年引进铁木机开始，出现了换机潮，20 世纪 20 年代潍县铁工厂实现仿造，大体在 30 年代前实现普及。现代化的织布厂、染织厂几乎全部出现在青岛、济南，多是由棉纺厂衍生出的棉织环节。笔者认为，棉织业转型虽有波折，但是基本实现了机器生产，唯一不足之处在于还存在很多个体织户、手工作坊，即生产组织方式不够先进。

机器制造业也比较复杂，主要有两种类型：一是像四方机车厂、青岛造船厂、津浦路机车厂等大型企业，它们先天就是现代化的企业，不存在转型问题；二是与传统的冶铁作坊、纺织厂配套的修理厂、铁工厂，随着技术的引进，逐渐具备了制造机器的能力。就山东各城市而言，潍县、济南铁工厂业比较发达，但是规模普遍不大，技术先天不足。具有制造机器能力的企业毕竟是少数。

（三）外贸需求导向的传统手工业的转型进步不一

该类型产业主要包括丝织业（又分为家蚕丝织业和野蚕丝织业）、榨油业、发网业、花边业等。对于外贸需求导向的传统手工业，因为受到传统市场、技术的影响，转型的过程比较复杂。山东缫丝与丝织业主要分布在胶济铁路沿线地区、胶东地区。由于该产业历史悠久，存在较为复杂的传统生产、销售体系，从业人口众多，直接关系到山东的国计民生。该产业由人工生产转向机器生产涉及方方面面的问题，必然受到各种阻力。

开埠初期，山东缫丝与丝绸纺织业属于外贸需求导向的传统手工业，大体可分为两个区域：一是周村、青州、临朐的三角区域，主要是以家蚕丝为原料的丝织业区。原料以黄丝为主，因为要出口海外，必须按照西式缫丝标准生产，因此缫丝业实现了小框缫丝，主要以机器生产为主。该区域的缫丝业转型是成功的，但是丝织业转型有点曲折。1920 年该行业才开始引进、普及铁木提花机，生产组织方式也开始从农户、机坊向公司转变，20 世纪 30 年代甚至还出现了电力织机，但大多数的机坊和公司基本上仍使用铁木提花机。铁木提花机虽然没有完全实现人力向蒸汽或电力的转变，但是已经不是像手拉机一样的简单工具，应属于机器范畴。因此，也可以看成是成功的。另一区域是包括昌邑柳疃、烟台、栖霞、宁海等地区在内的胶东野蚕丝区域。野蚕丝虽然在烟台实现了部分机器缫丝，但是传统大框缫丝仍然在烟台周边的胶东地区大量存在。唯一的进步就是使用坐式的大框缫丝。因此，胶东野蚕缫丝业转型并不成功。这些大框丝主要供应茧绸织造业。胶东地区茧绸织造业的转型更为缓慢，长期依靠传统的手拉机，且基本处在手工作坊或织户个体生产阶段。就是在号称茧丝绸织造中心的柳疃，也仍然使用旧法织绸。1926 年以后茧绸织造业造假盛行，开始走下坡路，又逢 1928 年日本在东北的原料竞争，更是跌入低谷。胶东茧绸织造业竟然一直到 1936 年才开始行业改良，全面换装铁木织机和提花机，但是生产组织仍然是分散的织户或者规模较小的工坊。抗战全面爆发后，外部市场断绝，织绸业的转型被打断。

另外，发网、花边、刺绣等产业在引进之初就是看重了山东劳动资源丰富的优势。这些产业属于密集型工业，属于外贸需求导向的小工业。山东劳动力过剩，这些产业可以长期依靠手工生产，转型的成效不大，仍然处在家庭手工业或者作坊手工业阶段，唯一的进步应该在于针织机的使用。

（四）山东工业转型仅仅局限于轻工业领域

从工业化整体进程而言，近代山东工业经济主要还是集中于轻工业领域，虽有一定的采矿业和机器制造业，但除了控制在外资手中的修造船、机车修造业，一般规模较小，特别是机器制造业的技术水平和规模都较小，产品种类较少，主要服务于地方轻工业。近代潍县机器工业的发展态势已经清楚地说明了这一点。近代山东在钢铁、化工等基础工业领域基本依赖进口，因此还处在工业化的初期阶段。

另外，近代山东工业企业基本集中在通商口岸城市、交通枢纽城市，其中青岛、烟台、济南等通商口岸工业发展要更快一些，工业门类也更复杂多样，新的工业门类也多，资本和生产规模比内地城市要大得多。

（五）山东工业转型的独立性不强

近代山东工业经济的独立性不强主要表现在三个方面：一是，基础原材工业主要依赖进口，先进的技术和机器同样依靠进口，规模较大、技术力量雄厚的机器制造企业多为外资控制，因此山东工业化阶段与西方国家相比还存在很大的时间差。二是，在山东经济中心城市青岛，外资在纺织、化工、缫丝、机器制造、精盐制造等主要工业领域占有绝对统治地位，华资企业受到巨大压力。三是，有国无防，难以守成。抗战全面爆发后，山东全境沦陷，工业企业受到日军的野蛮掠夺。

第四节　经验与教训

研究表明，山东港口及其腹地区域工业转型取得进展的原因有三：首先是改良政治和开埠通商带来的全球化与地方化交织下形成的有利于工业投资的市场经济制度；其次是港口、铁路等重大基础设施的大改进，极大推动了港口腹地的联系和贸易的发展；最后，清末民国时期的行业改良、技术推广和人才培养也发挥了重要作用。负有推广、监督管理责任的工艺传习所、农工商局、农会、商会、合作社等官方机构和民间组织也做了大量的工作，对于改变传统一家一户闭塞的、因循守旧的生产经营方式，推动近代山东工业行业的发展发挥了重要作用。

部分工业门类转型遭遇困境的原因有三：一是，国内外战争和军阀割据影响工业的长足发展，尤其是日本对华战争，直接打断了中国工业转型进程；二是，国内一些产业严重依赖国际市场，不可避免地受到1929—1933年世界性经济危机的打击；三是，政府作用不到位，主要表现为以下几个方面，当时的关税政策和产业政策难以保护、扶持国内幼稚工业的发展，没有建立起钢铁、化工等基础原材料工业，没有强大国防来保护本国经济的持续发展。

由此可见，一个后发国家或地区的经济转型不仅需要市场经济体制调动工商业的积极性，更为重要的是政府的作用。政府必须提供有利于工商业发展的国内外制度安排和政策体系，必须能够抵御外侮，稳定国内政治环境，还要依靠国家资本主义，大力发展钢铁、能源等基础原材料工业。中国国家现代化启蒙早于日本，经济现代化进程也快于日本，但结局大相径庭。这也从侧面说明了国家作用对于国家经济转型成功的不可或缺性。

参考文献

一、基本史料

（一）民国调查资料

山东省政府实业厅编《山东工商报告》，山东省政府实业厅 1931 年版。

胶济铁路管理局车务处编《胶济铁路经济调查报告》，文华印刷社 1934 年版。

周传铭《济南快览》，世界书局 1927 年版。

实业部国际贸易局编《花生》，商务印书馆 1940 年版。

鲁东日报社编《烟台大观》，鲁东日报社 1940 年版。

郑千里编《烟台要览》，烟台要览编纂局 1923 年版。

叶春墀《青岛概要》，商务印书馆 1922 年版。

叶春墀《山东草辫业》，京都华东石印局 1911 年版。

叶春墀《济南指南》，大东日报社 1914 年版。

督办鲁案善后事宜公署编辑处编《青岛》，督办鲁案善后事宜公署编辑处 1922 年版。

谋乐辑《青岛全书》，青岛印书局 1912 年版。

尹喆鼎《山东之落花生》，实业部青岛商品检验局 1934 年版。

金城银行总经理处天津调查分部编《山东棉业调查报告》，金城银行总经理处天津调查分部 1936 年版。

《山东美种烟叶状况》，载《工商半月刊》第 4 卷第 8 期，1932 年，调查。

山东展览会报告编辑处编《山东第一次物品展览会审查报告书》，山东展览会报告编辑处1915年版。

万葆元《山东之柞蚕》，载《农商公报》第4卷第4期，1917年，著译门。

郭寿生《烟台调查》，载《向导周报》1924年第65期。

赵占元《周村丝麻织业调查》，载《工商半月刊》第6卷第9号，1934年，调查。

吴英若《周村一带丝织业调查报告》，载《山东省建设月刊》第4卷第1期，1934年，报告。

蔡受百《中国丝织业发展史》，载《总商会月报》第4卷第7号，1924年。

李长傅编《江苏省地志》，1936年铅印本。

董文、张国维编《初中本国地理》，世界书局1930年版。

周鹤生《新浦通车后之商况调查》，载《钱业月报》第6卷第2号，1926年。

《东海县之经济近况》，载《中外经济周刊》1926年第197期。

张絅伯《青岛银行界之使命》，载《经济学季刊》第4卷第4期，1933年。

谢宜培《青岛电厂》，载《电世界》第3卷第7期，1949年。

刘振刚《青岛丝厂与鲁省丝业关系》，载《山东实业学会会志》1920年第3期。

童果顺《青岛济南商工业调查记》，载《商学季刊》第1卷第4号，1923年，调查。

《济南工业之勃兴及其现状》，载《中外经济周刊》1924年第86期。

《济南成通纱厂组织状况》，载《天津棉鉴》第3卷第11、12合期，1933年。

（二）日文调查资料

［日］日本外务省通商局编《清国事情》，1907年版。

［日］田原天南《胶州湾》，大连满洲日日新闻社1914年版。

［日］青岛军政署编《山东之物产》，青岛新报社1917年版。

［日］东亚同文会编《中国省别全志》第四卷《山东省》，东亚同文会1917年版。

［日］冈伊太郎、［日］小西元藏编《山东经济事情——济南を主として》，1919年版。

［日］青岛守备军民政部铁道部编《南山东及江苏沿岸诸港调查报告书》，青岛守备军民政部铁道部1919年版。

［日］青岛守备军民政部铁道部编《周村德州间及德州石家庄间并石家庄沧州间调查报告》，青岛守备军民政部铁道部1921年版。

［日］日本驻青岛总领事馆编《青岛概观》，1925年铅印本。

（三）方志

〔清〕张凤羽纂辑《顺治招远县志》，清道光二十六年刊本。

〔清〕杨士雄修，〔清〕丁时纂《康熙日照县志》，清康熙十二年刻本。

〔清〕严文典修，〔清〕任相纂《乾隆蒲台县志》，清乾隆二十八年刻本。

〔清〕毕懋第原修，〔清〕郭文大续修《乾隆威海卫志》，1929年铅印本。

〔清〕郑锡鸿、〔清〕江瑞采修，〔清〕王尔植等纂《光绪蓬莱县续志》，清光绪八年刻本。

〔清〕沈淮修，〔清〕李图纂《道光陵县志》，清道光二十六年刻本。

〔清〕林溥修，〔清〕周翕镆纂《同治即墨县志》，清同治十二年刻本。

〔清〕尹继美纂修《同治黄县志》，清同治十年刻本。

〔清〕王文焘修，〔清〕张本、〔清〕葛元昶纂《道光重修蓬莱县志》，清道光十九年刻本。

〔清〕李传熙等纂修《光绪肥城县乡土志》，清光绪三十四年刊本。

〔清〕黄笃瓒纂《光绪平阴县乡土志》，清光绪三十三年铅印本。

〔清〕王鸿儒修，〔清〕杜桂林等纂《光绪东平州乡土志》，清光绪三十三年石印本。

〔清〕钱应显修，〔清〕邢宝英纂《光绪陵县乡土志》，清光绪三十三年刻本。

〔清〕曾倜修，〔清〕李椿龄纂《光绪宁阳县乡土志》，清光绪三十三年石印本。

〔清〕高熙哲编《光绪滕县乡土志》，清光绪三十三年石印本。

〔清〕崔光煦修，〔清〕孙育德纂《光绪寿张县乡土志》，清光绪三十三年抄本。

〔清〕向植纂修《光绪聊城县乡土志》，清光绪三十四年石印本。

〔清〕宋金镜、〔清〕熊廷献等辑《光绪馆陶县乡土志》，清光绪三十四年铅印本。

〔清〕张世卿修，〔清〕王菘翰纂《光绪平度州乡土志》，清光绪三十四年刻本。

〔清〕王梦松修，〔清〕傅骏声、〔清〕张沛恩纂《光绪高密县乡土志》，清宣统元年石印本。

〔清〕宋朝桢修，〔清〕陈传弼等纂《光绪潍县乡土志》，清光绪三十三年石印本。

〔清〕陈观圻修，〔清〕王熙昭等纂《光绪诸城县乡土志》，清光绪三十三年铜印版本。

〔清〕王学曾修，〔清〕王润生纂《光绪惠民县乡土志》，清光绪三十二年刻本。

〔清〕佚名纂修《光绪寿光县乡土志》，清光绪三十年纂抄本。

〔清〕佚名纂修《光绪齐河县乡土志》，清光绪末年石印本。

〔清〕杨沂谨等纂修《光绪范县乡土志》，清光绪三十四年石印本。

〔清〕边凤歧修，〔清〕于子春纂《光绪临淄县乡土志》，清光绪三十四年抄本。

〔清〕杨承泽纂修《光绪泰安县乡土志》，清光绪三十三年铅印本。

〔清〕高居广纂《光绪临朐县乡土志》，清光绪三十四年稿本。

〔清〕徐寿彭修，〔清〕李毓珂、〔清〕郑秉钰纂《宣统乐陵县乡土志》，清宣统元年石印本。

〔清〕生克中编《宣统滕县续志稿》，清宣统三年铅印本。

〔清〕姚先浚编《光绪博平县乡土志》，清光绪三十二年抄本。

〔清〕汪鸿孙修，〔清〕刘儒臣纂《光绪恩县乡土志》，清光绪三十四年石印本。

〔清〕周家齐纂修《光绪高唐州乡土志》，清光绪三十二年刻本。

〔清〕王赓廷修，〔清〕邓际昌纂《光绪济宁州乡土志》，清光绪三十一年石印本。

〔清〕萨承钰修，〔清〕苏再勋纂《光绪武城县乡土志略》，清光绪二十六年稿本。

孙宝生编《历城县乡土调查录》，1928 年铅印本。

林修竹编《山东各县乡土调查录》，山东省长公署教育科 1920 年版。

实业部国际贸易局编《中国实业志 · 山东省》，实业部国际贸易局 1934 年版。

白眉初编《鲁豫晋三省志 · 山东省志》，北京师范大学史地系 1925 年版。

佚名编《山东各县乡土志》，民国铅印本。

黄泽苍编《山东》（分省地志），中华书局 1935 年版。

王陵基等修，于宗潼等纂《民国福山县志稿》，1931 年铅印本。

周钧英修，刘仞千纂《民国临朐续志》，1935 年铅印本。

赵琪修，袁荣叟等纂《胶澳志》，1928 年铅印本。

山东省地方史志编纂委员会编《山东省志》，齐鲁书社 1994 年版。

济南市史志编纂委员会编《济南市志》第三册，中华书局 1997 年版。

青岛市史志办公室编《青岛市志 · 机械冶金工业志》，新华出版社 1998 年版。

青岛市史志办公室编《青岛市志·一轻工业志/建材工业志》，新华出版社2000年版。

徐子尚修，张树梅、王贵笙纂《民国临清县志》，1934年铅印本。

常之英修，刘祖干纂《民国潍县志稿》，1941年排印本。

（四）资料汇编

〔清〕包世臣《中衢一勺》卷一《海运南漕议》，见《安吴四种》卷一，清光绪本。

顾廷龙、戴逸主编《李鸿章全集》，安徽教育出版社2008年版。

〔清〕朱寿朋编，张静庐等校点《光绪朝东华录》，中华书局1958年版。

〔清〕郭嵩焘《郭嵩焘日记》第一卷，湖南人民出版社1981年版。

天津图书馆、天津社科院历史研究所编，廖一中、罗真容整理《袁世凯奏议》，天津古籍出版社1987年版。

［德］费迪南德·冯·李希霍芬著，李岩、王彦会译《李希霍芬中国旅行日记》上册，商务印书馆2016年版。

王铁崖编《中外旧约章汇编》第一册，生活·读书·新知三联书店1957年版。

彭泽益编《中国近代手工业史资料》，生活·读书·新知三联书店1957年版。

李文治编《中国近代农业史资料（1840—1911）》第一辑，生活·读书·新知三联书店1957年版。

许道夫编《中国近代农业生产及贸易统计资料》，上海人民出版社1983年版。

聂宝璋编《中国近代航运史资料（1840—1895）》第一辑上册，上海人民出版社1983年版。

陈真、姚洛合编《中国近代工业史资料》第一辑《民族资本创办和经营的工业》，生活·读书·新知三联书店1957年版。

汪敬虞编《中国近代工业史资料》第二辑，科学出版社1957年版。

交通部烟台港务管理局编《近代山东沿海通商口岸贸易统计资料(1859—1949)》，对外贸易教育出版社 1986 年版。

[德] 单维廉著，周龙章译《德领胶州湾（青岛）之地政资料》，(台北) 地政研究所 1980 年版。

〔清〕王彦威纂辑，王亮编《清季外交史料》，书目文献出版社 1987 年版。

青岛市博物馆等编《德国侵占胶州湾史料选编（1897—1898)》，山东人民出版社 1987 年版。

青岛市档案馆编《青岛开埠十七年——〈胶澳发展备忘录〉全译》，中国档案出版社 2007 年版。

孔敏主编《南开经济指数资料汇编》，中国社会科学出版社 1988 年版。

(五) 海关档案

莫世祥等编译《近代拱北海关报告汇编》，澳门基金会 1998 年版。

中国第二历史档案馆、中国海关总署办公厅编《中国旧海关史料》，京华出版社 2001 年版。

吴松弟整理《美国哈佛大学图书馆藏未刊中国旧海关史料（1860—1949)》，广西师范大学出版社 2014 年版。

青岛市档案馆编《帝国主义与胶海关》，档案出版社 1986 年版。

边佩全主编《烟台海关史概要（1862—2004)》，山东人民出版社 2005 年版。

烟台港务局档案馆译《烟台口贸易报告》，1864、1866、1870、1874、1879、1880、1886、1887、1888 年。

烟台港务局档案馆藏《胶州口华洋贸易情形论略》，1889—1928 年。

(六) 文史资料

山东省烟台市政协文史资料委员会等编《烟台文史资料》第十八辑，政协烟台市文史委 1993 年印行。

中国人民政治协商会议烟台市委员会文史资料研究委员会编《烟台文

史资料》第七辑，政协烟台市文史委1986年印行。

中国人民政治协商会议山东省昌邑县委员会文史资料研究委员会编《昌邑文史资料》第四辑，政协昌邑县文史委1989年印行。

中国人民政治协商会议山东省烟台市芝罘区委员会文史资料研究委员会编《芝罘文史资料》第四辑，政协烟台市芝罘区文史委1989年印行。

中国人民政治协商会议青岛市委员会文史资料研究委员会编《青岛文史资料》第六辑，政协青岛市文史委1984年印行。

中国民主建国会济南市委员会、济南市工商业联合会编《济南工商史料》第一辑，中国民主建国会济南市委员会、济南市工商业联合会1987年印行。

中国民主建国会济南市委员会、济南市工商业联合会编《济南工商史料》第三辑，中国民主建国会济南市委员会、济南市工商业联合会1989年印行。

中国人民政治协商会议山东省潍坊市委员会文史资料研究委员会编《潍坊文史资料选辑》第六辑，政协潍坊市文史委1990年印行。

政协连云港市新浦区委员会学习文史资料研究委员会编《新浦文史资料》第五辑，政协连云港市新浦区文史委1997年印行。

政协江苏省连云港市委员会文史资料委员会编《连云港市文史资料》第七辑，政协连云港市文史委1989年印行。

政协连云港市委员会学习文史资料委员会编《连云港近现代人物——连云港文史资料》第十七辑，政协连云港市文史委2004年印行。

山东省政协文史资料委员会编《山东文史集萃》（工商经济卷），山东人民出版社1993年版。

山东省政协文史资料委员会编《山东工商经济史料集萃》第二辑，山东人民出版社1989年版。

政协莒县委员会编《莒县文史资料》第七辑，政协莒县委员会1991年印行。

莱西县政协文史资料研究委员会编《莱西文史资料》第二辑，政协莱西县文史委1986年印行。

中国人民政治协商会议新泰市委员会文史资料委员会编《新泰文史资料选辑》第三辑，政协新泰市文史委1990年印行。

青州市政协文史资料研究委员会编《文史资料选辑》第五辑，政协青州市文史委1987年印行。

中国人民政治协商会议潍坊市潍城区委员会学宣文史资料委员会编《潍城文史资料》第十二辑，政协潍坊市潍城区文史委1997年印行。

中国人民政治协商会议威海市委员会文史资料委员会编《威海文史资料》第四辑，政协威海市文史委1989年印行。

中国人民政治协商会议山东省招远县委员会文史资料委员会编《招远文史资料》第四辑，政协招远县文史委1990年印行。

牟平县政协文史资料委员会编《牟平县文史资料选编》第一辑，政协牟平县文史委1985年印行。

山东省政协文史资料委员会、淄博市周村区政协文史资料委员会编《周村商埠》，山东人民出版社1990年版。

二、研究成果

（一）著作

Douglass C. North, *Institutions*, *Institutional Change*, *and Economic Performance*, Cambridge University Press, 1990.

中共青岛铁路地区工作委员会、中国科学院山东分院历史研究所、山东大学历史系编著《胶济铁路史》，山东人民出版社1961年版。

苏云峰《中国现代化的区域研究——湖北省（1860—1916）》，“中研院”近代史研究所1981年版。

张玉法《中国现代化的区域研究——山东省（1860—1916）》，“中研院”近代史研究所1982年版。

李国祁《中国现代化的区域研究——闽浙台地区（1860—1916）》，“中研院”近代史研究所1982年版。

王树槐《中国现代化的区域研究——江苏省（1860—1916）》，“中研院”近代史研究所1984年版。

傅崇兰《中国运河城市发展史》，四川人民出版社1985年版。

寿杨宾编著《青岛海港史》（近代部分），人民交通出版社1986年版。

徐德济主编《连云港港史》（古、近代部分），人民交通出版社1987年版。

王守中《德国侵略山东史》，人民出版社1988年版。

丁抒明主编《烟台港史》（古、近代部分），人民交通出版社1988年版。

罗荣渠主编《从“西化”到现代化：五四以来有关中国的文化趋向和发展道路论争文选》，北京大学出版社1990年版。

刘素芬《烟台贸易研究（一八六七—一九一九）》，台湾商务印书馆1990年版。

彭泽益主编《中国社会经济变迁》，中国财政经济出版社1990年版。

谢国兴《中国现代化的区域研究——安徽省（1860—1937）》，“中研院”近代史研究所1991年版。

山东省航运管理局编史办公室编《山东航运史（送审稿）》（近代部分），1991年版。

《列强在中国的租界》编辑委员会编《列强在中国的租界》，中国文史出版社1992年版。

邹逸麟主编《黄淮海平原历史地理》，安徽教育出版社1997年版。

孔令仁、李德征主编《周村开埠与山东近代化》，山东大学出版社1996年版。

朱英《晚清经济政策与改革措施》，华中师范大学出版社1996年版。

许檀《明清时期山东商品经济的发展》，中国社会科学出版社1998年版。

逄振镐、江奔东主编《山东经济史（近代卷）》，济南出版社1998年版。

庄维民《近代山东市场经济的变迁》，中华书局2000年版。

王守中、郭大松《近代山东城市变迁史》，山东教育出版社2001年版。

吴承明《中国的现代化：市场与社会》，生活·读书·新知三联书店2001年版。

吕伟俊、董宝训、李平生等《山东区域现代化研究（1840—1949）》，齐鲁书社2002年版。

党明德、林吉玲主编《济南百年城市发展史：开埠以来的济南》，齐鲁书社2004年版。

复旦大学历史地理研究中心主编《港口—腹地和中国现代化进程》，齐鲁书社2005年版。

庄维民、刘大可《日本工商资本与近代山东》，社会科学文献出版社2005年版。

吴松弟主编《中国百年经济拼图：港口城市及其腹地与中国现代化》，山东画报出版社2006年版。

罗仑、景甦《清代山东经营地主经济研究》，齐鲁书社1985年版。

王斌《近代铁路技术向中国的转移——以胶济铁路为例（1898—1914）》，山东教育出版社2012年版。

［美］鲍德威著，张汉等译《中国的城市变迁：1890—1949年山东济南的政治与发展》，北京大学出版社2010年版。

［美］费正清编，中国社会科学院历史研究所编译室译《剑桥中国晚清史（1800—1911年）》上卷，中国社会科学出版社1985年版。

［美］郝延平著，李荣昌等译《十九世纪的中国买办——东西间桥梁》，上海社会科学院出版社1988年版。

［美］郝延平著，陈潮、陈任译《中国近代商业革命》，上海人民出版社1991年版。

［德］鲁道夫·吕贝尔特著，戴鸣钟等译《工业化史》，上海译文出版社1983年版。

［德］托尔斯藤·华纳著，青岛市档案馆编译《近代青岛的城市规划与建设》，东南大学出版社2011年版。

（二）硕士、博士学位论文

于景莲《济宁城市现代化研究（1840—1938）》，山东大学硕士学位论文，2002年。

胡静《1923—1937年间日本对山东的经济侵略述论》，曲阜师范大学硕士学位论文，2003年。

王西波《济南近代城市规划研究》，武汉理工大学硕士学位论文，2003年。

陈为忠《山东港口与腹地研究（1860—1937）》，复旦大学硕士学位论文，2003年。

聂家华《开埠与济南早期城市现代化（1904—1937）》，浙江大学博士学位论文，2004年。

汪坚强《近现代济南城市形态的演变与发展研究》，清华大学硕士学位论文，2004年。

陈会芹《近代山东半岛城市化进程研究》，烟台师范学院硕士学位论文，2005年。

张爱敏《近代青岛地区的贸易发展及其影响（1899—1937）》，南开大学硕士学位论文，2005年。

满霞《胶济铁路与近代社会变迁研究——以1899—1937年为中心》，山东大学硕士学位论文，2007年。

吴娜《近代潍县城市化进程（1840—1937）述论》，鲁东大学硕士学位论文，2007年。

解锟《“样板”殖民地的法制模式——1897—1914年德属胶澳租借地时期法制考略》，华东政法大学硕士学位论文，2007年。

刘慧《济南与烟台城市早期现代化比较研究》，山东师范大学硕士学位论文，2008年。

石会辉《民国时期山东商业历史考察（1912—1937）——以青岛、济南、烟台等城市为例》，南昌大学硕士学位论文，2008 年。

马爱东《英美烟公司的经营活动及其对山东的影响》，中国海洋大学硕士学位论文，2008 年。

秦熠《津浦铁路与沿线社会变迁（1908—1937)》，南开大学博士学位论文，2008 年。

郭敏《李希霍芬对山东的考察》，中国海洋大学硕士学位论文，2009 年。

陈静《德占胶澳时期土地政策述论——以胶州土地法规为例》，青岛大学硕士学位论文，2009 年。

孟宁《近代济南城市空间转型及发展研究（1904—1948)》，西安建筑科技大学硕士学位论文，2009 年。

刘国栋《近代山东企业家浅析》，山东大学硕士学位论文，2009 年。

左丰力《胶济铁路、港口与青岛城市经济变迁：1898—1937》，南开大学硕士学位论文，2010 年。

张洁《英租威海卫与德占胶澳土地法律制度之对比》，烟台大学硕士学位论文，2010 年。

袁理想《英租威海卫土地法律制度与秩序研究》，山东大学硕士学位论文，2010 年。

胡楠《近代山东企业家精神》，山东大学硕士学位论文，2014 年。

张学见《青岛港、胶济铁路与沿线经济变迁（1898—1937）——现代交通体系视域下的研究》，南开大学博士学位论文，2012 年。

刘本森《英国租占威海卫研究（1898—1930)》，华东师范大学博士学位论文，2015 年。

（三）学术论文

Lance Davis and Douglass C. North, "Institutional Change and American Economic Growth: A First Step Towards a Theory of Institutional Innovation", *The Journal of Economic History*, No. 1, 1970.

方史《德国侵占下的胶州湾（1897—1914)》（上），载《山东师院学报（哲学社会科学版）》1979年第4期。

方史《德国侵占下的胶州湾（1897—1914）》（下），载《山东师院学报（哲学社会科学版）》1979年第5期。

李宝金《青岛近代城市经济简论》，载《文史哲》1997年第3期。

张忠民《近代中国的“公司法”与公司制度》，载《上海社会科学院学术季刊》1997年第4期。

庄维民《近代山东的商人组织》，载《东岳论丛》1986年第2期。

朱以青《胶济铁路影响下的近代山东经济变迁》，载《近代中国》第6辑，1996年。

王守中《“相维相制”与“观摩受益”——清末山东地方官对德国人的基本政策》，载《德国研究》1998年第4期。

庄维民《近代山东商人资本地域分布结构的变动及影响》，载《齐鲁学刊》2000年第4期。

庄维民《近代山东行栈资本的发展及其影响》，载《近代史研究》2000年第5期。

许檀《关于明清时期经济发展和中国近代化过程的再思考》，载《光明日报》2000年3月3日。

刘大可《20世纪30年代日本在山东的“经济开发”与经济调查》，载《东方论坛》2003年第2期。

阎书钦《20世纪30年代中国知识界“现代化”理念的形成及内涵流变》，载《河北学刊》2005年第1期。

阎书钦《从机械化到工业社会——20世纪三四十年代中国知识界对工业化内涵的阐释》，载《河北学刊》2008年第1期。

田国强《现代经济学的基本分析框架与研究方法》，载《经济研究》2005年第2期。

陈为忠《近代山东经济格局变迁研究——以港口与腹地互动为视角》，载《中国历史地理论丛》2005年第3期。

支军《开埠后烟台城市空间的演变》，载《城市史研究》，2006年。

李志英《外商在华股份公司的最初发展——关于近代中国股份公司制度起源的研究》，载《北京师范大学学报（社会科学版）》2006 年第 1 期。

邓云《传教士对烟台近代化发展的意义》，载《鲁东大学学报（哲学社会科学版）》2007 年第 3 期。

李卫华、颜凤《胶济铁路与近代淄博产业城市化》，载《内蒙古农业大学学报（社会科学版）》2008 年第 1 期。

李基磐《中国海带养殖业回顾与展望》，载《中国渔业经济》2010 年第 1 期。

江沛、徐倩倩《港口、铁路与近代青岛城市变动：1898—1937》，载《安徽史学》2010 年第 1 期。

邵甬、辜元《近代胶济铁路沿线小城镇特征解析——以坊子镇为例》，载《城市规划学刊》2010 年第 2 期。

林吉玲、董建霞《胶济铁路与济南商埠的兴起（1904—1937）》，载《东岳论丛》2010 年第 3 期。

王守中《济南开埠与对德国文明的“观摩受益”》，载《东方论坛》2012 年第 1 期。

王斌《20 世纪初胶济与津浦铁路的连接问题及相关思考》，载《中国科技史杂志》2012 年第 3 期。

柳宾《青岛建港与近代山东市场体系的嬗变》，载《东方论坛》2014 年第 1 期。

孟玲洲《低度工业化与城市传统手工业变迁：以近代济南为例》，载《兰州学刊》2014 年第 3 期。

江林泽《近代青岛工业发展史论（1891—1937）》，载《东方论坛》2017 年第 1 期。